Combattere
la depressione

LEONARDO TAVARES

Combattere la depressione

COMBATTERE LA DEPRESSIONE
© Copyright 2023 - Leonardo Tavares

Questo titolo può essere acquistato in grandi quantità per uso commerciale o educativo. Per informazioni, si prega di inviare un'email a realleotavares@gmail.com.

Tutti i diritti riservati. Nessuna parte di questo libro può essere riprodotta, archiviata in un sistema di recupero o trasmessa in alcun modo - elettronico, meccanico, fotocopia, registrazione, scansione o altro - tranne che per brevi citazioni in recensioni critiche o articoli, senza il previo consenso scritto dell'editore.

In nessun caso l'editore o l'autore saranno ritenuti responsabili per danni, riparazioni o perdite finanziarie derivanti dalle informazioni contenute in questo libro, direttamente o indirettamente.

Avviso Legale:

Questo libro è protetto da copyright. È solo per uso personale. Non è consentito modificare, distribuire, vendere, utilizzare, citare o parafrasare alcuna parte o contenuto di questo libro senza il consenso dell'autore o dell'editore.

Disclaimer:

Si prega di notare che le informazioni contenute in questo documento sono solo a scopo educativo e di intrattenimento. Sono stati fatti tutti gli sforzi per presentare informazioni accurate, aggiornate e affidabili. Non viene fornita alcuna garanzia di alcun tipo, espressa o implicita. I lettori riconoscono che l'autore non fornisce consulenza legale, finanziaria, medica o professionale. Il contenuto di questo libro è stato derivato da varie fonti. Consultate un professionista autorizzato prima di provare qualsiasi tecnica descritta in questo libro.

Leggendo questo documento, il lettore accetta che, in nessun caso, l'autore sarà responsabile per eventuali perdite, dirette o indirette, sostenute a seguito dell'uso delle informazioni contenute in questo documento, compresi, ma non limitati a, errori, omissioni o imprecisioni.

Prima Stampa 2023

Che queste parole possano essere un abbraccio caloroso,
Un conforto per la tua anima afflitta,
Che possano portare la certezza
Che l'oscurità della depressione
Può essere sconfitta con coraggio.

Non c'è sconfitta permanente
Poiché il legame che condividiamo con il nostro proprio essere
Supera le ombre, trascende le sfide,
E diventa una fonte eterna di apprendimento e crescita.

Che il tuo dolore possa trasformarsi in resilienza,
E che le esperienze possano essere un tesoro,
Che le tue lacrime possano essere asciugate dall'autocompassione,
E che la luce possa illuminare il cammino
Di coloro che cercano la guarigione.

Questo libro è un omaggio
A tutti coloro che hanno già affrontato la depressione,
E a tutti coloro che stanno affrontando la lotta contro la sofferenza,
Che possa essere un rifugio di accoglienza e ispirazione.

E che, anche nelle ore più buie,
Possiamo trovare la forza e la determinazione
Per andare avanti, per onorare il presente,
Le lezioni apprese e per vivere le nostre vite
Con amore per se stessi, gratitudine e coraggio.

INDICE

Prefazione 11

1. Introduzione 13
   La profondità della depressione: Comprensione dei sintomi e dell'impatto sulla vita quotidiana... 13
   Sovvertire lo stigma: L'importanza di dialogare sulla depressione e cercare aiuto.. 14

2. Accettazione e autoconoscenza 16
   Riconoscere la depressione: Ammettere la necessità di cambiamento e crescita 16
   Esplorare le tue emozioni: Identificare schemi negativi e trigger 17
   Praticare l'autocompassione: Coltivare un rapporto positivo con se stessi 19

3. Costruzione di una mentalità positiva 22
   Trasformare schemi di pensiero negativo: Sfidare le distorsioni cognitive 22
   Creazione di affermazioni potenti: Modellare credenze positive su di te e sul mondo.. 26
   La forza del pensiero positivo: Esplorare i benefici di una mentalità ottimista...... 34

4. Coltivare relazioni salutari 44
   Il ruolo del supporto sociale: Il potere delle relazioni positive......................... 44
   Comunicare le tue esigenze: Impostare confini ed esprimere sentimenti............. 52
   Costruire un circolo di supporto: Identificazione delle persone che ti incoraggiano e ti nutrono 62

5. Cura del corpo e della mente 74
   Il collegamento mente-corpo: Auto-curade fisica e benessere emotivo................ 74
   Esercizio ed endorfine: Una potente coppia 78
   Alimentazione nutritiva: Nutrire corpo e mente 84

6. Gestire lo stress e l'ansia 90

La relazione tra depressione, stress e ansia 90

Tecniche di rilassamento: Meditazione, respirazione profonda e altre approcci.... 96

Praticare l'auto-curare regolarmente: Incorporare rituali di alleviare lo stress 103

7. Stabilire obiettivi e trovare un proposito 113

Definire obiettivi raggiungibili: Come stabilire passi realistici verso la ripresa 113

Scoprire il tuo scopo: Esplorare interessi e passioni personali 120

Il potere della gratitudine: Riconoscere le benedizioni in mezzo alle avversità 126

8. Abbracciando nuove possibilità 135

De-costruzione dell'autocritica: Svelare gli schemi che danneggiano l'autostima . 135

Costruire un'immagine di sé positiva: Pratiche per rafforzare la fiducia in se stessi 146

Accettazione del corpo: Coltivare l'amore per se stessi indipendentemente dall'aspetto fisico 154

9. Resilienza e avversità 163

Comprendere la resilienza: Superare le sfide e uscirne più forti 163

Trasformare le avversità in crescita: Imparare dai momenti difficili 171

Costruzione di resilienza emotiva: Strategie per affrontare meglio i contrattempi 178

10. L'importanza dell'autocura 190

Definizione dell'autocura completa 190

Incorporare la routine dell'auto-cura 201

Evitare l'esaurimento 211

11. Trovare significato e gioia nella vita quotidiana 221

Praticare la consapevolezza: Coltivare la felicità nel momento presente 221

Alla ricerca di attività piacevoli: Riscoprire interessi che portano gioia 229

Creare un ambiente positivo: Circondarsi di elementi che ispirano positività 237

12. Il viaggio dell'auto-riflessione ... 247
Superare le ricadute: Strategie per affrontare i momenti difficili senza arrendersi ... 247
Il viaggio in corso: Capire che la crescita personale è un processo costante ... 257

13. Ricerca di aiuto professionale ... 268
Riconoscere quando è necessario aiuto professionale ... 268
Approcci terapeutici efficaci ... 281
Lavorare in collaborazione con un terapeuta ... 294

14. Costruire un futuro luminoso ... 313
Visualizzare un futuro positivo: Stabilire obiettivi a lungo termine ... 313
Condividere la tua storia: Come il tuo percorso può ispirare e aiutare gli altri .. 320

Considerazioni finali ... 329
Circa l'autore ... 331
Riferimenti ... 332

PREFAZIONE

"Combattere la Depressione" è nato dalla profonda comprensione dell'importanza di affrontare un argomento che influisce su innumerevoli vite in tutto il mondo. La depressione, con le sue ombre oscure e le sue sfide complesse, è una battaglia che molti affrontano in qualche momento della vita, è un percorso difficile che può portare alla guarigione e alla crescita personale.

Navigare le acque turbolente della depressione non è un compito facile. Può coinvolgerci in un ciclo di tristezza, disperazione e isolamento, allontanandoci dalla gioia e vitalità che meritiamo. Tuttavia, questo libro è nato dalla ferma convinzione che la speranza è una luce che non si spegne mai, anche nelle notti più buie.

Qui troverai un approccio completo e esaustivo per affrontare la depressione. Dalla comprensione delle sue origini all'esplorazione di tecniche pratiche, il nostro viaggio insieme ci condurrà lungo i percorsi che possono portare alla guarigione. Dai primi segnali alla rinascita di una nuova prospettiva, ogni capitolo è stato meticolosamente creato per fornire informazioni preziose, ispirazione e supporto.

Nelle pagine di questo libro, esploreremo strategie di auto-cura, il potere delle relazioni interpersonali e la ricerca di aiuto professionale. Esamineremo approcci terapeutici e tecniche che possono aiutare a invertire il ciclo di negatività e rafforzare lo spirito. Inoltre, ricorderemo l'importanza di condividere le nostre storie, non solo come atto di guarigione personale, ma anche come modo per offrire speranza e guida a coloro che affrontano sfide simili.

"Combattere la Depressione" non è solo un libro; è un viaggio condiviso tra autore e lettore, tra coloro che lottano e coloro che si uniscono per sostenere. È plasmato dall'esperienza umana, dagli alti e bassi, e dalla costante ricerca della luce in fondo al tunnel.

Che questo libro sia una fonte di conforto e ispirazione per te. Che ti dia la forza di affrontare la depressione con coraggio, di imparare dagli ostacoli e di abbracciare ogni nuovo giorno come un'opportunità per un nuovo inizio. Che tu trovi in queste parole non solo conoscenza, ma anche un senso di appartenenza e speranza.

Se stai iniziando il tuo percorso di guarigione o sei già avviato, sappi che non sei solo. Combattere la depressione è una testimonianza della tua forza interiore, e la ricerca della felicità interiore è una battaglia degna di essere combattuta. Questo libro è una guida che cammina al tuo fianco, ricordandoti che la guarigione è possibile e che la luce prevale sempre sull'oscurità.

Con speranza e gratitudine,

Leonardo Tavares

1

INTRODUZIONE

Anche nella più profonda oscurità, la luce della speranza brilla sempre dentro di noi.

Benvenuti all'inizio di un viaggio che mira a illuminare l'oscurità della depressione e a guidarvi alla riscoperta della felicità interiore. La depressione è una condizione che colpisce milioni di persone in tutto il mondo, ma spesso rimane confinata nell'ombra dello stigma e della mancanza di comprensione. In questo capitolo introduttivo, ci immergeremo in una profonda esplorazione della depressione, esaminando le sue sfumature, sfide e opportunità di crescita personale.

La profondità della depressione: comprensione dei sintomi e dell'impatto sulla vita quotidiana

La depressione è molto più di un momento passeggero di tristezza. È una complessa condizione che si insinua profondamente nella mente, nel corpo e nelle emozioni di un individuo. Le manifestazioni della depressione possono variare, ma molte persone affrontano una lotta costante contro la travolgente tristezza, l'apatia verso attività un tempo amate e la persistente sensazione di disperazione. Una fatica debilitante sembra succhiare l'energia vitale, e la concentrazione diventa un compito arduo, mentre decisioni banali sembrano pesi insopportabili.

Riconoscere che la depressione non fa discriminazioni in base all'età, al genere, alla classe sociale o all'origine è cruciale. Non discrimina e può colpire chiunque, indipendentemente dalla situazione. L'impatto della depressione non si limita al piano emotivo; essa permea tutti gli aspetti della vita quotidiana. Routine precedentemente familiari crollano, responsabilità quotidiane diventano opprimenti e la vitalità della vita svanisce, lasciando dietro di sé un panorama grigio.

Man mano che la depressione radica le sue radici, spesso porta con sé un senso di isolamento. Una persona può sentirsi sola nella sua lotta, isolata dagli amici, dalla famiglia e persino da se stessa. Questo isolamento è esacerbato dal fatto che il dolore emotivo spesso rimane invisibile, inudibile agli occhi esterni. È fondamentale comprendere che la depressione non è un segno di debolezza o mancanza di volontà. È una vera battaglia interna che richiede comprensione, pazienza e, soprattutto, supporto.

È un invito all'empatia e alla comprensione reciproca. Un promemoria che, anche quando il peso sembra insostenibile, ci sono percorsi che possono alleggerire il fardello. Il percorso per superare la depressione inizia con la comprensione dei suoi contorni e delle sfide. Ciò non solo facilita la ricerca di soluzioni, ma crea anche uno spazio in cui la guarigione può fiorire.

Sovvertire lo stigma: L'importanza di dialogare sulla depressione e cercare aiuto

Anche se la depressione è una realtà affrontata da molti, persiste ancora uno stigma che circonda questa condizione. Questo stigma è generato dall'ignoranza e dall'abitudine di incolpare coloro che soffrono di depressione, come se fosse una scelta consapevole. Tuttavia, è essenziale capire che la depressione è una condizione medica legittima, influenzata da una complessa interazione di fattori genetici, neurochimici, ambientali e psicologici.

Il primo passo per superare lo stigma è creare consapevolezza. La società deve capire che la depressione non è un segno di fragilità personale, ma piuttosto una battaglia che richiede compassione ed empatia. La ripresa dalla depressione non si svolge in modo lineare, come avviene con qualsiasi malattia. Richiede trattamento continuo e supporto costante. Il sostegno fornito dalla famiglia, dagli amici e dagli operatori sanitari è vitale nel percorso di recupero.

Il parlare apertamente della depressione è uno dei mezzi più efficaci per sfatare lo stigma. Condividendo le proprie esperienze, le persone mettono in evidenza non solo la diffusione della condizione, ma permettono anche agli altri di sentirsi meno isolati nelle proprie lotte. È nell'atto di condividere storie che l'empatia fiorisce e la comprensione trova spazio, poiché gli individui si rendono conto di non essere soli nei loro sentimenti.

Cercare aiuto è un atto coraggioso, anche se spesso difficile. La vergogna associata alla depressione può costituire un ostacolo per ottenere il supporto necessario. Tuttavia, è fondamentale ricordare che cercare aiuto non denota debolezza. Professionisti come terapeuti, psicologi e psichiatri sono disponibili per offrire consulenza specializzata e aiutare a sviluppare strategie per affrontare la depressione. Chiedere aiuto quando necessario è un segno di forza, una dimostrazione che riconosci di non dover percorrere questo cammino da solo.

Prendi coscienza che, nonostante le sfide che la lotta contro la depressione può presentare, la luminosità alla fine del tunnel è alla portata di tutti. Comprendere la natura della depressione, smantellare lo stigma ad essa associato e cercare aiuto sono i primi potenti passi verso un'esistenza più piena e significativa.

2
ACCETTAZIONE E AUTOCONOSCENZA

*Il primo passo per superare la depressione
è capire le radici dell'oscurità che stiamo affrontando*

Il percorso per superare la depressione inizia con l'accettazione e una profonda autoconsapevolezza. In questo capitolo, approfondiremo un processo di riconoscimento, esplorazione e coltivazione dell'autocompassione. Comprendendo le tue emozioni, i modelli negativi e i trigger, sarai sulla strada per liberarti dagli anelli della depressione e abbracciare una vita più piena e significativa.

Riconoscere la depressione: Ammettere la necessità di cambiamento e crescita

Il primo passo verso la guarigione dalla depressione è il coraggioso riconoscimento della sua presenza nella tua vita. Questo momento segna un punto cruciale in cui decidi di affrontare la realtà delle tue emozioni e pensieri di petto. La decisione di riconoscere la necessità di cambiamento e crescita è come aprire una porta per la trasformazione interiore, consentendo alla luce di iniziare a penetrare nelle zone buie del tuo percorso.

L'atto di riconoscere la depressione è un potente atto di auto-empowerment. Non deve essere confuso con l'accettazione della depressione come parte integrante e inalterabile della tua identità. Al contrario, riconoscere la depressione significa ammettere di affrontare una sfida legittima. È una dichiarazione coraggiosa che sei disposto a confrontare i tuoi sentimenti, ad affrontare le avversità e a cercare percorsi di guarigione.

Spesso, la negazione della depressione può prolungare la sofferenza. Ignorare o minimizzare la sua presenza può portare a un ciclo di angoscia e allontanarti dalla possibilità di cercare aiuto e trattamento. L'accettazione, d'altra parte, segna un punto di partenza per la guarigione. Segna il momento in cui decidi di non lottare più contro la tua realtà, ma di abbracciarla come una parte transitoria del tuo percorso. Questa attitudine non solo riduce il peso emotivo, ma apre anche spazio per la crescita, il cambiamento e la speranza.

Accettare la depressione non significa arrendersi ad essa. È un atto di coraggio che ti mette al comando del tuo percorso di recupero. Accettando, ti liberi dalla prigione della vergogna e del rifiuto, consentendoti di muoverti verso l'autotrascendenza. Invece di nasconderti dietro maschere e muri difensivi, emergi come qualcuno disposto a affrontare il dolore, a esplorare alternative e a percorrere la strada verso una vita più sana ed equilibrata.

Il processo di riconoscimento non è lineare e può comportare alti e bassi. Momenti di resistenza e dubbi possono emergere, ma mantenendo l'impegno di affrontare la tua verità, stai piantando i semi di un futuro più luminoso. Riconoscere la depressione è un atto di autoaffermazione e un passo vitale verso il tuo benessere. Abbracciare questo percorso a cuore aperto è il primo passo verso una profonda trasformazione e alla riscoperta della vitalità che risiede dentro di te.

Esplorare le tue emozioni: Identificare schemi negativi e trigger

L'autoconsapevolezza si rivela come uno strumento indispensabile nella lotta contro la depressione. Questo processo inizia con la coraggiosa esplorazione delle tue emozioni e pensieri. Dedica del tempo alla riflessione sulle tue reazioni emotive quotidiane. Osserva attentamente i momenti in cui emergono sentimenti di tristezza, ansia o disperazione. È cruciale individuare schemi ricorrenti e identificare le situazioni specifiche che scatenano queste emozioni.

Avviandoti in questo viaggio di autoesplorazione, inizierai a capire che le tue emozioni non sono entità casuali, ma risposte complesse a stimoli vari. Identificare schemi negativi è un passo essenziale. Questi schemi possono manifestarsi come autocritica incessante, preoccupazioni eccessive o pensieri autodistruttivi che minano la tua autostima e il tuo benessere. Portando questi schemi alla luce, li metti in evidenza dal tuo subconscio e permetti loro di essere messi in discussione e sfidati. Ciò apre la porta per sostituire questi schemi dannosi con pensieri più sani e costruttivi.

L'esplorazione dei trigger è un'altra tappa cruciale in questo processo. Questi trigger possono essere eventi, situazioni o pensieri che scatenano una risposta emotiva intensa. Variano da persona a persona, ma possono includere situazioni di stress, sfide finanziarie, conflitti interpersonali, cambi repentini o persino ricordi dolorosi del passato. Identificare questi trigger non solo aiuta a capire cosa sta dietro alle tue reazioni emotive, ma ti dà anche un maggiore controllo su di esse.

La consapevolezza dei trigger offre l'opportunità di prepararsi emotivamente per affrontare tali situazioni. Può consentirti di sviluppare strategie per affrontare le sfide in modo più efficace e sano, riducendo così l'impatto negativo che possono avere sul tuo benessere.

L'esplorazione delle tue emozioni e dei tuoi schemi emotivi è un percorso di auto-scoperta continuo. Non solo rivela la complessità della tua psiche, ma fornisce anche gli strumenti per trasformare schemi dannosi in pensieri e reazioni più positivi. Ricorda che sei al comando di questo processo, e il percorso di auto-esplorazione è un potente passo verso il raggiungimento di un maggiore equilibrio emotivo e mentale. Identificando questi schemi negativi e trigger, ti stai abilitando per un percorso di crescita e auto-trasformazione, che sono fondamentali per la guarigione dalla depressione.

Praticare l'autocompassione: Coltivare un rapporto positivo con se stessi

L'autocompassione emerge come uno strumento straordinariamente potente per addolcire i bordi taglienti della depressione. Spesso coloro che affrontano questa condizione si trovano immersi in una tempesta di auto-critica e sentimenti di inadeguatezza. Questi schemi possono alimentare la spirale discendente della depressione, intensificando la sofferenza emotiva. Coltivare l'autocompassione significa, fondamentalmente, imparare a trattare se stessi con la stessa gentilezza e comprensione che riserveresti a un caro amico.

La pratica dell'autocompassione è composta da tre componenti intrinseci, ciascuno con un ruolo cruciale nella coltivazione di un rapporto positivo con se stessi:

Accettazione di sé

Il principio fondamentale dell'accettazione di sé è abbracciarsi incondizionatamente esattamente come sei in questo momento. Ciò non implica ignorare le tue imperfezioni o negare le sfide che stai affrontando. Al contrario, l'accettazione di sé riconosce che sei una creatura complessa, una miscela di qualità ammirevoli e limitazioni. Guardandoti attraverso questa lente di comprensione, inizi a trattarti con la stessa gentilezza e compassione che offriresti prontamente a un amico in difficoltà.

L'accettazione di sé è un atto profondo di amore verso se stessi. Significa rifiutare di essere il proprio critico spietato e, invece, diventare un alleato compassionevole. Accettare i tuoi errori e le tue debolezze non è un invito all'immobilità, ma piuttosto alla crescita e all'evoluzione. Riconosci che è naturale commettere errori e che ogni sfida è un'opportunità per imparare e crescere.

Abbracciando l'accettazione di sé, neutralizzi le trappole dell'autocritica e della negatività interna che possono aggravare la depressione. Inizi a vederti come un lavoro in corso, degno di compassione e cura. Ciò non solo contribuisce a un ambiente mentale più sano, ma serve anche come base solida per la costruzione di una sana autostima.

Umanità condivisa

Riconoscere l'umanità condivisa è un passo cruciale nella ricerca dell'autocompassione. Significa interiorizzare che il dolore e la sofferenza fanno parte dell'esperienza umana e che non sei solo nelle tue lotte. Molti, in qualche momento, affrontano sfide simili e condividono battaglie interiori simili.

Questa comprensione porta con sé un profondo senso di connessione. Riconoscendo che anche altre persone sperimentano la sofferenza, ti distacchi dall'isolamento che spesso accompagna la depressione. Capisci che non sei unico nel tuo percorso e che non devi portare il peso da solo. Questa consapevolezza alimenta un sentimento di empatia non solo verso te stesso, ma anche verso gli altri, creando un senso di comunità emotiva.

Mindfulness

La pratica della mindfulness, nota anche come consapevolezza, svolge un ruolo cruciale nell'autocompassione. Coinvolge l'arte di vivere pienamente nel momento presente, allontanandosi dalle catene della negatività spesso radicate nel passato o proiettate nel futuro. La mindfulness offre il permesso di sperimentare ogni istante senza giudizi critici.

Coltivando la mindfulness, impari a interrompere i modelli di pensieri negativi che spesso perpetuano la depressione. Ciò avviene perché stai addestrando la tua mente a riconoscere e rilasciare i pensieri negativi man mano che sorgono. Invece di lasciarti trascinare in una spirale di pensieri autodistruttivi, diventi in grado di osservare questi pensieri senza identificarti con essi. Questo ti conferisce la libertà di scegliere consapevolmente come reagire.

La mindfulness è uno strumento potente per interrompere il ciclo di pensieri negativi che possono aggravare la depressione. Ti consente di impegnarti nel momento presente con maggiore chiarezza e obiettività. Practicando la mindfulness, stai aprendo spazio per far fiorire l'autocompassione, dando a te stesso l'opportunità di trattarti con gentilezza e rispetto, indipendentemente dalle circostanze.

L'autocompassione non è una scusa per la compiacenza o l'immobilismo. Al contrario, è una chiamata a prendersi cura di se stessi in modo sano e costruttivo. Coinvolge l'abbracciare le tue debolezze e insicurezze con compassione, continuando nello sforzo per la crescita e il progresso. Si tratta di portare un senso di bontà e amore per se stessi nel tuo percorso, nutrendosi con lo stesso tipo di cura che offriresti prontamente a qualcuno che apprezzi.

Praticando l'autocompassione, stai costruendo una solida base per affrontare la depressione. Stai ridefinendo il modo in cui ti relazioni con te stesso, promuovendo la guarigione emotiva e la stima di te stesso. Ricorda che questa pratica non è una passeggiata di un solo giorno, ma piuttosto un'abitudine che cresce nel tempo. Mentre coltivi l'autocompassione, scoprirai che essa diventa un faro di luce nelle ombre della depressione, guidandoti verso una relazione più sana e amorevole con te stesso.

In questo capitolo, hai avviato un processo di profonda autoconoscenza. Hai riconosciuto la depressione, esplorato le tue emozioni e schemi negativi e iniziato a praticare l'autocompassione. Questi passi sono fondamentali per la tua esperienza di recupero. Continua a percorrere questa strada con coraggio e fiducia, poiché l'autoscoperta è la chiave per sbloccare la vera forza che risiede dentro di te. Sii consapevole che l'accettazione e l'autoconoscenza sono le basi su cui costruirai un futuro più luminoso e pieno di speranza.

3

COSTRUZIONE DI UNA MENTALITÀ POSITIVA

Una mente positiva non nega l'esistenza delle sfide, ma sceglie di affrontarle con speranza e resilienza.

La costruzione di una mentalità positiva è uno strumento vitale nel percorso di superare la depressione. In questo capitolo, esploreremo strategie e pratiche che ti aiuteranno a trasformare schemi di pensiero negativo, a creare affermazioni potenti e a comprendere i benefici di una mentalità ottimista. Attraverso queste tecniche, puoi coltivare una visione più luminosa di te stesso e del mondo, rafforzare la tua resilienza emotiva e aprire la strada alla guarigione.

Trasformare schemi di pensiero negativo: Sfidare le distorsioni cognitive

I pensieri negativi possono radicarsi rapidamente nella mente, alimentando la tristezza e la disperazione tipiche della depressione. Spesso, questi pensieri sono plasmati da distorsioni cognitive, che sono schemi distorti di elaborazione delle informazioni che influenzano la nostra interpretazione della realtà. Riconoscere e sfidare queste distorsioni è il punto di partenza per costruire una mentalità più positiva e sana.

Lettura del pensiero

La lettura del pensiero è uno schema di pensiero in cui presumiamo di sapere cosa stanno pensando gli altri, spesso in modo negativo. Questa tendenza può derivare dalla nostra insicurezza e ansia, portandoci a interpretare in modo distorto i comportamenti e le parole degli altri. Tuttavia, la verità è che la mente umana è incredibilmente complessa e le nostre supposizioni possono essere imprecise.

Quando ci permettiamo di credere che sappiamo cosa stanno pensando gli altri senza prove evidenti, rischiamo di creare fraintendimenti e conflitti inutili. Invece di cadere in questa trappola cognitiva, è importante cercare una comunicazione chiara e aperta. Se ti trovi a presumere intenzioni negative, sforzati di parlare direttamente con la persona coinvolta. Chiedi dei suoi pensieri e sentimenti e sii disposto a ascoltare le sue prospettive.

Ricorda che, proprio come te, gli altri hanno le proprie preoccupazioni, insicurezze e pensieri complessi. La pratica dell'empatia e della comunicazione efficace può contribuire a dissipare i fraintendimenti e a costruire relazioni più sane e significative.

Catastrofizzazione

La catastrofizzazione è uno schema di pensiero in cui tendiamo a esagerare i problemi e anticipare il peggiore scenario possibile. Ciò può portare a un aumento dello stress e dell'ansia, aggravando i sentimenti di disperazione. Riconoscere che le situazioni possono essere gestite e che non tutto è così terribile come sembra è cruciale per coltivare una mentalità più positiva.

Di fronte a un evento sfidante, sforzati di valutare oggettivamente la reale probabilità di verificarsi di un esito negativo estremo. Chiediti se le tue preoccupazioni sono basate su fatti concreti o se sono ingigantite dalla tua mente. Spesso, la nostra immaginazione ingigantisce gli scenari negativi, e portando un po' di razionalità nel processo di pensiero, puoi ridurre l'intensità dell'ansia.

Praticare la calma e la resilienza di fronte alle sfide è anche fondamentale per affrontare la tendenza alla catastrofizzazione. Sviluppando la capacità di mantenere la serenità sotto pressione, sarai meglio attrezzato per gestire le sfide senza cadere nella spirale di pensieri negativi ed esagerati.

Pensiero in bianco e nero

Il pensiero in bianco e nero è una trappola cognitiva in cui vediamo le cose in modo estremamente binario, come completamente buone o completamente cattive, senza riconoscere le sfumature e le sfumature tra questi estremi. Questo schema di pensiero semplificato può portare a interpretazioni distorte della realtà e amplificare la negatività.

La vita è piena di complessità e sfumature, e molte situazioni non possono essere facilmente categorizzate come "tutto o niente". Per coltivare una mentalità più positiva, è importante allenarsi a riconoscere le sfumature intermedie e gli aspetti positivi in ogni situazione. Di fronte a un evento, considera le diverse dimensioni e sfumature coinvolte. Tieni presente che la maggior parte delle situazioni non è puramente buona o cattiva, ma una miscela di entrambe, ed è in questa zona intermedia che spesso troviamo opportunità di crescita e apprendimento.

Filtraggio mentale

Il filtraggio mentale è uno schema di pensiero in cui ci concentriamo esclusivamente sugli aspetti negativi di una situazione, ignorando qualsiasi elemento positivo che potrebbe essere presente. Questa abitudine può rafforzare la negatività e la sensazione di disperazione. Per costruire una mentalità più positiva, è fondamentale sfidarsi a vedere l'immagine completa.

Di fronte a una situazione sfidante, sforzati di identificare qualsiasi elemento positivo, anche se è piccolo. Può essere una lezione appresa, un'opportunità di crescita o un momento di connessione con qualcuno. Riconoscere questi elementi positivi aiuta a bilanciare la prospettiva e a evitare di cadere nella trappola di concentrarsi solo sul negativo.

Ricorda che non è necessario negare l'esistenza di sfide o difficoltà. Invece, si tratta di sviluppare una prospettiva più equilibrata che tenga conto sia degli aspetti positivi che di quelli negativi di una situazione. Questo aggiustamento prospettico può contribuire a una mentalità più ottimista e resiliente.

Generalizzazione

La generalizzazione è uno schema di pensiero in cui traiamo conclusioni ampie basate su un'unica esperienza negativa. Ciò può portare a una visione distorta della realtà e limitare la nostra capacità di vedere l'individualità di ogni situazione. Coltivare una mentalità positiva implica riconoscere l'unicità di ciascuna esperienza.

Di fronte a un'esperienza negativa, evita di trarre conclusioni affrettate o di applicare tale esperienza a tutti gli aspetti della tua vita. Ogni situazione è influenzata da una varietà di fattori e merita di essere valutata individualmente. Pratica l'analisi critica e chiediti se l'esperienza in questione rappresenta un modello più ampio o se è una situazione unica.

Sviluppare questa capacità di valutazione attenta aiuta a evitare di cadere nella trappola di vedere tutto attraverso una lente negativa. Riconoscendo l'unicità di ciascuna esperienza, sarai meglio attrezzato per affrontare le sfide con una mente aperta e ricettiva.

Personalizzazione

La personalizzazione è uno schema di pensiero in cui attribuiamo a noi stessi la responsabilità degli eventi esterni che sono al di là del nostro controllo. Ciò può portare a una colpa ingiustificata e aumentare i sentimenti di inadeguatezza. Coltivare una mentalità positiva richiede la capacità di discernere tra ciò che puoi e ciò che non puoi controllare.

Di fronte a un evento esterno negativo, fai una pausa per valutare se hai effettivamente avuto un ruolo significativo nella situazione. Sii consapevole del fatto che non tutto è colpa tua e che molti fattori sono al di fuori del tuo controllo diretto. Pratica l'autocompassione, permettendoti di riconoscere quando stai assumendo una responsabilità eccessiva e ricordandoti che sei solo un individuo in un mondo complesso.

Imparare a differenziare tra ciò che puoi influenzare e ciò che è al di là della tua sfera di controllo è una parte fondamentale nello sviluppo di una mentalità positiva e salutare. Ciò ti consente di riorientare la tua energia verso le aree in cui puoi fare la differenza, contemporaneamente scaricando il peso ingiusto di assumere la responsabilità di tutto.

Sfidare queste distorsioni cognitive è un processo che richiede costante autoconsapevolezza e pratica. Quando ti trovi di fronte a un pensiero negativo, fai un passo indietro ed esaminalo criticamente. Metti in discussione la validità di questi modelli distorti e cerca prove oggettive che li supportino o li confutino. Nel tempo, questa pratica ti consentirà di cambiare il tuo approccio alle sfide, rafforzando la tua capacità di vedere le cose in modo più equilibrato e realistico.

Creazione di affermazioni potenti: Modellare credenze positive su di te e sul mondo

Le affermazioni sono dichiarazioni positive che puoi usare per riprogrammare la tua mente e plasmare credenze più positive su te stesso e sul mondo circostante. Funzionano come uno strumento potente per contrastare i pensieri automatici negativi. Ripetendo regolarmente le affermazioni, stai addestrando la tua mente a interiorizzare queste credenze positive.

Sii specifico

Quando si tratta di creare affermazioni, la specificità e la rilevanza sono fondamentali per indirizzare la tua mentalità nella giusta direzione. Invece di ricorrere a affermazioni generiche come "Sono abbastanza bravo," è altamente benefico sviluppare affermazioni dirette e allineate ai tuoi obiettivi e sfide specifici. La ragione è semplice: le affermazioni generiche potrebbero non avere l'impatto desiderato poiché non sono direttamente collegate agli aspetti della tua vita che desideri trasformare.

Creando affermazioni specifiche e dettagliate, stai fornendo alla tua mente una mappa chiara di ciò che desideri raggiungere e come desideri crescere. Ad esempio, se stai lavorando per avanzare nella tua carriera, l'affermazione "Sto progredendo nella mia carriera in modo costante e fiducioso, riconoscendo le mie capacità e cogliendo nuove opportunità ad ogni passo" è molto più efficace di un'affermazione generica sull'autostima.

La specificità ti consente anche di visualizzare il processo e i risultati desiderati in modo più chiaro. Impegnandoti in affermazioni specifiche, stai creando una base solida per i tuoi sforzi e intenzioni. Ciò non solo aiuta a potenziare la tua mentalità positiva, ma guida anche le tue azioni quotidiane. Diventi più consapevole delle scelte che fai e delle opportunità che possono allinearsi alle tue affermazioni.

Inoltre, le affermazioni specifiche ti consentono di monitorare il tuo progresso in modo più tangibile. Puoi misurare la tua crescita in base agli obiettivi delineati nelle affermazioni. Questo genera un senso di realizzazione mentre vedi le tue affermazioni trasformarsi in realtà, rinforzando ulteriormente la tua mentalità positiva.

Presente e positivo

Quando si tratta di creare affermazioni potenti, il modo in cui le formuli è cruciale per la loro efficacia. Due caratteristiche importanti da considerare sono l'espressione nel tempo presente e la positività delle affermazioni. Questi elementi plasmano la tua mentalità e influenzano direttamente come la tua mente interpreta e risponde a queste affermazioni.

Espressione nel tempo presente: Formulando affermazioni nel tempo presente, stai inviando un messaggio diretto alla tua mente che queste credenze positive sono già parte integrante della tua realtà. Questo è vitale perché la tua mente è più receptiva alle informazioni presentate come fatti attuali. Invece di dire "Supererò le mie difficoltà," affermi: "Sto affrontando le mie sfide in modo resiliente e costruttivo, trovando soluzioni e crescendo ad ogni passo." Questo cambio di tempo verbale crea una sensazione di certezza e fiducia, indirizzando la tua mentalità verso uno stato in cui le credenze positive sono attive nel momento presente.

Positività nelle affermazioni: La positività delle affermazioni è altrettanto significativa. Quando formuli affermazioni in modo positivo, stai concentrando la tua attenzione su ciò che desideri raggiungere, anziché sugli ostacoli che desideri evitare. Le affermazioni positive indirizzano la tua mente verso soluzioni, crescita e successo. Sostituiscono le narrazioni negative che potrebbero essere presenti nella tua mente con storie di progresso e realizzazioni. Queste affermazioni influenzano non solo la tua mentalità, ma anche la tua motivazione, azioni e risultati.

Per illustrare, pensa alla differenza tra dire "Non mi sentirò più insicuro" e affermare "Sto coltivando una solida fiducia interiore e credo nelle mie capacità". La seconda affermazione è positiva, diretta e nel tempo presente. Ti mette in uno stato mentale in cui la fiducia si sta già sviluppando, mentre la prima affermazione si concentra ancora sull'insicurezza.

Credere nelle affermazioni

Quando si tratta di creare e utilizzare affermazioni potenti, la fede è la chiave del successo. Scegliere affermazioni che risuonino profondamente con te è fondamentale affinché abbiano un impatto positivo sulla tua mentalità. Questa fede è uno dei pilastri che sostengono il potere delle affermazioni nel plasmare le tue credenze e comportamenti.

Inizia con credenze autentiche: Quando scegli le affermazioni, è cruciale iniziare con dichiarazioni in cui puoi veramente credere. Partire con affermazioni che si allineano con la tua realtà attuale e che percepisci come realistiche è un passo essenziale. Queste affermazioni servono come base solida per costruire la tua fiducia e per interiorizzare gradualmente credenze positive su te stesso e sulle tue possibilità.

Per esempio, se stai lavorando per costruire l'autostima, anziché iniziare con un'affermazione molto ampia come "Sono totalmente sicuro in tutte le situazioni", inizia con qualcosa di più specifico e raggiungibile, come "Sto diventando più sicuro di me ogni giorno e sono aperto a nuove esperienze".

Crescita graduale e autenticità: Man mano che sperimenti successi e progressi nel tuo percorso di crescita personale, puoi espandere il campo delle tue affermazioni per includere obiettivi più audaci. Tuttavia, è importante assicurarti che queste affermazioni siano ancora autentiche e realistiche per te. Non c'è bisogno di affrettarsi con affermazioni in cui non credi profondamente, poiché ciò potrebbe compromettere l'efficacia della pratica.

Ricorda che le affermazioni sono come semi piantati nella tua mente. Il processo di annaffiarle costantemente attraverso la ripetizione e la fede genuina è ciò che consente loro di crescere e fiorire. Proprio come una pianta ha bisogno di tempo per radicare e crescere, le tue affermazioni hanno bisogno di coerenza e dedizione per plasmare gradualmente i tuoi schemi di pensiero e la tua percezione del mondo.

Credere nelle affermazioni non è solo un atto di ripetere parole; è un atto di coltivare una nuova mentalità. È l'atto di scegliere consapevolmente di dirigere la tua attenzione verso credenze che ti abilitano e ti motivano. Con la pratica e il tempo, queste affermazioni possono diventare una parte autentica di come ti vedi e del tuo modo di percepire il mondo, promuovendo una mentalità positiva e trasformatrice.

Ripeti regolarmente

Integrare le affermazioni nella tua routine quotidiana attraverso la costante ripetizione è un elemento fondamentale affinché abbiano un impatto duraturo sulla tua mentalità. La ripetizione costante è come annaffiare una pianta: nutre e rafforza le tue credenze positive, consentendo loro di crescere e radicarsi nella tua mente.

Crea una routine quotidiana: Come qualsiasi altra abilità che desideri sviluppare, la pratica costante è la chiave del successo. Fissa un momento specifico nella tua routine quotidiana per ripetere le tue affermazioni. Molte persone trovano utile incorporare questa pratica subito al mattino, al risveglio, o di sera, prima di dormire, quando la mente è più recettiva.

Creando una routine giornaliera di ripetizione delle affermazioni, stai inviando un segnale chiaro al tuo cervello che queste credenze sono importanti e meritano la tua attenzione. Nel tempo, questa pratica diventerà una parte naturale della tua routine, proprio come lavarsi i denti o fare esercizio.

Internalizzazione graduale: La costante ripetizione delle affermazioni aiuta a interiorizzare queste credenze positive nella tua mente. All'inizio, potresti sentire di stare solo ripetendo parole, ma con il tempo queste parole inizieranno a acquisire significato e forza. Più ripeti un'affermazione, più essa diventa parte della tua narrazione interna.

Man mano che le tue affermazioni si radicano, iniziano a competere con i tuoi schemi di pensiero negativi che solitamente dominavano la tua mente. Questa graduale sostituzione dei modelli negativi con quelli positivi è un potente processo che può influenzare positivamente la tua prospettiva, emozioni e azioni.

La chiave per cogliere i benefici delle affermazioni sta nella costanza. Non aspettarti risultati istantanei; piuttosto, coltiva la pazienza e continua a ripetere regolarmente le tue affermazioni. Proprio come non ti aspetti che una pianta cresca da un giorno all'altro, capisci che il cambiamento nella tua mentalità richiede tempo e dedizione.

Man mano che ripeti le tue affermazioni nel tempo, stai costruendo una solida base di credenze positive che possono influenzare profondamente la tua autostima, la tua fiducia e la tua prospettiva generale. Ricorda che il potere delle affermazioni risiede nella costante ripetizione e nella fede genuina in ciò che stai affermando. Con pazienza e pratica, plasmerai gradualmente una mentalità più positiva e sana.

Visualizzare

Aggiungere una dimensione visuale alle tue affermazioni può intensificarne significativamente l'effetto. La visualizzazione è una tecnica potente che ti consente di immergerti profondamente nell'esperienza che le tue affermazioni descrivono, rendendole più vivide e realistiche nella tua mente. Combinando le parole con immagini mentali, stai creando un collegamento più profondo tra le tue credenze positive e la tua esperienza personale.

Creazione di uno scenario mentale: Mentre ripeti le tue affermazioni, chiudi gli occhi e permetti a te stesso di creare uno scenario mentale che rappresenti l'azione descritta nell'affermazione. Ad esempio, se la tua affermazione è "Sto affrontando le sfide in modo resiliente e costruttivo", immagina te stesso di fronte a una sfida, sentendoti sicuro e determinato.

Visualizza la situazione che si sviluppa in modo positivo, con te che trovi soluzioni e superi gli ostacoli.

Dettagli e sensazioni: Nella visualizzazione, concentrati sui dettagli. Immagina i colori, i volti delle persone coinvolte, i suoni intorno a te e persino le sensazioni fisiche. Più vivida è la tua visualizzazione, più profondamente si connetterà con la tua mente subconscia. Senti le emozioni legate al raggiungimento dell'affermazione: la gioia, la fiducia, la soddisfazione.

Rendere le affermazioni tangibili: La visualizzazione rende le affermazioni più concrete. Incorporando elementi visivi e sensoriali, stai dando vita alle parole. Questo può rendere l'esperienza delle affermazioni più emozionante e motivante. Mentre visualizzi, stai attivando le aree del cervello legate all'immaginazione e alle emozioni, rafforzando ulteriormente il collegamento tra le credenze positive e le tue esperienze interne.

Un potente esercizio di auto-suggestione: La combinazione di affermazioni e visualizzazione è una forma di auto-suggestione, in cui stai addestrando la tua mente ad accettare e interiorizzare le credenze positive. La mente subconscia non distingue tra realtà e immaginazione vivida, il che significa che la visualizzazione può influenzare positivamente la tua percezione di te stesso e del mondo circostante.

Pratica e coerenza: Come con la ripetizione delle affermazioni, anche la visualizzazione richiede pratica e coerenza. Più ti impegni in questo esercizio, più naturale e potente diventa la tua visualizzazione. Nel tempo, la visualizzazione può diventare uno strumento che puoi utilizzare non solo quando ripeti le tue affermazioni, ma anche in altri aspetti della tua vita per rafforzare la tua mentalità positiva e favorire la tua crescita personale.

Adattarsi

La pratica di creare e ripetere affermazioni non è statica; evolve insieme a te. Man mano che cresci, impari ed affronti nuove esperienze, le tue affermazioni possono cambiare per riflettere le tue circostanze e gli obiettivi attuali. L'adattabilità delle affermazioni è essenziale per assicurare che rimangano rilevanti e impattanti nel tuo percorso di crescita personale.

L'importanza dell'aggiornamento: Quando raggiungi obiettivi o superi sfide, può essere un'opportunità per aggiornare le tue affermazioni. Questo riflette il tuo progresso e aiuta a mantenere le tue credenze in linea con i tuoi successi. Ad esempio, se la tua affermazione precedente era "Sto lavorando per costruire fiducia in me stesso", dopo aver acquisito questa fiducia in te stesso, potresti aggiornarla a "Sono sicuro e fiducioso in tutte le situazioni".

Adattarsi a nuove sfide: Allo stesso modo, quando ti trovi di fronte a nuove sfide, le tue affermazioni possono essere adattate per affrontarle. Se stai entrando in una nuova fase della tua vita, come un nuovo lavoro o una relazione, le tue affermazioni possono includere elementi rilevanti a questa nuova fase. Ciò non solo rafforza la tua mentalità positiva, ma fornisce anche supporto emotivo durante importanti transizioni.

Revisione e riflessione: La revisione regolare delle tue affermazioni è un'opportunità per riflettere sul tuo progresso e allineare le tue credenze con le tue esperienze attuali. Mentre rivedi le tue affermazioni, considera se ancora risuonano con te e se sono in linea con i tuoi obiettivi e valori attuali. Questa revisione può anche aiutarti a identificare aree in cui desideri concentrarti per crescere ulteriormente.

Flessibilità e crescita continua: La flessibilità delle affermazioni riflette la tua apertura e la tua volontà di crescere costantemente. È un promemoria che sei in costante evoluzione e che le tue credenze possono espandersi per abbracciare nuovi traguardi ed esperienze. Non avere paura di aggiustare le tue affermazioni quando necessario; ciò dimostra il tuo impegno nello sviluppo personale e la tua disponibilità ad affrontare nuove sfide con una mentalità positiva e adattabile.

Le affermazioni non sono semplici parole vuote; sono dichiarazioni potenti che possono influenzare positivamente la tua autostima e la tua prospettiva. Ripetendole regolarmente, stai plasmando gradualmente la tua mentalità per abbracciare la positività e allontanarti dai modelli di pensiero negativo.

La forza del pensiero positivo: Esplorare i benefici di una mentalità ottimista

Una mentalità positiva non è solo un atteggiamento, ma piuttosto uno stile di vita che può avere profondi impatti sulla tua salute mentale ed emotiva. Abbracciare una mentalità ottimista può portare una serie di benefici nel tuo percorso di recupero dalla depressione:

Resilienza

La resilienza è una qualità vitale che ci consente di affrontare e superare le avversità della vita con fiducia e determinazione. Avere una mentalità positiva svolge un ruolo fondamentale nel coltivare questa resilienza. Quando adotti un approccio ottimista di fronte alle sfide, stai rafforzando la tua capacità di affrontare le difficoltà in modo efficace. Ecco come una mentalità positiva nutre la tua resilienza:

Cambio di prospettiva: Una mentalità positiva cambia il modo in cui vedi le sfide. Invece di considerarle ostacoli insormontabili, le vedi come opportunità di crescita e apprendimento. Ciò modifica la dinamica emotiva, consentendoti di affrontare le difficoltà con meno paura e ansia.

Adozione di strategie costruttive: Affrontando le sfide con ottimismo, sei più incline ad adottare strategie costruttive per affrontarle. Invece di sentirti sconfitto, cerchi soluzioni e modi per superare gli ostacoli. Questo può includere la ricerca di supporto, la definizione di obiettivi chiari o la suddivisione delle sfide in passi gestibili.

Resistenza a rinunciare: Una mentalità positiva rafforza anche la tua determinazione e resistenza. Sei più incline a perseverare anche di fronte alle difficoltà. La convinzione di essere in grado di superare gli ostacoli ti fornisce la motivazione necessaria per continuare a provare, anche quando le cose sembrano difficili.

Crescita personale: Affrontare le sfide con ottimismo spesso porta a una significativa crescita personale. Le esperienze difficili possono trasformarsi in preziose lezioni e opportunità di auto-scoperta. Man mano che superi le sfide, la tua autostima e la tua fiducia in te stesso crescono.

Affrontare l'incertezza: La resilienza è particolarmente importante quando si tratta di affrontare l'incertezza. Una mentalità positiva ti consente di adattarti più facilmente ai cambiamenti e alle sfide inaspettate. Sei più disposto ad accettare che la vita è fatta di alti e bassi e che hai la capacità di navigarci.

In ultima analisi, la resilienza non significa che non avrai mai difficoltà, ma piuttosto che hai gli strumenti e la mentalità necessari per affrontarle. Una mentalità positiva è come uno scudo emotivo che ti protegge e ti permette di affrontare le avversità con maggiore fiducia, coraggio e determinazione. Coltivando una mentalità ottimista, stai investendo nel tuo benessere emotivo e stai costruendo una base solida per una vita più resiliente e gratificante.

Riduzione dello stress

Lo stress e l'ansia sono reazioni naturali del corpo a situazioni sfidanti, ma quando queste emozioni diventano croniche, possono danneggiare significativamente la salute mentale ed emotiva. Una mentalità ottimista svolge un ruolo importante nella riduzione dello stress, consentendo di affrontare le situazioni con maggiore equilibrio e resilienza. Ecco in che modo una mentalità ottimista contribuisce alla riduzione dello stress:

Focus sulle soluzioni: Una mentalità ottimista indirizza la tua attenzione verso soluzioni e possibilità, anziché rimanere imprigionato nella rumina-zione dei problemi. Quando sei concentrato nel cercare modi per risolvere una sfida, diminuisci naturalmente la tendenza a preoccuparti eccessiva-mente degli aspetti negativi. Questo aiuta a ridurre l'ansia e la sensazione di essere sopraffatto.

Liberazione dal perfezionismo: Il pensiero negativo è spesso legato a rigidi standard di perfezionismo. Una mentalità ottimista ti consente di liberarti da queste aspettative irrealistiche e di accettare che la vita è piena di imperfezioni. Ciò contribuisce a alleviare la pressione su te stesso e a ridurre lo stress causato dalla costante ricerca della perfezione.

Maggiore resilienza emotiva: Adottando una mentalità ottimista, stai costruendo la tua resilienza emotiva. Ciò significa che sei meglio equipaggiato per gestire le emozioni negative che sorgono in risposta allo stress. Invece di essere sopraffatto dall'ansia, sviluppi la capacità di affrontare le emozioni in modo sano e costruttivo.

Focalizzazione sul presente: Spesso, una mentalità ottimista incoraggia la focalizzazione sul momento presente. Ciò significa che sei meno incline a preoccuparti del passato o del futuro, che sono fonti comuni di stress. Essere presenti nell'attimo attuale riduce l'ansia legata alla preoccupazione per eventi passati o futuri.

Miglioramento della salute emotiva: Riducendo lo stress e l'ansia, una mentalità ottimista contribuisce a una salute emotiva più equilibrata. I pensieri positivi rilasciano neurotrasmettitori ed endorfine che promuovono sensazioni di benessere e rilassamento. Questo crea un circolo virtuoso in cui la mentalità ottimista contribuisce alla salute emotiva, che a sua volta rafforza il pensiero positivo.

La riduzione dello stress attraverso una mentalità ottimista non significa che non affronterai mai situazioni difficili. Invece, stai sviluppando strumenti mentali ed emotivi per affrontare queste situazioni in modo più efficace e sano. Coltivare il pensiero positivo non è solo benefico per la salute mentale, ma è anche un investimento nella qualità complessiva della vita, permettendoti di affrontare le difficoltà con maggiore calma e fiducia.

Autostima

L'autostima è la base su cui costruiamo le nostre realizzazioni e affrontiamo le sfide della vita. Una mentalità positiva ha un impatto significativo sulla promozione dell'autostima, poiché essa plas-ma il modo in cui percepiamo noi stessi e le nostre capacità. Ecco come il pensiero positivo alimenta l'autostima:

Credenza nelle proprie capacità: Il pensiero positivo aiuta a creare una solida fiducia nelle tue abilità. Man mano che pratichi una mentalità ottimista, inizi a interiorizzare l'idea di essere in grado di affrontare le sfide e superare gli ostacoli. Questa convinzione si traduce in una maggiore fiducia nelle tue capacità, che a sua volta rafforza la tua autostima.

Affrontare le sfide: Quando affronti le sfide con una mentalità positiva, stai coltivando la capacità di affrontarle in modo resiliente e determinato. Man mano che ottieni successi nel superare le sfide, la tua autostima cresce. Ogni vittoria rafforza l'idea che hai ciò che serve per gestire situazioni difficili.

Accettazione degli errori: Una mentalità positiva è anche legata all'accettazione degli errori come opportunità di apprendimento. Invece di considerare gli errori come fallimenti definitivi, li vedi come parte naturale del processo di crescita. Questo approccio più benevolo agli errori contribuisce alla costruzione dell'autostima, poiché non ti fai scuotere dai contrattempi.

Immagine di sé positiva: Il pensiero positivo influenza anche il modo in cui ti vedi. Una mentalità ottimista aiuta a costruire un'immagine di sé più positiva, in cui riconosci le tue qualità e realizzazioni. Questo senso di autostima è un componente vitale dell'autostima, poiché ti senti degno e capace.

Determinazione e perseveranza: Una mentalità positiva alimenta la determinazione e la perseveranza. Quando affronti le sfide con ottimismo, sei più incline a perseverare anche quando le cose si fanno difficili. Questa costante perseveranza, alimentata dal pensiero positivo, rafforza la tua autostima, poiché dimostri a te stesso di poter superare le difficoltà.

Impatto sulle relazioni: L'autostima influisce sulle tue relazioni con gli altri. Quando mostri fiducia in te stesso, gli altri tendono a rispondere in modo più positivo, creando un circolo virtuoso. Relazioni più sane e interazioni positive contribuiscono a rafforzare la tua autostima.

L'autostima non è un tratto statico, ma piuttosto una qualità che può essere coltivata e rafforzata nel tempo. Il pensiero positivo gioca un ruolo fondamentale in questo processo, fornendo la mentalità e le credenze necessarie per costruire una solida autostima. Adottando una visione positiva di te stesso e delle tue capacità, stai aprendo la strada per affrontare le sfide con fiducia e raggiungere i tuoi obiettivi con determinazione."

Relazioni più sane

Una mentalità ottimista non è solo benefica per il tuo benessere individuale, ma ha anche un impatto positivo significativo sulle tue relazioni interpersonali. Adottando una visione positiva del mondo e delle persone che ti circondano, stai creando una base solida per costruire e mantenere relazioni più sane e gratificanti. Ecco come una mentalità ottimista influenza positivamente le tue relazioni:

Comprensione ed empatia: Una mentalità ottimista è spesso associata alla disposizione di dare alle persone il beneficio del dubbio. Sei più incline a interpretare le azioni e le parole degli altri in modo positivo, anziché presumere intenzioni negative. Ciò porta a una maggiore comprensione ed empatia, consentendoti di metterti nei panni degli altri e comprendere le loro prospettive.

Comunicazione costruttiva: Adottando una visione ottimista, sei più propenso a comunicare in modo costruttivo e positivo. Ciò crea un ambiente di dialogo sano e aperto, in cui le discussioni sono più probabili che siano produttive anziché conflittuali. La tua mentalità positiva ispira anche gli altri a comunicare in modo simile, promuovendo un ciclo positivo di interazioni.

Coltivazione di relazioni positive: Una mentalità ottimista contribuisce alla coltivazione di relazioni più positive. Sei più propenso a cercare il bene negli altri e a valorizzare i loro punti di forza. Ciò aiuta a creare relazioni basate sulla reciproca stima, fiducia e rispetto. Le relazioni positive, a loro volta, arricchiscono la tua vita emotiva e contribuiscono a un senso di appartenenza.

Influenza sulla percezione: La tua mentalità positiva influisce anche sulla percezione che gli altri hanno di te. Le persone con una visione ottimista tendono ad essere viste come piacevoli, ispiratrici e motivate. Ciò può attirare persone con valori simili che cercano interazioni positive, contribuendo così alla formazione di relazioni più sane.

Riduzione dei conflitti: Una mentalità ottimista contribuisce a ridurre i conflitti. Quando affronti i conflitti con l'intenzione di trovare soluzioni e con un approccio positivo, crei un ambiente in cui le divergenze possono essere risolte in modo più pacifico e costruttivo. Ciò evita inutili escalation e mantiene l'armonia nelle relazioni.

Ispirazione a cambiamenti positivi: La tua mentalità ottimista può anche ispirare gli altri ad adottare una prospettiva più positiva. Dimostrando come una mentalità ottimista possa portare a una vita più gratificante e relazioni più sane, puoi influenzare positivamente coloro che ti circondano, creando un ciclo di positività e crescita reciproca.

Adottando una mentalità ottimista, non solo migliorerai la tua vita, ma contribuirai anche a creare un ambiente sociale più sano e arricchente. Le tue relazioni beneficeranno del tuo approccio positivo, consentendoti di costruire legami più profondi, significativi e rinforzanti con le persone che ti circondano.

Salute emotiva

Il legame tra pensiero positivo e salute emotiva è profondo e potente. Il modo in cui pensi e interpreti le situazioni che ti circondano può avere un impatto diretto sulle tue emozioni e su come ti senti interiormente. Ecco come il pensiero positivo influisce e beneficia la tua salute emotiva:

Rilascio di neurotrasmettitori: Il pensiero positivo ha la capacità di stimolare il rilascio di neurotrasmettitori importanti, come le endorfine e la serotonina. Le endorfine sono conosciute come gli "ormoni della felicità" a causa della sensazione di euforia e benessere che inducono. La serotonina è essenziale per regolare l'umore e promuovere uno stato emotivo equilibrato. I pensieri ottimisti innescano il rilascio di questi neurotrasmettitori, fornendo un impulso positivo alle tue emozioni.

Riduzione dello stress e dell'ansia: Il pensiero positivo è anche legato alla riduzione dello stress e dell'ansia. Concentrandoti su soluzioni e possibilità, riduci la tendenza a preoccuparti eccessivamente dei problemi. Ciò ti libera dal ciclo di rumore negativo, consentendoti di affrontare le situazioni in modo più calmo ed equilibrato. L'atteggiamento ottimista aiuta anche a ridurre il rilascio di ormoni dello stress, contribuendo a uno stato emotivo più tranquillo.

Potenziamento della resilienza emotiva: La resilienza emotiva, la capacità di affrontare le avversità ed emergere più forti, è rafforzata dal pensiero positivo. Affrontando le sfide con ottimismo, sviluppi strategie per affrontare le difficoltà in modo costruttivo e fiducioso. Ciò non solo ti aiuta a superare gli ostacoli, ma contribuisce anche a un senso di potenziamento emotivo.

Maggiore autostima: Il pensiero positivo alimenta un'immagine di sé più positiva e una sana autostima. Concentrandoti sugli aspetti positivi di te stesso e sui tuoi successi, generi un senso di valore e fiducia nelle tue abilità. Ciò contribuisce a una solida salute emotiva, poiché affronti le sfide con una base emotiva più solida.

Miglioramento delle relazioni interpersonali: Una mentalità ottimista influisce positivamente anche sulle tue interazioni con gli altri. Quando ti senti emotivamente equilibrato e positivo, è più probabile che affronti le relazioni con apertura, empatia e comprensione. Ciò crea un ambiente più sano per connessioni significative e relazioni positive.

La salute emotiva è un aspetto vitale del benessere complessivo. Adottando una mentalità positiva, stai investendo nella tua salute emotiva, consentendo di sperimentare una gamma più ampia di emozioni positive, affrontare lo stress in modo più efficace e trovare un equilibrio emotivo più stabile.

Stimolazione della creatività

Una delle virtù notevoli nell'adottare una mentalità ottimista è lo slancio che essa dà alla creatività. Quando scegli di dirigere la tua attenzione verso soluzioni, possibilità e opportunità, stai creando un ambiente mentale favorevole alla fioritura della creatività. Modi in cui la mentalità ottimista stimola la creatività:

Apertura a nuove prospettive: Una mentalità ottimista tende ad aprire la tua mente a nuove prospettive e possibilità. Concentrandoti sul potenziale positivo di una situazione, sei più incline a esplorare angolazioni diverse e considerare approcci non convenzionali. Ciò crea un terreno fertile per la nascita di nuove idee creative.

Sfida delle limitazioni percepite: Il pensiero positivo ti incoraggia a sfidare le limitazioni percepite. Invece di concentrarti sulle barriere che impediscono il progresso, sei più propenso a mettere in discussione queste limitazioni e cercare modi per aggirarle. Ciò può portare a soluzioni innovative e creative che altrimenti potrebbero essere trascurate.

Riduzione della paura del fallimento: La mentalità ottimista riduce la paura del fallimento. Quando sei ottimista, vedi gli errori come opportunità di apprendimento e crescita, anziché come ostacoli insormontabili. Ciò crea un ambiente emotivo sicuro per sperimentare nuove idee e soluzioni creative, senza il peso della paura.

Focus sull'esplorazione e sperimentazione: Il pensiero positivo incoraggia l'esplorazione e la sperimentazione. Quando sei sicuro di poter trovare soluzioni e superare sfide, ti senti più a tuo agio nel testare idee creative, anche se non sono convenzionali. Questa propensione all'esperimento può portare a scoperte sorprendenti.

Combinazione di elementi diversi: La mentalità ottimista spesso implica un approccio più integrante e olistico. Sei più incline a combinare diversi elementi, idee o concetti per creare soluzioni uniche e creative. Questa capacità di collegare punti apparentemente disconnessi è un tratto distintivo della creatività.

Resistenza alla stagnazione mentale: Una mentalità ottimista combatte la stagnazione mentale. Il pensiero positivo mantiene la tua mente attiva e impegnata, cercando costantemente modi per migliorare e crescere. Questa attitudine mentale dinamica è fondamentale per la creatività, poiché nuove idee spesso emergono dalla volontà di evolvere.

Incentivo alla curiosità e all'esplorazione: L'ottimismo incoraggia la curiosità e l'esplorazione. Quando sei ottimista, sei naturalmente incline a cercare risposte, a imparare nuove informazioni e ad espandere le tue conoscenze. Questa continua ricerca di nuove informazioni alimenta la creatività, portando nuovi spunti alle tue idee creative.

La costruzione di una mentalità positiva è un passo vitale nel percorso di superare la depressione. Sfidare le distorsioni cognitive, creare affermazioni potenti e coltivare pensieri ottimisti non solo aiuta a cambiare il modo in cui percepi il mondo, ma influenza anche il modo in cui ti relazioni con te stesso. Ricorda che questa trasformazione non avviene da un giorno all'altro; è un processo graduale che richiede pazienza, auto-compassione e impegno.

# 4
COLTIVARE RELAZIONI SALUTARI

*Camminare fianco a fianco con gli altri ci porta
più lontano di quanto non faremmo mai da soli.*

Le relazioni salutari giocano un ruolo cruciale nel nostro percorso di autoscoperta, guarigione e crescita personale. Avere un circolo di supporto positivo può fare una significativa differenza nella nostra capacità di affrontare sfide, superare ostacoli e sviluppare una mentalità positiva. In questo capitolo, esploreremo l'impatto del supporto sociale, l'importanza della comunicazione efficace e come costruire un circolo di supporto che nutre e incoraggia il tuo sviluppo.

Il ruolo del supporto sociale: Il potere delle relazioni positive

Il supporto sociale è come un'ancora emotiva che ci tiene saldamente ancorati durante i tempi difficili. Le relazioni positive hanno il potere di sollevarci, fornendo incoraggiamento, comprensione e validazione. Ci offrono anche una prospettiva esterna che può illuminare le nostre sfide in modi che non saremmo in grado di vedere da soli. Ecco come le relazioni salutari possono influenzare positivamente il tuo percorso:

Fonte di supporto emotivo

Nei momenti di difficoltà e sfida, amici, familiari e cari possono diventare una preziosa fonte di supporto emotivo. Queste connessioni personali offrono uno spazio sicuro in cui puoi esprimere i tuoi sentimenti, preoccupazioni e paure senza paura di giudizio. Aspetti importanti sull'importanza di questa fonte di supporto emotivo:

Ascolto empatico: Gli amici e i familiari stretti spesso sono i primi a cui rivolgersi quando hai bisogno di sfogarti. La loro capacità di ascoltare con empatia e senza giudizio è essenziale. Non solo ti offrono l'opportunità di esprimere i tuoi sentimenti, ma anche convalidano la tua esperienza, mostrando che il tuo dolore è riconosciuto e compreso.

Consigli e prospettive: Amici e familiari possono offrire consigli utili e preziose prospettive. Possono condividere le loro esperienze simili e offrire intuizioni su come hanno affrontato sfide simili. Questo scambio di storie e consigli può offrire una visione più ampia e aiutarti a vedere le tue situazioni in modo diverso.

Condivisione di esperienze: Connettersi con i cari che hanno già affrontato situazioni simili può portare un senso di sollievo e convalida. Sapere che altre persone hanno superato sfide simili e trovato speranza e recupero può aumentare la tua motivazione e ottimismo.

Riduzione dell'isolamento: La depressione è spesso accompagnata da sentimenti di isolamento e solitudine. Tuttavia, avere una rete di supporto emotivo aiuta a combattere questi sentimenti, ricordandoti che non sei solo nelle tue lotte. Queste connessioni dimostrano che altre persone si preoccupano e sono disposte a stare al tuo fianco durante il tuo percorso.

Comprensione senza giudizio: La bellezza delle connessioni di supporto emotivo sta nella comprensione senza giudizio. Gli amici e i familiari che si prendono cura di te accettano le tue emozioni e lotte senza critiche o disprezzo. Questo crea un ambiente sicuro in cui puoi aprirti e condividere i tuoi pensieri più intimi.

Rafforzamento del valore personale: Ricevere supporto emotivo ti fa percepire il tuo valore e l'importanza. L'amore e l'attenzione offerti da queste connessioni rafforzano la tua autostima, ricordandoti che sei amato e apprezzato, indipendentemente dalle sfide che affronti.

Reciprocità e rafforzamento dei rapporti: Queste connessioni non sono unidirezionali. Condividendo le tue lotte e i tuoi successi, rafforzi anche i tuoi rapporti. La reciprocità, in cui offri anche supporto emotivo agli altri, può creare legami più profondi e autentici.

L'importanza di cercare aiuto professionale: Sebbene amici e familiari possano fornire un significativo supporto emotivo, è fondamentale riconoscere che a volte è necessario cercare aiuto professionale. Terapisti, consulenti e psicologi hanno le competenze e la conoscenza necessarie per offrire supporto specializzato, tecniche di coping e strategie di recupero.

Il supporto emotivo non riguarda solo il ricevere, ma anche il dare. Mantenere queste relazioni significa prendersi cura dei tuoi amici e familiari allo stesso modo in cui si prendono cura di te. Quando c'è un flusso reciproco di supporto emotivo, crei una rete di sicurezza emotiva che è inestimabile nel tuo percorso di autoscoperta e guarigione.

Stimolo all'autostima

Le relazioni positive non solo offrono supporto emotivo, ma possono anche svolgere un ruolo fondamentale nel rafforzare la tua autostima. Il modo in cui gli altri ti vedono e ti apprezzano può avere un profondo impatto su come ti percepisci. Modi in cui le relazioni positive possono elevare la tua autostima:

Riconoscimento e convalida: Quando amici, familiari e cari riconoscono le tue qualità, le tue realizzazioni e i tuoi sforzi, ciò convalida il tuo contributo e il tuo valore come individuo. Sentire che le tue realizzazioni sono notate e apprezzate aiuta a creare un senso di autostima.

Complimenti ed incoraggiamento: Le relazioni positive spesso sono caratterizzate da complimenti sinceri e incoraggiamenti. I complimenti sinceri non solo aumentano la tua autostima, ma rafforzano anche l'idea che le tue abilità e i tuoi sforzi sono degni di apprezzamento.

Modelli di ispirazione: Gli amici e i familiari che dimostrano fiducia in te possono servire da modelli di ispirazione. Credendo nelle tue capacità, ti incoraggiano a credere in te stesso, promuovendo un'attitudine positiva verso le tue abilità.

Accettazione incondizionata: Le relazioni positive spesso comportano un'accettazione incondizionata. Queste persone ti apprezzano per quello che sei, indipendentemente dai tuoi successi o sfide. Questa accettazione contribuisce a un senso di appartenenza e autoaccettazione.

Costruzione di affidabilità: Quando gli altri confidano in te per compiti, responsabilità o condividono le loro stesse lotte, ciò costruisce un senso di autoefficacia. Inizi a vederti come qualcuno di affidabile e capace.

Rispetto e mutuo rispetto: Le relazioni sane si basano sul rispetto reciproco. Essere trattati con rispetto, considerazione e affetto da coloro che ti circondano rafforza l'idea che sei una persona apprezzata.

Come coltivare relazioni che aumentano la tua autostima: Coltivare relazioni che stimolano l'autostima richiede uno sforzo continuo. Ecco modi per coltivare le relazioni:

Riconosci le tue stesse realizzazioni: Inizia riconoscendo le tue stesse realizzazioni e qualità. Più valorizzi te stesso, più gli altri tendono a valorizzarti.

Comunica le tue esigenze: Comunica il tipo di supporto e incoraggiamento che apprezzi. Le persone potrebbero non sapere come migliorare la tua autostima a meno che tu non condivida le tue esigenze.

Allontanati da relazioni tossiche: Se sei in relazioni che minano la tua autostima, considera di allontanarti da esse. Le relazioni tossiche possono avere un impatto negativo sulla tua immagine di te stesso.

Crea una rete di supporto: Costruisci un cerchio di amici e familiari che ti supportano e ti incoraggiano in modo positivo. Avere varie fonti di supporto aiuta a bilanciare e rafforzare la tua autostima.

L'autostima è qualcosa che cresce nel tempo e con la pratica. Circondandoti di persone che apprezzano te e le tue qualità, stai contribuendo a un ambiente che promuove un'immagine di sé positiva e salutare.

Modellazione di comportamenti positivi

L'osservazione di relazioni sane può essere una fonte preziosa di ispirazione per adottare comportamenti positivi nella propria vita. Quando ti circondi di persone che dimostrano modi costruttivi per affrontare le sfide, comunicare in modo efficace e mantenere una prospettiva ottimista, puoi imparare preziose lezioni da applicare alle tue interazioni e al modo in cui affronti le difficoltà. Modi in cui la modellazione di comportamenti positivi può giovarti:

Apprendimento attraverso l'osservazione: Osservando come gli altri risolvono conflitti, esprimono le proprie esigenze e dimostrano empatia, puoi imparare strategie pratiche per migliorare le tue relazioni. L'osservazione diretta di comportamenti positivi può essere un modo efficace per interiorizzare questi schemi.

Affrontare le sfide: Quando vedi come gli altri affrontano le sfide con calma, resilienza e un approccio costruttivo, puoi acquisire intuizioni su come gestire meglio i tuoi ostacoli. Modellare il modo in cui gli altri superano le avversità può ispirarti ad affrontare le tue lotte con una mentalità più ottimista.

Comunicazione efficace: Le relazioni sane sono spesso costruite su una solida base di comunicazione efficace. Osservando come gli altri si esprimono in modo chiaro, onesto e rispettoso, puoi imparare a migliorare le tue abilità di comunicazione ed evitare malintesi.

Risoluzione dei conflitti: Osservando come le persone in relazioni positive affrontano in modo costruttivo i conflitti, puoi adottare tecniche per risolvere le dispute in modo sano. Ciò include l'ascolto attivo, l'espressione delle proprie opinioni in modo rispettoso e la ricerca di soluzioni che siano vantaggiose per entrambe le parti.

Promozione del benessere emotivo: La modellazione di comportamenti positivi può anche influenzare positivamente il tuo benessere emotivo. Quando vedi come gli altri coltivano emozioni positive e gestiscono quelle negative in modo sano, puoi applicare tali strategie per migliorare la tua salute mentale.

Ricordando che tutti affrontano sfide: Osservando relazioni positive, è importante ricordare che tutti affrontano sfide in qualche momento. Nessuno è perfetto, e persino le relazioni più sane attraversano momenti difficili. Tuttavia, imparare dai modi in cui gli altri affrontano queste sfide può fornire una preziosa guida per il proprio percorso di crescita personale.

La modellazione di comportamenti positivi richiede una mente aperta e la disposizione a imparare dagli esempi che ti circondano. Essendo attento alle attitudini e alle azioni che contribuiscono a relazioni sane, puoi coltivare un approccio più costruttivo alle tue interazioni e al modo in cui affronti le sfide della vita.

Riduzione dell'isolamento

Uno degli aspetti più sfidanti della depressione è la sensazione di isolamento che spesso la accompagna. La connessione umana è un bisogno fondamentale e, quando affrontiamo la depressione, tendiamo a allontanarci dagli altri, il che può aggravare ulteriormente i nostri sentimenti di solitudine e disperazione. Tuttavia, coltivare relazioni sane può avere un impatto significativo sulla riduzione di questo isolamento. Come le relazioni positive possono aiutare a combattere la solitudine:

Senso di appartenenza: Le relazioni sane forniscono un senso di appartenenza e comunità. Sentirsi parte di un gruppo di supporto, che siano amici, familiari o altri cari, può alleviare la sensazione di essere isolati e solitari. La connessione con gli altri ci ricorda che non siamo soli nelle nostre lotte e che ci sono persone che si prendono cura di noi.

Condivisione di esperienze: Condividendo le tue esperienze con altre persone, puoi trovare comprensione ed empatia. Sapere che anche altre persone hanno passato momenti difficili può convalidare i tuoi sentimenti e farti sentire meno solo nelle tue lotte. Lo scambio di storie e la comprensione reciproca possono creare potenti legami di connessione.

Attività sociali: Partecipare a attività sociali con persone che valorizzano il tuo benessere può aiutare a spezzare il ciclo dell'isolamento. Partecipare a incontri, eventi o gruppi di supporto offre opportunità per interazioni sociali significative, contribuendo a riempire il tuo tempo con esperienze positive.

Supporto emotivo costante: Le relazioni sane forniscono un costante sostegno emotivo. Sapere di poter contare su qualcuno quando ti senti giù o hai bisogno di aiuto può alleviare il peso emotivo della depressione. Avere qualcuno con cui parlare, sfogarti e condividere le tue preoccupazioni può essere estremamente confortante.

Incentivo alle attività sociali: Amici e parenti che comprendono il tuo percorso di recupero possono incoraggiare e sostenere la tua partecipazione a attività sociali, anche quando non ti senti motivato. La loro presenza può essere uno stimolo per uscire di casa, partecipare a eventi e cercare interazioni sociali, il che a sua volta aiuta a combattere l'isolamento.

Importanza dell'apertura: Per cogliere i benefici della riduzione dell'isolamento attraverso relazioni sane, è essenziale essere aperti riguardo alla propria condizione di salute mentale. Condividere i tuoi sentimenti e le tue sfide con amici e familiari può aprire le porte a una maggiore comprensione e supporto. Spesso, le persone intorno a te sono disposte ad aiutare, ma devono sapere in che modo possono essere utili.

Ricordando che non sei solo: La depressione spesso ci fa sentire isolati e staccati dagli altri. Tuttavia, la realtà è che ci sono persone disposte a sostenerti e a stare al tuo fianco in questo percorso. Coltivare relazioni sane non solo riduce l'isolamento, ma fornisce anche un sistema di supporto che può contribuire in modo significativo alla tua ripresa e al tuo benessere emotivo.

Conforto e supporto durante l'avversità

Il percorso della vita è costellato di sfide e avversità, e affrontare questi momenti difficili può essere particolarmente arduo quando si convive con la depressione. Avere un solido sistema di supporto composto da relazioni positive è uno strumento essenziale per offrire conforto e supporto durante questi momenti difficili. Come le relazioni positive possono offrire conforto e assistenza quando ne hai più bisogno:

Un luogo sicuro per sfogarsi: Le relazioni sane forniscono uno spazio sicuro in cui puoi sfogarti senza giudizio. Esprimere le tue preoccupazioni, le tue paure e i tuoi pensieri negativi a qualcuno che tiene a te può essere terapeutico e aiutare a alleviare il peso emotivo che la depressione può portare.

Supporto emotivo incondizionato: Un sistema di supporto positivo offre supporto emotivo incondizionato, indipendentemente dalle circostanze. Sapere di avere persone che credono in te e sono disposte a stare al tuo fianco anche quando stai affrontando momenti difficili può offrire una sensazione di sicurezza e stabilità.

Fonte di forza e resilienza: Quando ti senti fragile di fronte all'avversità, le relazioni positive possono essere una fonte di forza e resilienza. Amici e familiari che credono nelle tue capacità ed esprimono fiducia nella tua capacità di superare le sfide possono rafforzare la tua determinazione e la tua autostima.

L'importanza della comunicazione aperta: Per trarre il massimo conforto e supporto offerto dalle relazioni positive durante l'avversità, è fondamentale una comunicazione aperta. Condividi i tuoi sentimenti, le tue preoccupazioni e le tue esigenze con le persone di cui ti fidi. Spiega loro come possono aiutarti o sostenerti, in modo che possano esserci in modo efficace.

Una spalla su cui piangere: Amici, familiari e cari che fanno parte del tuo cerchio di supporto possono offrire una spalla su cui piangere quando ti senti sopraffatto dalla tristezza e dall'angoscia. Avere qualcuno con cui condividere i tuoi sentimenti più profondi e vulnerabili può portare sollievo emotivo e la sensazione di non affrontare da solo le tue emozioni.

Comunicare le tue esigenze: Impostare confini ed esprimere sentimenti

La comunicazione è la pietra angolare di qualsiasi relazione sana e, quando si tratta del tuo percorso di ripresa dalla depressione, l'abilità di esprimere in modo chiaro e rispettoso le tue esigenze, i tuoi limiti e i tuoi sentimenti è di estrema importanza. Imparare a comunicare in modo efficace non solo rafforza i legami con coloro che ti circondano, ma garantisce anche che le tue relazioni siano mutuamente soddisfacenti e benefiche. Linee guida per aiutarti a comunicare in modo più efficace:

Pratica la comunicazione aperta

La comunicazione aperta è il fondamento per costruire relazioni sane e arricchenti. Quando si tratta del tuo percorso di ripresa dalla depressione, l'abilità di esprimere te stesso in modo aperto diventa ancora più cruciale. Praticando la comunicazione aperta, stai creando un ambiente favorevole all'onestà e alla sincerità, consentendo che le discussioni avvengano in modo autentico e rispettoso. Aspetti importanti della comunicazione aperta:

Creare uno spazio di fiducia: La comunicazione aperta si basa sulla fiducia. Creando un ambiente in cui tutti si sentono al sicuro nel condividere i propri sentimenti e pensieri, stai coltivando la fiducia reciproca tra te e coloro con cui hai relazioni. Questo significa che le persone si sentiranno più a loro agio nell'essere oneste, sapendo che non verranno giudicate o respinte.

Esprimere emozioni con sincerità: Essere aperti nella comunicazione significa esprimere le emozioni con sincerità. Questo comporta la condivisione non solo di pensieri superficiali, ma anche di sentimenti autentici. Esprimendoti in modo autentico, consenti agli altri di capire come ti senti e cosa stai attraversando, il che, a sua volta, può portare a una comprensione più profonda e a connessioni più significative.

Creare uno spazio di ascolto attento: La comunicazione aperta non riguarda solo parlare, ma anche ascoltare attentamente. Praticando l'ascolto attivo, dimostri un interesse genuino per ciò che gli altri hanno da dire. Questo comporta l'attenzione, la formulazione di domande chiare e l'espressione di empatia per ciò che viene condiviso. L'ascolto attivo promuove un ambiente di rispetto reciproco e comprensione.

Rispetto delle opinioni diverse: Nella comunicazione aperta è importante riconoscere che le persone possono avere opinioni diverse dalle tue. Mantenere la mente aperta verso diverse prospettive e essere disposti a considerare punti di vista alternativi arricchisce le conversazioni e favorisce la crescita personale.

Creazione di legami significativi: La comunicazione aperta è uno strumento per creare legami profondi e significativi con coloro che ti circondano. Quando condividi le tue esperienze, pensieri e sentimenti in modo aperto, inviti gli altri a fare lo stesso. Ciò porta a relazioni più autentiche, in cui entrambe le parti si sentono valorizzate e comprese.

Affrontare le sfide insieme: Quando pratichi la comunicazione aperta, stai rafforzando la capacità di affrontare le sfide insieme. I problemi e i conflitti possono essere discussi apertamente e le soluzioni possono essere trovate attraverso un dialogo onesto. La comunicazione aperta può anche essere una fonte di supporto emotivo durante i momenti difficili, consentendoti di condividere le tue preoccupazioni e trovare conforto negli altri.

Rendere la comunicazione aperta un'abitudine: Come qualsiasi abilità, la comunicazione aperta può essere sviluppata con la pratica costante. Man mano che ti impegni a essere più aperto e onesto nelle tue interazioni, la comunicazione aperta diventerà una naturale abitudine. Ciò contribuirà a rafforzare le tue relazioni e a rendere il tuo percorso di ripresa dalla depressione più arricchente e di supporto.

Sii chiaro e diretto

La chiarezza nella comunicazione è uno dei pilastri per stabilire relazioni sane ed efficaci. Quando si tratta di esprimere le tue esigenze, i tuoi limiti e i tuoi sentimenti, l'abilità di essere chiaro e diretto è essenziale. Evitare ambiguità e usare linguaggio diretto aiuta a garantire che i tuoi messaggi siano compresi nel modo desiderato. Motivi per cui essere chiari e diretti è fondamentale nella comunicazione:

Evitare malintesi: Quando utilizzi linguaggio chiaro e diretto, riduci al minimo la possibilità di malintesi. Le parole scelte e il modo in cui le comunichi determinano se l'altra persona capirà esattamente ciò che intendevi trasmettere. Evitare ambiguità o interpretazioni confuse contribuisce a una comunicazione più efficace.

Agevolare la presa di decisioni: Essere chiari nell'esprimere le tue esigenze o opinioni agevola il processo decisionale. Se gli altri comprendono esattamente ciò che desideri o di cui hai bisogno, possono rispondere in modo adeguato e prendere decisioni informate. Questo è particolarmente importante quando si affrontano questioni che coinvolgono scelte condivise.

Dimostrare rispetto: Essere chiari e diretti nella comunicazione dimostra anche rispetto per l'altra persona. Esprimendo le tue idee in modo chiaro, stai mostrando di valorizzare la comprensione reciproca e lo scambio di informazioni. Ciò crea un ambiente di rispetto e apertura nelle conversazioni.

Evitare false supposizioni: Il linguaggio ambiguo può portare a false supposizioni da parte dell'altra persona. Se non sei chiaro sulle tue intenzioni o esigenze, l'altra persona potrebbe interpretare le tue parole in modo diverso da come avevi intenzione. Ciò può portare a malintesi e potenziali conflitti che avrebbero potuto essere evitati con una comunicazione più chiara.

Rafforzare la fiducia: La chiarezza nella comunicazione è un fattore chiave per costruire la fiducia nelle relazioni. Quando gli altri percepiscono che sei trasparente e onesto nelle tue parole, sono più inclini a fidarsi di te. Questo è fondamentale per sviluppare connessioni genuine e significative.

Praticare l'abilità dell'ascolto: Essere chiari e diretti facilita anche l'abilità dell'ascolto. Quando i tuoi messaggi sono chiari e ben strutturati, l'altra persona può concentrarsi sulla comprensione di ciò che stai dicendo, anziché cercare di decifrare ambiguità.

Migliorare la comunicazione nel tempo: La pratica della chiarezza nella comunicazione può essere migliorata nel tempo. Sforzandoti di essere più chiaro e diretto nelle tue interazioni, diventerai più abile nell'esprimere le tue idee in modo efficace. Ciò porterà a conversazioni più produttive, relazioni più sane e a un percorso di ripresa dalla depressione più arricchente e di supporto.

Usa "io" invece di "tu"

Il modo in cui scegliamo di esprimere i nostri sentimenti e le nostre opinioni può fare la differenza nella percezione degli altri e nello sviluppo delle conversazioni. Una delle strategie efficaci per comunicare in modo costruttivo ed evitare conflitti è utilizzare "io" quando ci si esprime. Invece di incolpare o accusare l'altra persona, l'uso del "io" mette in primo piano i propri sentimenti e le proprie esperienze. Motivi per cui l'uso del "io" è un approccio prezioso nella comunicazione:

Promuovere empatia e comprensione: Iniziando una frase con "io", condividi i tuoi sentimenti personali e le esperienze interiori. Ciò crea uno spazio in cui gli altri possono connettersi con te a livello emotivo. Le persone tendono ad essere più empatiche e comprensive quando ascoltano le emozioni e i pensieri personali di qualcuno.

Evitare colpe e attacchi personali: Utilizzando il "io", eviti di incolpare direttamente l'altra persona o fare accuse. Questo riduce la probabilità che l'altra persona si senta in difesa o colpevole, il che potrebbe rapidamente portare a un conflitto. Invece di dire "tu lo fai sempre sbagliato", puoi dire "io sento che potremmo migliorare qualcosa in questa situazione".

Creare spazio per un dialogo aperto: L'uso del "io" nella comunicazione crea spazio per un dialogo aperto e onesto. Condividendo i propri sentimenti e pensieri, inviti l'altra persona a condividere i propri punti di vista. Ciò crea un'atmosfera di rispetto e scambio di idee.

Concentrarsi sulle soluzioni: Quando ti esprimi usando il "io", sei più incline a concentrarti sulle soluzioni anziché incolpare l'altra persona. Piuttosto che semplicemente individuare un problema, stai esprimendo come ti senti e, eventualmente, suggerendo modi per migliorare la situazione. Questo rende la comunicazione più costruttiva e produttiva.

Esempio pratico: Per illustrare, immagina una situazione in cui ti senti trascurato quando si tratta della divisione dei compiti domestici. Invece di dire "Tu non aiuti mai in casa", potresti dire "Io sento che a volte sono sopraffatto dai compiti domestici e mi piacerebbe che lavorassimo insieme per trovare un modo più equo di condividere queste responsabilità".

Benefici duraturi: Utilizzando il "io" nella comunicazione, stai costruendo una base per relazioni più sane e una comunicazione più efficace. Questo approccio non solo evita conflitti inutili, ma rafforza anche il legame emotivo e l'empatia tra le persone coinvolte. Man mano che pratichi questa strategia, diventi un comunicatore più consapevole ed efficace, migliorando tutti gli aspetti dei tuoi rapporti e sostenendo il tuo percorso di ripresa dalla depressione.

Stabilisci limiti sani

Definire e comunicare limiti sani è una competenza fondamentale per costruire relazioni sane e mantenere la propria salute emotiva. Stabilire dei limiti consente di proteggersi da situazioni che potrebbero essere dannose o esaustive, promuovendo nel contempo la comprensione reciproca e il rispetto nelle interazioni con gli altri. Linee guida su come stabilire limiti sani:

L'autoconsapevolezza è la chiave: Prima di comunicare i tuoi limiti agli altri, è importante che tu sappia da te quali siano questi limiti. Ciò implica una comprensione delle tue esigenze, dei tuoi valori, delle tue tolleranze e dei tuoi limiti emotivi. Conoscersi è essenziale per stabilire limiti autentici e sostenibili.

Comunicare con chiarezza: Quando imposti dei limiti, sii chiaro e diretto su ciò che sei disposto a accettare e su ciò che non lo sei. Utilizza un linguaggio assertivo e non ambiguo per esprimere i tuoi limiti. Ricorda che le persone non possono leggere nella tua mente, quindi la comunicazione chiara è essenziale per evitare fraintendimenti.

Riconosci la tua autonomia: Hai il pieno diritto di definire i tuoi limiti, anche se sono diversi da quelli delle altre persone. La tua autonomia è importante, e stabilire limiti sani non ti rende egoista, ma qualcuno che valorizza la propria salute emotiva.

Imposta conseguenze chiare: Quando comunichi i tuoi limiti, è utile indicare quali saranno le conseguenze se questi limiti non vengono rispettati. Questo aiuta a mantenere la coerenza e la serietà dei tuoi limiti. Tuttavia, concentra le conseguenze su quelle che sono ragionevoli e proporzionate alla situazione.

Pratica l'empatia: Stabilendo dei limiti, è importante anche capire le prospettive e le esigenze degli altri. L'empatia ti permette di trovare un equilibrio tra le tue esigenze e quelle degli altri, promuovendo relazioni sane ed equilibrate.

Mantieni la coerenza: Una volta che hai stabilito i tuoi limiti, è fondamentale mantenerli in modo coerente. Se permetti che i tuoi limiti vengano violati ripetutamente, ciò può portare a frustrazione e mancanza di rispetto da parte degli altri. Mantenere i tuoi limiti contribuisce a costruire relazioni basate sul rispetto reciproco.

Rivalutazione periodica: Man mano che cresci e cambi, anche i tuoi limiti possono evolvere. È importante rivalutare periodicamente i tuoi limiti per assicurarti che siano in linea con le tue attuali esigenze. Ciò dimostra autenticità e maturità nelle tue relazioni.

Benefici duraturi: Stabilire limiti sani non protegge solo la tua salute emotiva, ma contribuisce anche a costruire relazioni più sane ed equilibrate. Quando comunichi i tuoi limiti in modo rispettoso e assertivo, dimostri cura per te stesso e rispetto per gli altri. Questa pratica rafforza la tua autostima, migliora le tue interazioni sociali e supporta il tuo continuo percorso di recupero dalla depressione.

Sii empatico nell'ascolto

L'empatia è un potente strumento nella comunicazione e nelle relazioni. Coinvolge la capacità di mettersi nei panni degli altri, comprendere i loro sentimenti e prospettive e rispondere in modo sensibile. Praticando l'empatia nell'ascoltare gli altri, non solo rafforzi i legami tra di voi, ma dimostri anche rispetto, comprensione e un genuino sostegno. Modi per incorporare l'empatia nelle tue interazioni:

Dedica totale attenzione: Quando qualcuno condivide i propri sentimenti, dedica loro la tua totale attenzione. Mantieni il contatto visivo, evita distrazioni e mostra che sei genuinamente interessato a ciò che ha da dire.

Mostra interesse attivo: Fai domande aperte e riflessive per incoraggiare l'altra persona a condividere di più sui suoi sentimenti. Mostra un interesse genuino nel comprendere la sua prospettiva e la sua esperienza.

Convalida i sentimenti: Dimostra di comprendere i sentimenti dell'altra persona e rispetta la sua esperienza. Usa frasi come "Capisco come ti senti" o "Sembra che sia stato davvero difficile per te".

Evita giudizi e critiche: Mantieni una mente aperta e evita di giudicare o criticare. L'empatia implica accettare i sentimenti dell'altra persona senza fare supposizioni o valutazioni negative.

Usa linguaggio non verbale positivo: Anche il linguaggio del corpo e le espressioni facciali sono importanti. Sorridi, annuisci e adotta una postura aperta per mostrare che sei coinvolto e aperto alla conversazione.

Rifletti i sentimenti: Ripeti o rifletti i sentimenti che l'altra persona sta esprimendo. Ciò dimostra che stai ascoltando e comprendendo, oltre a creare una sensazione di convalida.

Evita di dare consigli prematuri: Evita di passare immediatamente a dare consigli o soluzioni. A volte le persone hanno solo bisogno di qualcuno che le ascolti e convalidi i loro sentimenti, invece di cercare soluzioni immediate.

Mostra empatia anche in conflitti: L'empatia è importante anche quando stai affrontando conflitti. Cerca di capire la prospettiva dell'altra persona, anche se non sei d'accordo con essa. Ciò può contribuire ad ammorbidire la situazione e promuovere una comunicazione più produttiva.

Crea uno spazio sicuro: Assicurati che l'altra persona si senta a proprio agio nel condividere i propri sentimenti senza paura di giudizio. Crea uno spazio sicuro in cui possa essere aperta e onesta.

Vantaggi della pratica dell'empatia: Praticare l'empatia nell'ascoltare gli altri non solo rafforza le tue relazioni, ma promuove anche una comunicazione più efficace e sana. Quando le persone sentono di essere ascoltate e comprese, è più probabile che si sentano valorizzate e rispettate. Ciò contribuisce a relazioni più armoniose e supporta il tuo percorso di recupero dalla depressione, fornendo un solido e comprensivo sistema di supporto.

Scegli il momento appropriato

La scelta del momento giusto per affrontare questioni sensibili o condividere le proprie esigenze è una considerazione fondamentale per assicurare che la comunicazione sia efficace e costruttiva. Quando scegliamo il momento appropriato, creiamo un ambiente favorevole per un dialogo aperto e rispettoso. Linee guida per aiutarti a determinare il momento giusto per avviare una conversazione importante:

Considera lo stato emotivo: Prima di iniziare una discussione delicata, valuta lo stato emotivo di entrambe le parti coinvolte. Evita di iniziare una conversazione quando tu o l'altra persona siete stanchi, stressati, arrabbiati o emotivamente turbati. Invece, aspetta finché entrambi non saranno in uno stato più calmo e disponibile.

Scegli un momento tranquillo: Cerca un ambiente tranquillo e privo di distrazioni per iniziare la conversazione. Ciò ti permette di concentrarti pienamente sulla discussione ed evita interruzioni inutili.

Evita discussioni in pubblico: Le questioni sensibili sono generalmente affrontate meglio in privato. Evita di discutere questioni personali o delicate in luoghi pubblici, dove la privacy potrebbe essere compromessa.

Stabilisci un momento per parlare: Se possibile, fissa un orario specifico per la conversazione. Ciò dà ad ambo le parti il tempo di prepararsi mentalmente e evita sorprese o interruzioni improvvise.

Mostra apertura al dialogo: Prima di iniziare la conversazione, assicurati che l'altra persona sia disposta e disponibile ad ascoltare. Chiedi se è un buon momento per parlare o se c'è un momento più adatto.

Presta attenzione al rispetto e al tempismo: Rispetta le priorità e gli impegni dell'altra persona. Evita di scegliere momenti in cui è occupata o sotto pressione. Inoltre, ricorda che certi momenti della giornata, come i pasti in famiglia o i momenti di relax, potrebbero non essere ideali per avviare discussioni serie.

Pianifica e preparati: Prima della conversazione, prenditi il tempo per organizzare i tuoi pensieri e esprimere chiaramente le tue esigenze. Avere chiarezza su ciò che desideri comunicare aiuterà a rendere la conversazione più diretta e produttiva.

Sii aperto alla reazione dell'altra persona: Tieni presente che l'altra persona potrebbe aver bisogno di tempo per elaborare ciò che stai condividendo. Mostrati disposto ad ascoltare le sue reazioni e i suoi sentimenti, anche se non sono subito d'accordo.

Crea un'atmosfera di rispetto: Durante la conversazione, crea un'atmosfera di rispetto reciproco. Ascolta attentamente, evita interruzioni e convalida i sentimenti dell'altra persona.

Benefici della scelta del momento appropriato: Scegliere il momento giusto per comunicare le proprie esigenze e affrontare questioni sensibili è fondamentale per assicurare che la comunicazione sia produttiva e rispettosa. Quando entrambe le parti sono emotivamente disponibili e preparate per la conversazione, le possibilità di raggiungere una comprensione reciproca e risolvere i problemi aumentano notevolmente. Inoltre, questa approccio contribuisce a costruire relazioni sane e sostiene il tuo percorso di recupero dalla depressione, promuovendo una comunicazione positiva e costruttiva con le persone che ti circondano.

La comunicazione efficace è una competenza che può essere migliorata con la pratica costante. Più ti sforzi di comunicare in modo chiaro e rispettoso, più naturale diventerà. Ricorda che esprimersi in modo sano è una parte fondamentale per coltivare relazioni positive e costruttive.

Costruire un circolo di supporto: Identificazione delle persone che ti incoraggiano e ti nutrono

Cultivare relazioni sane richiede discernimento nella scelta delle persone con cui ti relazioni. Costruire un solido circolo di supporto è fondamentale per assicurarti di essere circondato da individui che ti sostengono, ti nutrono e ti incoraggiano a crescere. Passi per costruire un circolo di supporto:

Valuta le relazioni attuali

Valutare le tue relazioni attuali è un passo importante per coltivare un circolo di supporto sano e positivo. Non tutte le relazioni sono uguali, e riflettere su come ti senti dopo interazioni con diverse persone può aiutarti a identificare quali relazioni siano veramente positive e nutritive. Linee guida per aiutarti a valutare le tue relazioni attuali:

Osserva le tue emozioni: Dopo le interazioni con amici, familiari e altre persone vicine, prenditi un momento per osservare come ti senti. Le interazioni ti rendono felice, ispirato e sostenuto? Oppure esci da esse sentendoti esausto, negativo o incompreso? Le tue emozioni dopo le interazioni possono fornire preziosi spunti sulla qualità della relazione.

Analizza la dinamica della relazione: Riflettere su come funziona la dinamica della relazione può essere illuminante. Ti senti ascoltato e valorizzato? L'altra persona dimostra un interesse genuino per le tue preoccupazioni e i tuoi successi? Le relazioni sane sono caratterizzate da una comunicazione aperta e rispettosa, in cui entrambe le parti si sentono ascoltate e comprese.

Identifica le fonti di supporto: Considera quali persone nella tua vita sono state costantemente fonti di supporto ed incoraggiamento. Sono lì per te nei momenti di bisogno? Offrono supporto emotivo, incoraggiamento e comprensione? Identificare le persone che si prendono davvero cura del tuo benessere è fondamentale per costruire un circolo di supporto positivo.

Valuta i benefici reciproci: Le relazioni sane dovrebbero essere vantaggiose per entrambe le parti. Chiediti se la relazione è soddisfacente per entrambi e se c'è uno scambio equilibrato di supporto emotivo e rispetto. Le relazioni in cui solo una persona trae vantaggio possono diventare logoranti e squilibrate col tempo.

Rifletti sullo sviluppo personale: Le relazioni sane hanno anche il potere di favorire la crescita personale. Chiediti se le persone nella tua vita ti incoraggiano a essere la tua migliore versione. Sostengono i tuoi obiettivi e aspirazioni, sfidandoti a crescere e svilupparsi?

Decidi quali relazioni ti fanno bene: Dopo aver valutato le tue relazioni, prendi una decisione consapevole su quali relazioni siano veramente nutritive e contribuiscano al tuo benessere emotivo. Dà priorità alle persone che ti sostengono, rispettano le tue esigenze e condividono valori simili.

L'importanza della valutazione continua: Tieni presente che la valutazione delle relazioni è un processo continuo. Man mano che cresci e cambi, le tue esigenze e priorità possono evolversi. È fondamentale valutare periodicamente le tue relazioni per assicurarti che continuino a essere fonti positive di supporto ed arricchimento nella tua vita.

Coltivare relazioni positive: Valutare le tue relazioni attuali è un passo cruciale per creare un circolo di supporto positivo. Identificando e coltivando relazioni che contribuiscano alla tua felicità, crescita e benessere emotivo, stai costruendo una solida base per un percorso di recupero dalla depressione e per una vita più sana e significativa.

Cerca qualità positive

Nel coltivare un circolo di supporto positivo, è fondamentale cercare persone che esibiscano qualità positive e costruttive nelle loro relazioni. Queste qualità sono indicatori di relazioni sane e possono fare una differenza significativa nel tuo percorso di recupero dalla depressione. Le caratteristiche chiave che puoi cercare nel costruire relazioni sane sono:

Empatia: L'empatia è la capacità di comprendere e condividere i sentimenti degli altri. Le persone empatiche sono in grado di mettersi nei tuoi panni, offrire supporto emotivo e ascoltare senza giudizio. L'empatia è fondamentale per creare uno spazio sicuro in cui puoi esprimerti apertamente.

Comprensione: Le relazioni sane si basano sulla comprensione reciproca. Cerca persone disposte ad ascoltare le tue preoccupazioni, a capire le tue prospettive e a dimostrare un interesse genuino per la tua vita. La comprensione crea un ambiente in cui ti senti valorizzato e compreso.

Rispetto: Il rispetto è un pilastro fondamentale di qualsiasi relazione sana. Cerca persone che rispettino i tuoi limiti, le tue opinioni e le tue scelte. Le relazioni basate sul rispetto reciproco promuovono un ambiente in cui puoi essere autentico senza temere il giudizio.

Supporto genuino: Gli amici e i cari che offrono un supporto genuino sono preziosi. Cerca persone che sono al tuo fianco nei momenti difficili, che ti incoraggiano a perseguire i tuoi obiettivi e celebrano le tue conquiste. Il supporto genuino è una parte essenziale di una relazione che favorisce la crescita personale.

Comunicazione aperta: La comunicazione efficace è un componente cruciale delle relazioni sane. Cerca persone disposte a parlare apertamente, a esprimere le proprie esigenze e ad ascoltare le tue. Le relazioni in cui la comunicazione fluisce liberamente sono più inclini a risolvere i conflitti in modo costruttivo.

Condivisione dei valori: Le relazioni sane spesso si basano su valori condivisi. Cerca persone che condividano i tuoi principi e le tue credenze fondamentali. Avere valori simili può creare una solida base per la comprensione reciproca e la collaborazione.

Incoraggiamento reciproco: Gli amici e la famiglia che ti incoraggiano a sforzarti, crescere e svilupparsi sono essenziali. Cerca persone che credono nel tuo potenziale, ti sfidano a uscire dalla zona di comfort e supportano le tue ambizioni.

Creare relazioni positive: Cercando qualità positive nelle tue relazioni, stai costruendo la base per connessioni che sono reciprocamente benefiche e arricchenti. Ricorda che non si tratta solo di ciò che gli altri possono offrirti, ma anche di come puoi contribuire al benessere degli altri. Le relazioni sane sono un investimento prezioso nella tua salute mentale ed emotiva, fornendo un circolo di supporto che può aiutarti nel tuo percorso di recupero dalla depressione.

La diversità nel cerchio di supporto

Quando si tratta di costruire un cerchio di supporto efficace, la diversità svolge un ruolo fondamentale nell'arricchire il tuo percorso di recupero dalla depressione. Avere una varietà di persone nel tuo cerchio, tra amici, familiari, mentori, colleghi e professionisti della salute mentale, può portare diverse prospettive, esperienze e benefici nella tua vita. Le ragioni per cui la diversità nel cerchio di supporto è così importante:

Variazione di prospettive: Ogni persona nella tua vita porta un punto di vista unico al tavolo. Gli amici possono condividere le loro esperienze personali, i familiari possono offrire un senso di storia e radici, i mentori possono fornire preziosi consigli e i professionisti della salute mentale possono offrire una guida specializzata. Avere una varietà di prospettive ti aiuta a ottenere diverse intuizioni sulle tue lotte e sfide.

Apprendimento continuo: Interagire con persone provenienti da diverse sfere e aree di competenza offre opportunità di apprendimento continuo. Puoi imparare dalle storie di vita degli altri, acquisire nuove abilità, acquisire conoscenze in diverse aree ed espandere la tua comprensione del mondo circostante.

Espansione della rete di supporto: Costruire un cerchio di supporto diversificato significa anche espandere la tua rete di supporto. Questo è particolarmente utile nei momenti di necessità, poiché avrai un gruppo più ampio di persone a cui rivolgerti quando hai bisogno di aiuto, orientamento o conforto.

Resilienza e adattamento: Persone diverse hanno modi unici di affrontare sfide e avversità. Avendo una varietà di persone nel tuo cerchio di supporto, puoi imparare diverse strategie di resilienza e adattamento. Questa diversità di approcci può arricchire le tue abilità di coping.

Promozione del benessere olistico: Un cerchio di supporto diversificato può contribuire a promuovere il tuo benessere olistico. Gli amici possono aiutare a sollevare il tuo spirito, i familiari possono fornire conforto emotivo, i mentori possono guidare le tue scelte e i professionisti della salute mentale possono offrire strumenti per affrontare la depressione in modo efficace. Avere tutte queste risorse a disposizione contribuisce a un approccio più completo alla tua salute mentale.

Rafforzare il tuo percorso di recupero: Costruendo un cerchio di supporto diversificato, stai rafforzando il tuo percorso di recupero dalla depressione. Ogni persona nel tuo cerchio svolge un ruolo unico nella tua vita, contribuendo alla tua crescita personale e offrendo supporto nei momenti difficili. La diversità nel cerchio di supporto è uno strumento potente per arricchire la tua esperienza e promuovere la tua salute mentale ed emotiva.

Comunicare le tue necessità

Dopo aver identificato le persone disposte a sostenerti e incoraggiare la tua crescita, è fondamentale comunicare in modo efficace con loro. La comunicazione chiara delle tue necessità, desideri ed aspettative è un passo essenziale per rafforzare le relazioni di supporto nella tua vita. Passi importanti per comunicare in modo efficace le tue necessità:

Riconosci la tua autenticità: Prima di iniziare a comunicare con gli altri, è importante riconoscere la tua autenticità. Conosci le tue necessità e i tuoi sentimenti. Questo ti aiuterà a comunicare in modo più chiaro e sicuro.

Scegli il momento giusto: Scegliere il momento giusto per affrontare le tue necessità è fondamentale. Cerca momenti in cui tu e l'altra persona siete calmi e disponibili a parlare. Evita di affrontare argomenti delicati quando entrambi siete occupati, stressati o distratti.

Sii diretto e chiaro: Quando esprimi le tue necessità, sii diretto e chiaro. Usa frasi semplici ed evita ambiguità. Più sarai chiaro, più sarà facile per l'altra persona capire cosa stai chiedendo.

Usa la comunicazione non violenta: La Comunicazione Non Violenta è un approccio che enfatizza l'empatia e la comprensione reciproca. Comunicando le tue necessità, concentrati sull'esprimere sentimenti e bisogni anziché criticare o incolpare. Questo aiuta a mantenere la conversazione costruttiva ed evita conflitti inutili.

Parla delle tue aspettative: Oltre a esprimere le tue necessità, è importante anche discutere delle tue aspettative. Spiega come ti aspetti che l'altra persona ti supporti e in che modo può contribuire al tuo benessere.

Sii aperto al dialogo: La comunicazione è un processo bidirezionale. Sii aperto a ascoltare anche le prospettive e i bisogni dell'altra persona. Ciò crea un ambiente di rispetto reciproco e comprensione.

Ringrazia per il supporto: Dopo aver espresso le tue necessità e aver ricevuto supporto, non dimenticare di ringraziare la persona per essere disposta ad aiutare. La gratitudine rafforza il legame tra voi e mostra che apprezzi il supporto che stai ricevendo.

Adatta e perfeziona: Ricorda che la comunicazione è un processo continuo. Man mano che il tuo percorso di recupero avanza, le tue necessità possono cambiare. Sii disposto a adattare e perfezionare le tue comunicazioni secondo necessità.

Rafforzare le relazioni: Comunicare le tue necessità è un modo potente per rafforzare le relazioni di supporto nella tua vita. Esprimendo in modo chiaro e rispettoso le tue necessità, permetti alle persone intorno a te di sapere come possono essere una fonte efficace di supporto durante il tuo percorso di recupero dalla depressione. Ciò migliora non solo la tua salute mentale, ma rafforza anche i legami tra te e coloro che sono disposti a camminare al tuo fianco.

Ricambiare il sostegno

Nei rapporti sani, lo scambio di supporto e cura è essenziale. Mentre ricevi supporto dalle persone che ti circondano, è importante ricordare di ricambiare questo sostegno, creando relazioni veramente bidirezionali. Modi per ricambiare il supporto che ricevi:

Sii presente per loro: Proprio come apprezzi la presenza e il supporto delle persone intorno a te, sii presente anche per loro. Ascolta attentamente quando condividono i loro sentimenti, sfide e successi. Offri una spalla amica e un orecchio attento.

Mostra empatia e comprensione: Dimostra empatia e comprensione quando le persone intorno a te affrontano le loro sfide. Fai capire che tieni a ciò che stanno passando e sii disposto a offrire supporto emotivo quando necessario.

Offri aiuto pratico: Oltre al supporto emotivo, sii disposto a offrire aiuto pratico quando possibile. Ciò può includere l'assistenza con le attività quotidiane, dare consigli o condividere risorse utili.

Celebra i loro successi: Quando le persone intorno a te raggiungono i loro obiettivi e successi, festeggia con loro. Fai capire che sei felice per i loro successi e riconosci lo sforzo che hanno messo nelle loro realizzazioni.

Sii un supporto incondizionato: Coltiva una relazione in cui sei un sostegno incondizionato per le persone che ti sostengono. Ciò significa essere presente sia nei momenti felici che in quelli difficili, senza giudizio o critica.

Esprimenti gratitudine: Non trascurare di esprimere la tua gratitudine alle persone che sono al tuo fianco. Lasciale sapere quanto il loro supporto sia prezioso per te e quanto apprezzi la loro presenza nella tua vita.

Mantieni la comunicazione aperta: Continua a praticare una comunicazione aperta e rispettosa con coloro che ti sostengono. Tienili informati sul tuo percorso di recupero e sii disposto ad ascoltare le loro esperienze.

Coltivare relazioni durature: Ricambiare il supporto che ricevi crea relazioni durature e significative. Queste relazioni non solo forniscono supporto durante il tuo percorso di recupero dalla depressione, ma arricchiscono anche profondamente la tua vita. Ricorda che tutti attraversiamo momenti di sfide e successi, e avere un cerchio di persone solidali può rendere questi momenti più significativi e gratificanti per tutti i coinvolti.

Allontanati da relazioni tossiche

Uno degli aspetti cruciali nel coltivare relazioni sane è saper riconoscere e allontanarsi da relazioni che sono tossiche o dannose per la tua salute mentale ed emotiva. Priorizzare il tuo benessere è essenziale per assicurarti di essere circondato da persone che promuovano positività e crescita. Linee guida per allontanarsi da relazioni tossiche:

Riconosci i segnali di tossicità: Essere consapevoli dei segnali di una relazione tossica è il primo passo per identificare se una relazione sta avendo un impatto negativo sulla tua vita. Ciò può includere manipolazione, abuso verbale o emotivo, mancanza di rispetto, critiche costanti e mancanza di genuino sostegno.

Valuta l'impatto sulla tua salute mentale: Rifletti su come la relazione influisce sulla tua salute mentale ed emotiva. Se ti rendi conto di essere costantemente esausto, ansioso, depresso o insicuro a causa della relazione, è un segno che potrebbe essere tossica.

Stabilisci limiti chiari: Se desideri dare una possibilità alla relazione, stabilisci limiti chiari e comunica le tue aspettative. Se l'altra persona non rispetta i tuoi limiti e continua a comportarsi in modo tossico, potrebbe essere il momento di allontanarti.

Priorità la tua salute mentale: Sappi che la tua salute mentale ed emotiva è la tua priorità. Non esitare ad allontanarti da relazioni che stanno danneggiando la tua salute mentale, anche se può essere difficile o doloroso.

Cerca il supporto da persone sane: Allontanandoti da relazioni tossiche, concentrati nel rafforzare le relazioni sane nella tua vita. Cerca il sostegno da amici, familiari e persone che promuovano positività e benessere.

Ricorda il tuo valore: Non permettere a relazioni tossiche di abbassare la tua autostima. Ricorda il tuo valore e non accontentarti di un trattamento irrispettoso o dannoso.

Accetta che è una scelta salutare: Allontanarsi da relazioni tossiche non è un segno di fallimento; è una scelta coraggiosa e salutare per proteggere la tua salute mentale ed emotiva. Accetta che meriti relazioni che ti supportino e ti nutrano.

L'importanza della protezione mentale: Allontanarsi da relazioni tossiche è un potente mezzo per proteggere la tua salute mentale ed emotiva. Ciò può creare spazio per concentrarti su relazioni che contribuiscono alla tua crescita, felicità e benessere generale. Ricorda che meriti di circondarti di persone che ti apprezzino e ti supportino nel tuo percorso di recupero dalla depressione.

Coltivare relazioni nel tempo

La costruzione e la manutenzione di un cerchio di supporto sono un processo che si estende nel tempo. Mentre cresci, evolvi e affronti diverse fasi della vita, è naturale che anche le relazioni evolvano. Coltivare relazioni sane è un impegno costante, e essere aperti a nuove connessioni può arricchire il tuo percorso di recupero dalla depressione. Ecco modi per coltivare relazioni nel tempo:

Accetta l'evoluzione naturale delle relazioni: Le relazioni sono dinamiche e soggette a cambiamenti. Man mano che le persone crescono e si sviluppano, i loro interessi, bisogni e priorità possono cambiare. Sii aperto a questi cambiamenti e capisci che non tutte le relazioni rimarranno le stesse nel tempo.

Crea spazio per nuove connessioni: Man mano che cresci, possono emergere nuove opportunità per incontrare persone. Sii aperto a fare nuove amicizie, che sia in contesti sociali, gruppi di supporto o attività che ami. Nuove connessioni possono portare prospettive fresche ed energie positive nella tua vita.

Cura le relazioni esistenti: Anche se i nuovi rapporti possono essere eccitanti, è importante anche coltivare le relazioni esistenti. Continua a investire tempo ed energie nelle amicizie e nei legami che già sono significativi per te. Mostra che apprezzi queste connessioni e sei impegnato a mantenerle sane.

Comunicazione regolare: La comunicazione regolare è fondamentale per mantenere relazioni forti. Resta in contatto con amici, familiari e membri del tuo cerchio di supporto. Sia attraverso conversazioni, messaggi o incontri, essere presente nella vita delle persone che apprezzi aiuta a mantenere il legame.

Sii disponibile nei momenti di bisogno: Proprio come cerchi supporto nelle tue relazioni, sii pronto a offrire aiuto quando gli altri ne hanno bisogno. Le relazioni sane si basano sulla reciprocità e sul sostegno reciproco.

Cresci insieme: Man mano che cresci e ti sviluppi, è importante che anche le tue relazioni crescano e si adattino. Condividi le tue esperienze, sfide e successi con coloro che fanno parte del tuo cerchio di supporto, consentendo loro di far parte del tuo percorso.

L'evoluzione delle relazioni: Proprio come tu sei in costante evoluzione, anche le tue relazioni lo sono. Man mano che affronti nuove sfide e raggiungi nuovi obiettivi, le tue relazioni possono diventare più forti e arricchenti, contribuendo alla tua salute mentale ed emotiva. Valorizza l'esperienza di coltivare relazioni nel tempo e permetti loro di diventare una parte essenziale della tua ripresa dalla depressione.

Le relazioni sane svolgono un ruolo essenziale nella nostra salute mentale, crescita personale e benessere generale. Forniscono una fonte di conforto, incoraggiamento e comprensione che può aiutarci a superare anche le sfide più difficili. Coltivando relazioni positive, comunicando i tuoi bisogni e costruendo un cerchio di supporto, stai creando un ambiente che nutre il tuo percorso di auto-scoperta e recupero.

5
CURA DEL CORPO E DELLA MENTE

Prendersi cura di se stessi è un atto d'amore
che rigenera l'anima e rafforza la mente.

La nostra mente e il nostro corpo sono intrinsecamente collegati, formando un sistema complesso che influisce direttamente sul nostro benessere emotivo e fisico. Prendersi cura di entrambi è essenziale per promuovere una sana ripresa dalla depressione e mantenere una qualità di vita positiva. In questo capitolo, esploreremo il legame tra mente e corpo, l'impatto positivo dell'esercizio fisico e delle endorfine, nonché l'influenza di un'alimentazione nutritiva sulla salute mentale.

Il collegamento mente-corpo: Auto-curade fisica e benessere emotivo

L'interconnessione tra mente e corpo è profonda e complessa. L'auto-curade fisica svolge un ruolo fondamentale nel promuovere il benessere emotivo. Quando ti prendi cura del tuo corpo, stai fornendo le risorse necessarie per mantenere un equilibrio emotivo sano. Alcuni aspetti importanti di questo legame includono:

Sonno adeguato

Il sonno è un pilastro fondamentale dell'auto-curade e svolge un ruolo di primo piano nella promozione della salute mentale. Quando dai priorità a un sonno adeguato e riposante, stai offrendo al tuo corpo e alla tua mente l'opportunità di rigenerarsi e rivitalizzarsi. Approfondiremo ulteriormente l'importanza del sonno e come influisce sulla tua salute mentale:

Il ruolo del sonno nel processo emotivo e cognitivo: Durante il sonno, il cervello svolge una serie di processi vitali per la tua salute mentale. Elabora le informazioni del giorno, aiutando a consolidare i ricordi e a comprendere le esperienze emotive. Inoltre, il sonno svolge un ruolo fondamentale nella regolazione delle emozioni. La mancanza di sonno adeguato può influire sulla tua capacità di affrontare lo stress e le emozioni negative, portando a cambiamenti d'umore, irritabilità e persino un aumento dell'ansia.

Effetti della mancanza di sonno sulla salute mentale: La privazione di sonno ha un impatto profondo sulla tua salute mentale. Oltre agli effetti immediati come l'irritabilità e la difficoltà di concentrazione, la mancanza di sonno a lungo termine è associata a un aumento del rischio di sviluppare disturbi mentali come depressione e ansia. Quando non dormi a sufficienza, i meccanismi di regolazione emotiva del cervello possono essere compromessi, rendendoti più vulnerabile alle fluttuazioni emotive e allo stress cronico.

Pratiche di igiene del sonno per migliorare la qualità del sonno: L'igiene del sonno comporta l'adozione di pratiche salutari per migliorare la qualità del sonno. Stabilire orari regolari per dormire e svegliarsi aiuta a regolare il tuo ritmo circadiano, promuovendo una routine di sonno costante. Inoltre, creare un ambiente favorevole al sonno è essenziale. Ciò include mantenere la stanza buia, silenziosa e a una temperatura confortevole. Limitare l'esposizione a dispositivi elettronici prima di dormire è importante, poiché la luce blu emessa da questi dispositivi può interferire con la produzione di melatonina, l'ormone del sonno.

L'armonia tra corpo e mente: Il legame tra la qualità del sonno e la salute mentale è profondo. Dare priorità a un sonno adeguato non è solo un componente cruciale dell'auto-curade, ma è anche un modo per nutrire la tua mente. Adottando pratiche di igiene del sonno e fornendo alla tua mente il riposo di cui ha bisogno, stai creando una base solida per il tuo benessere emotivo. Ricorda che il sonno è uno strumento potente per la tua salute mentale e investendo in questo aspetto dell'autocurade, stai contribuendo alla tua resilienza emotiva e a una vita più equilibrata.

Gestione dello stress

Lo stress è una parte inevitabile della vita, ma il modo in cui lo affronti può fare la differenza per la tua salute mentale. La connessione tra stress fisico ed emotivo è profonda e comprendere come gestire lo stress in modo efficace è fondamentale per promuovere il tuo benessere emotivo. Esploreremo di più sullo stress, il suo impatto sulla salute mentale e le pratiche di gestione dello stress che possono aiutare:

L'interconnessione tra stress fisico ed emotivo: Quando ti trovi in una situazione stressante, il tuo corpo attiva una risposta allo stress, rilasciando ormoni come il cortisolo. Sebbene questo meccanismo sia una risposta naturale per la sopravvivenza, lo stress cronico può avere effetti nocivi sulla tua salute mentale. Un eccesso di cortisolo, ad esempio, può danneggiare le funzioni cerebrali, influenzando la memoria, la concentrazione e la regolazione emotiva. Inoltre, lo stress cronico può contribuire allo sviluppo di condizioni come la depressione e l'ansia.

Utilizzo di strumenti per la gestione dello stress: Fortunatamente, esistono vari strumenti e pratiche che possono aiutare a ridurre l'impatto dello stress sulla tua salute mentale:

Meditazione: La meditazione è una pratica millenaria che coinvolge il focalizzare la mente per creare chiarezza mentale e ridurre lo stress. La meditazione regolare può aiutare a calmare la mente, ridurre l'ansia e aumentare la resilienza emotiva.

Yoga: Lo yoga combina il movimento fisico con tecniche di respirazione e meditazione, offrendo un approccio olistico alla gestione dello stress. Non solo aiuta a rilassare il corpo, ma favorisce anche la consapevolezza e la presenza nel momento presente.

Tecniche di respirazione profonda: La respirazione profonda è uno strumento semplice ed efficace per ridurre immediatamente lo stress. Praticare respiri profondi calma il sistema nervoso, riducendo la risposta allo stress.

Esercizi di rilassamento: Gli esercizi di rilassamento, come la tensione muscolare progressiva e il rilassamento, possono aiutare a rilasciare la tensione accumulata nel corpo. Queste pratiche promuovono il rilassamento e una sensazione di calma.

L'impatto positivo della gestione dello stress sulla salute mentale: Quando adotti pratiche di gestione dello stress, stai creando uno spazio per la stabilità emotiva. Queste pratiche non solo aiutano a ridurre i livelli di cortisolo e a calmare il sistema nervoso, ma promuovono anche l'autocompassione e l'autoregolazione emotiva. Integrando queste tecniche nella tua routine, stai investendo nel tuo benessere emotivo a lungo termine.

La gestione dello stress è una competenza che può essere affinata nel tempo e con la pratica. Priorizzando le pratiche di relax e l'autocura, stai costruendo una base solida per affrontare le sfide con resilienza e nutrire la tua salute mentale in modo completo.

La connessione tra mente e corpo è un rapporto bidirezionale, dove l'autocura fisica influenza la salute mentale e viceversa. Dare priorità al sonno adeguato e alla gestione dello stress non fornisce solo benefici fisici, ma crea anche una base solida per la stabilità emotiva. Abbracciando pratiche di autocura che promuovono la salute sia del corpo che della mente, stai investendo nel tuo benessere generale.

Ricorda che questo viaggio è continuo e richiede un impegno costante, ma i risultati in termini di equilibrio emotivo e qualità della vita sono inestimabili.

Esercizio ed endorfine: una potente coppia

La relazione tra l'attività fisica e il benessere emotivo è profondamente influente. L'esercizio fisico non solo beneficia il corpo, ma scatena anche una serie di reazioni chimiche nel cervello che contribuiscono in modo significativo al benessere mentale. Approfondiamo questa connessione e comprendiamo come le endorfine svolgano un ruolo fondamentale in questo processo:

Endorfine e il piacere emotivo

Le endorfine, conosciute come gli "ormoni del benessere", svolgono un ruolo fondamentale nella connessione tra l'esercizio fisico e il benessere emotivo. Queste sostanze chimiche sono prodotte naturalmente dal corpo in risposta all'attività fisica e hanno notevoli effetti sull'umore e sulle emozioni. Approfondiamo ulteriormente come le endorfine influenzino il piacere emotivo e perché sono così cruciali per la nostra salute mentale:

L'attivazione delle endorfine: Quando ti impegni in attività fisiche che aumentano la frequenza cardiaca e stimolano i muscoli, come una corsa, una vivace lezione di danza o persino un allenamento di resistenza, il tuo corpo risponde in modo notevole. Rilascia endorfine come ricompensa naturale per lo sforzo fisico che stai compiendo. Queste endorfine agiscono come messaggeri chimici che si legano ai recettori cerebrali, innescando una serie di risposte neurochimiche che influiscono positivamente sul tuo stato emotivo.

Riduzione della percezione del dolore e dello stress: Una delle caratteristiche più sorprendenti delle endorfine è la loro capacità di ridurre la percezione del dolore. Ciò avviene perché interagiscono con i recettori del dolore nel cervello, riducendo la sensazione di disagio e promuovendo un senso di sollievo. Inoltre, le endorfine svolgono un ruolo cruciale nel controllo dello stress. Quando vengono rilasciate, hanno la capacità di ridurre i livelli di cortisolo, l'ormone dello stress, contribuendo a una sensazione generale di rilassamento e benessere.

Sensazioni di piacere ed euforia: Oltre a ridurre il dolore e lo stress, le endorfine hanno un impatto notevole sulle sensazioni di piacere e euforia. Il rilascio di queste sostanze chimiche è associato a una sensazione di ricompensa e gratificazione dopo l'esercizio. È per questo che molte persone riferiscono di provare una sensazione di felicità e soddisfazione dopo una sessione di esercizio vigorosa. Questa sensazione di euforia è spesso chiamata "euforia da corsa" ed è sperimentata da molti atleti dopo corse lunghe e intense.

L'importanza dell'esercizio regolare: La comprensione della relazione tra le endorfine e il piacere emotivo sottolinea l'importanza dell'esercizio regolare per la salute mentale. L'esercizio non è solo uno strumento per migliorare la forma fisica, ma è anche un modo potente per promuovere uno stato emotivo positivo. Impegnandoti in attività fisiche che stimolano il rilascio di endorfine, stai investendo nella tua salute mentale in modo olistico, godendo dei benefici di un miglioramento dell'umore, maggiore resilienza e una prospettiva più ottimista sulla vita.

Riduzione dello stress e dell'ansia

Le endorfine, gli "ormoni del benessere", non solo promuovono sensazioni di piacere ed euforia, ma svolgono anche un ruolo significativo nella riduzione dello stress e dell'ansia. Il legame tra attività fisica, rilascio di endorfine e stabilità emotiva è profondo e cruciale per comprendere come prendersi cura sia della mente che del corpo. Esploriamo più dettagliatamente come le endorfine influenzano la tranquillità emotiva:

Meccanismi di riduzione dello stress: Quando ti impegni in esercizi fisici, come una energizzante passeggiata o una rilassante sessione di yoga, il corpo entra in azione per rilasciare endorfine. Queste sostanze chimiche interagiscono con i recettori cerebrali, portando a una cascata di risposte neurochimiche. Una delle risposte più evidenti è la riduzione dei livelli di cortisolo, l'ormone dello stress.

Azione del cortisolo: Il cortisolo è un ormone rilasciato dal corpo in risposta allo stress. Sebbene sia una risposta naturale ed adattativa in situazioni di pericolo o sfida, livelli elevati di cortisolo in modo cronico possono avere effetti dannosi sulla salute mentale e fisica. Elevati livelli di cortisolo sono associati a sintomi di ansia, irritabilità, difficoltà di concentrazione e persino depressione.

Benefici duraturi: L'effetto del rilascio di endorfine non è solo momentaneo. Quando ti eserciti e sperimenti una diminuzione dei livelli di cortisolo, questa sensazione di rilassamento e sollievo può continuare a influenzare il tuo stato emotivo dopo l'attività fisica. Questa è una delle ragioni per cui molte persone riferiscono di sentirsi più calme, equilibrate e in pace dopo una sessione di esercizio.

Un approccio naturale per la tranquillità emotiva: Il collegamento tra il rilascio di endorfine e la riduzione dello stress è un approccio naturale e potente per migliorare la salute mentale. Sebbene lo stress sia una parte inevitabile della vita, trovare modi sani per affrontarlo è essenziale per mantenere l'equilibrio emotivo. L'esercizio non solo aiuta a ridurre i livelli di cortisolo, ma promuove anche una sensazione di controllo sui sentimenti di ansia e nervosismo.

Integrazione di pratiche regolari: La chiave per raccogliere i benefici emotivi del rilascio di endorfine è la pratica regolare dell'esercizio. Integrare l'attività fisica nella tua routine quotidiana ti permette di sperimentare questi effetti positivi in modo coerente. Impegnandoti nella pratica regolare dell'esercizio, stai investendo nel tuo benessere emotivo a lungo termine.

Miglioramento dell'umore e del benessere

Il rapporto tra il rilascio di endorfine e il miglioramento dell'umore è una delle ragioni per cui l'esercizio fisico è considerato uno strumento prezioso nella gestione della salute mentale. L'influenza delle endorfine sul benessere emotivo va oltre il semplice sollievo dallo stress, includendo anche il miglioramento dell'umore e la promozione di una mentalità positiva. Approfondiamo ulteriormente questo legame:

Neurotrasmettitori del piacere e dell'euforia: Le endorfine sono conosciute come neurotrasmettitori del piacere e dell'euforia. Quando ti impegni in attività fisiche, come corsa, nuoto, danza o anche una semplice camminata, il tuo corpo inizia a rilasciare queste sostanze chimiche naturali. Interagiscono con i recettori cerebrali, scatenando sensazioni di piacere, soddisfazione ed euforia.

Impatto sulla depressione e ansia: Il rapporto tra il rilascio di endorfine e il miglioramento dell'umore è particolarmente rilevante per le persone che combattono la depressione e l'ansia. La depressione è spesso caratterizzata da una persistente sensazione di tristezza, mancanza di interesse e bassi livelli di energia. L'ansia, d'altra parte, è associata a una costante sensazione di agitazione e apprensione. L'esercizio regolare può essere un modo efficace per contrastare questi sintomi, poiché il rilascio di endorfine promuove sentimenti di gioia e benessere, oltre a ridurre la sensazione di angoscia e tensione.

Promozione di una mentalità positiva: Il legame tra le endorfine e l'umore positivo contribuisce anche alla promozione di una mentalità ottimista. Quando sperimenti momenti di piacere ed euforia durante o dopo l'esercizio, influisce sulla tua prospettiva generale sulla vita. Sentirsi bene fisicamente ed emotivamente può portare a un atteggiamento più positivo verso le sfide e le situazioni quotidiane.

Integrazione nella routine quotidiana: L'incorporazione regolare dell'attività fisica nella tua routine quotidiana è un modo efficace per raccogliere i benefici delle endorfine per il miglioramento dell'umore e del benessere. Che tu stia camminando, ballando, praticando yoga o allenandoti in palestra, dedicare del tempo a attività che favoriscono il rilascio di questi neurotrasmettitori positivi può avere un impatto duraturo sulla tua salute mentale.

L'integrazione dell'esercizio nella routine dell'autocura

L'esercizio fisico va oltre i benefici puramente fisici e assume un ruolo di rilievo nella promozione del benessere emotivo. Integrando l'esercizio nella tua routine di autocura, stai adottando un approccio completo per prenderti cura sia del corpo che della mente. Questa pratica può avere un profondo impatto sulla tua salute mentale ed emotiva, offrendo una serie di vantaggi che vanno oltre il condizionamento fisico. Approfondiamo ulteriormente questa connessione:

Un approccio olistico all'autocura: L'autocura va oltre il semplice trattamento del corpo fisico. Coinvolge la cura di tutti gli aspetti della tua salute, compresa la salute mentale ed emotiva. In questo contesto, l'esercizio diventa uno strumento potente che abbraccia questo approccio olistico. Prendendoti cura del tuo corpo attraverso l'attività fisica, influenzi positivamente anche la tua mente, migliorando il tuo umore, alleviando lo stress e aumentando il tuo benessere generale.

I benefici delle endorfine: Il rilascio di endorfine durante l'esercizio è uno dei principali meccanismi attraverso cui corpo e mente traggono vantaggio. Questi neurotrasmettitori naturali agiscono come analgesici naturali, riducendo lo stress e promuovendo sentimenti di piacere e soddisfazione. Questa sensazione di euforia non solo migliora l'umore immediatamente dopo l'esercizio, ma crea anche un effetto cumulativo nel tempo, contribuendo a uno stato emotivo più equilibrato e positivo.

Resilienza e positività: L'integrazione regolare dell'esercizio nella tua routine di autocura può aumentare la tua resilienza emotiva. Quando sperimenti gli effetti positivi delle endorfine e osservi i miglioramenti nel tuo benessere emotivo, stai creando una solida base per affrontare le sfide della vita con maggiore positività e fiducia. L'aumento del benessere emotivo derivante dall'esercizio può aiutarti a ridurre gli impatti delle avversità, consentendoti di riprenderti più rapidamente e affrontare le difficoltà con una mentalità più ottimistica.

Un cammino di empowerment: L'integrazione dell'esercizio nella tua routine di autocura è un percorso di empowerment. Mentre ti dedichi a prenderti cura del tuo corpo e della tua mente attraverso l'attività fisica, stai intraprendendo azioni concrete per migliorare la qualità della tua vita. Questa pratica costante di autocura crea un ciclo positivo in cui l'aumento del benessere emotivo ti motiva a continuare a investire nella tua salute.

Trova l'equilibrio: È importante trovare un equilibrio che funzioni per te nell'integrare l'esercizio nella tua routine. Scegli attività che ti piacciano e che siano in linea con le tue preferenze e necessità. Ricorda che l'obiettivo non è solo raggiungere obiettivi fisici, ma anche abbracciare gli effetti positivi dell'esercizio sulla tua salute mentale ed emotiva.

L'integrazione dell'esercizio nella routine di autocura è un approccio completo per migliorare la qualità della tua vita. Sperimentando gli effetti delle endorfine e i benefici emotivi dell'esercizio, stai dando a te stesso la forza di affrontare le sfide con resilienza e coltivare un atteggiamento più positivo e ottimista.

Ricorda che qualsiasi forma di movimento è valida. Trova attività fisiche che ti piacciano e che si adattino al tuo stile di vita. Inizia con piccoli passi e aumenta gradualmente l'intensità e la durata dell'esercizio. La costanza è la chiave per cogliere i benefici emotivi dell'esercizio. Quindi, cerca di integrare regolarmente l'attività fisica nella tua vita e goditi i benefici duraturi per la tua salute mentale.

Alimentazione nutritiva: Nutrire corpo e mente

La relazione tra la dieta e la salute mentale sta guadagnando sempre più attenzione, e con buone ragioni. Ciò che scegli di mettere nel tuo corpo può avere un impatto profondo sulla funzione cerebrale, sull'umore e sui livelli di energia. Un'alimentazione nutritiva non solo sostiene il tuo corpo, ma gioca anche un ruolo significativo nel mantenere la salute emotiva e mentale. Esploreremo ulteriormente come l'alimentazione possa influenzare la tua salute mentale:

Regolazione dei neurotrasmettitori

La regolazione adeguata dei neurotrasmettitori è fondamentale per la salute mentale ed emotiva. Questi messaggeri chimici svolgono ruoli essenziali nella comunicazione tra le cellule nervose e influenzano direttamente il nostro umore, le emozioni e persino il comportamento. Alcuni neurotrasmettitori, come la serotonina e la dopamina, sono strettamente legati al benessere emotivo. Ecco come alcuni nutrienti possono contribuire alla regolazione sana di questi neurotrasmettitori:

Acidi grassi omega-3: Gli acidi grassi omega-3 sono considerati acidi grassi essenziali, il che significa che il corpo non può produrli da solo e quindi devono essere ottenuti attraverso l'alimentazione. Questi acidi grassi svolgono un ruolo cruciale nell'integrità delle membrane cellulari, comprese le cellule cerebrali. Inoltre, sono associati a un aumento dei livelli di serotonina e dopamina, contribuendo così a un umore più equilibrato e una maggiore sensazione di benessere emotivo. Fonti di omega-3 includono pesci grassi come salmone e sardine, oltre a semi di chia, semi di lino e noci.

Vitamine del complesso B: Le vitamine del complesso B, come B6, B9 (acido folico) e B12, svolgono un ruolo fondamentale nella sintesi e nella regolazione dei neurotrasmettitori come la serotonina e la dopamina. La vitamina B6, ad esempio, è un cofattore necessario nella conversione del triptofano in serotonina. L'acido folico è associato a livelli più alti di serotonina, mentre la vitamina B12 è essenziale per la formazione dei neurotrasmettitori e per la salute generale del sistema nervoso. Gli alimenti ricchi di vitamine del complesso B includono verdure a foglia verde scuro, legumi, uova, carni magre e cereali integrali.

Vitamina D: La vitamina D, conosciuta come la vitamina del sole, svolge anche un ruolo nella regolazione dei neurotrasmettitori ed è legata alla salute mentale. La carenza di vitamina D è stata associata a una maggiore incidenza di depressione. La vitamina D è coinvolta nella produzione di serotonina e dopamina, e l'esposizione al sole è uno dei principali modi in cui il corpo produce questa vitamina. Gli alimenti fortificati, i pesci grassi e le uova sono anche fonti di vitamina D.

Minerali come magnesio e zinco: Minerali come il magnesio e lo zinco sono essenziali per molte reazioni biochimiche nel corpo, compresa la produzione di neurotrasmettitori. Il magnesio, ad esempio, è coinvolto nell'attivazione di enzimi responsabili della conversione del triptofano in serotonina. Lo zinco svolge anche un ruolo nella modulazione dei neurotrasmettitori e nella regolazione dell'umore. Gli alimenti ricchi di magnesio includono verdure a foglia verde, noci, semi e cereali integrali, mentre lo zinco può essere trovato in carni magre, legumi e semi.

L'alimentazione gioca un ruolo potente nella regolazione dei neurotrasmettitori che influenzano il nostro benessere emotivo. Scegliere cibi ricchi di acidi grassi omega-3, vitamine del complesso B, vitamina D e minerali come magnesio e zinco può contribuire a una regolazione adeguata di questi neurotrasmettitori e promuovere uno stato emotivo più equilibrato. Integrare una dieta equilibrata e varia è essenziale per assicurare di fornire al tuo corpo i nutrienti necessari per una salute mentale ed emotiva ottimale.

Impatto sull'infiammazione

La relazione tra la dieta e la salute mentale va oltre la semplice nutrizione del cervello. La scelta degli alimenti può avere un impatto profondo sui livelli di infiammazione nel corpo, che a sua volta è legato alla salute mentale. Come la dieta può influenzare l'infiammazione e, di conseguenza, la salute emotiva:

Dieta e infiammazione: Una dieta ricca di cibi processati, grassi saturi e zuccheri raffinati è stata associata a un aumento dei livelli di infiammazione cronica nel corpo. L'infiammazione è una risposta naturale del sistema immunitario a lesioni o infezioni, ma l'infiammazione cronica a basso livello può verificarsi quando il corpo è costantemente esposto a cibi che scatenano questa risposta immunitaria. Questo stato infiammatorio prolungato è stato associato a una serie di condizioni di salute, compresi disturbi dell'umore come depressione e ansia.

Infiammazione e salute mentale: L'infiammazione cronica può influenzare il funzionamento del cervello e la salute mentale in vari modi. Può interferire con la produzione e la regolazione di neurotrasmettitori come la serotonina e la dopamina, che svolgono un ruolo fondamentale nell'equilibrio emotivo. Inoltre, l'infiammazione può influire sull'integrità della barriera emato-encefalica, una struttura che protegge il cervello da sostanze potenzialmente dannose. Quando la barriera emato-encefalica è compromessa, possono entrare più molecole infiammatorie nel cervello, il che può contribuire a sintomi di depressione, ansia e altri disturbi mentali.

Antiossidanti e cibi anti-infiammatori: D'altra parte, i cibi ricchi di antiossidanti hanno proprietà anti-infiammatorie che possono aiutare a combattere l'infiammazione nel corpo e promuovere la salute mentale. Gli antiossidanti sono composti che neutralizzano i radicali liberi, molecole instabili che possono danneggiare le cellule e innescare risposte infiammatorie. Alimenti come frutta e verdura colorata, noci, semi, tè verde e spezie come lo zafferano contengono antiossidanti che possono contribuire a ridurre l'infiammazione e proteggere la salute del cervello.

Il legame tra la dieta, l'infiammazione e la salute mentale sottolinea l'importanza di scegliere alimenti che promuovano un ambiente anti-infiammatorio nel corpo. Optare per una dieta ricca di alimenti integrali, come frutta, verdura, noci, semi, pesci grassi e cereali integrali, e limitare il consumo di cibi processati, zuccheri raffinati e grassi saturi, può contribuire a ridurre l'infiammazione e sostenere la salute mentale. Ricorda che la scelta di cibi nutritivi non solo nutre il corpo, ma gioca anche un ruolo cruciale nell'equilibrio emotivo e nella salute mentale generale.

Equilibrio dello zucchero nel sangue

La relazione tra la dieta e la salute mentale è complessa e multifacetata. Un aspetto fondamentale da considerare è l'equilibrio dello zucchero nel sangue, che svolge un ruolo cruciale nel funzionamento cerebrale, nell'umore e nell'energia. Come la scelta dei tipi di carboidrati può influenzare il tuo equilibrio dello zucchero nel sangue e, di conseguenza, la tua salute mentale:

Impatto dei carboidrati sullo zucchero nel sangue: I carboidrati sono una fonte importante di energia per il corpo. Tuttavia, non tutti i carboidrati sono uguali. I carboidrati semplici, che si trovano in alimenti come zuccheri raffinati e prodotti a base di cereali raffinati, vengono digeriti e assorbiti rapidamente dal corpo, portando a rapidi picchi nei livelli di zucchero nel sangue. Questi picchi sono spesso seguiti da cadute altrettanto rapide, il che può comportare sensazioni di irritabilità, affaticamento e cambiamenti d'umore.

Carboidrati complessi e stabilità: D'altra parte, optare per carboidrati complessi, come cereali integrali, verdure e legumi, può contribuire a mantenere un equilibrio più stabile dello zucchero nel sangue nel corso della giornata. I carboidrati complessi vengono digeriti più lentamente a causa della presenza di fibre e altri nutrienti. Ciò comporta un rilascio graduale di glucosio nel flusso sanguigno, evitando picchi e cadute brusche nei livelli di zucchero nel sangue. Questa stabilità nei livelli di zucchero nel sangue contribuisce a una costante sensazione di energia e benessere.

Equilibrio di energia e umore: L'equilibrio dello zucchero nel sangue svolge un ruolo significativo nell'umore e nell'energia. Picchi rapidi e successive cadute nei livelli di zucchero nel sangue possono portare a cambiamenti d'umore repentini, sentimenti di irritabilità, ansia e persino depressione. D'altra parte, mantenere un equilibrio stabile dello zucchero nel sangue aiuta a promuovere una costante sensazione di energia, concentrazione e umore equilibrato.

La scelta dei tipi di carboidrati che consumi gioca un ruolo fondamentale nella regolazione dello zucchero nel sangue e, di conseguenza, nella tua salute mentale. Optare per carboidrati complessi e abbinarli a proteine magre e fibre può contribuire a mantenere un equilibrio più stabile dello zucchero nel sangue, promuovendo una costante sensazione di energia, un umore positivo e il benessere emotivo. Ricorda che la nutrizione è una parte essenziale dell'autocura e fare scelte alimentari consapevoli può avere un impatto positivo sulla tua salute mentale complessiva.

L'importanza dell'idratazione

L'adeguata idratazione è un componente fondamentale dell'autocura che svolge un ruolo vitale nel funzionamento ottimale del corpo e della mente. L'acqua è essenziale per innumerevoli funzioni biologiche e ha un impatto diretto sulla salute mentale. Perché l'idratazione è cruciale per il benessere emotivo:

Funzione cerebrale e concentrazione: Il cervello dipende fortemente da un'adeguata idratazione per funzionare correttamente. La disidratazione può influenzare negativamente la funzione cognitiva, la memoria e la concentrazione. Anche una lieve mancanza di idratazione può portare a difficoltà nella concentrazione, nell'elaborazione delle informazioni e nelle decisioni. Mantenersi idratati è essenziale per garantire che il cervello funzioni in modo efficace, il che a sua volta influisce sullo stato mentale ed emotivo.

Equilibrio dell'umore: L'idratazione svolge un ruolo importante nell'equilibrio dell'umore. La disidratazione può portare a variazioni dell'umore, causando sentimenti di irritabilità, ansia e persino depressione. L'acqua è necessaria per una corretta produzione di neurotrasmettitori come la serotonina, che è legata al benessere emotivo. Mantenere un adeguato stato di idratazione aiuta a promuovere uno stato emotivo più equilibrato e positivo.

Salute fisica e mentale integrate: Il collegamento tra idratazione e salute mentale fa parte di un sistema più ampio e interconnesso. La disidratazione può influenzare la salute fisica, causando mal di testa, affaticamento e malfunzionamento degli organi. Questi problemi fisici possono influenzare negativamente lo stato mentale, portando a sensazioni di disagio e irritazione. Mantenendosi idratati, si sta prendendo cura sia del proprio corpo che della propria mente, promuovendo un equilibrio olistico.

L'autocura fisica è una parte integrante del percorso di guarigione dalla depressione. Prioritariamente l'esercizio regolare, l'alimentazione nutritiva e altri aspetti dell'autocura ti permettono di affrontare le sfide emotive con maggiore resilienza e positività. Ricorda che anche piccoli cambiamenti possono avere un grande impatto sulla tua salute mentale, aiutandoti a condurre una vita più equilibrata e appagante.

6
GESTIRE LO STRESS E L'ANSIA

*Nell'equilibrio tra il caos e la calma, troviamo
la serenità che tanto cerchiamo.*

La gestione dello stress e dell'ansia è una parte fondamentale della cura della salute mentale. La depressione, lo stress e l'ansia sono spesso interconnessi e imparare a gestire queste sfide può migliorare significativamente la qualità della vita. In questo capitolo, esploreremo strategie efficaci per affrontare queste sfide e incorporare pratiche di rilassamento e di cura di sé nella vita di tutti i giorni.

La relazione tra depressione, stress e ansia

La depressione, lo stress e l'ansia sono condizioni spesso interconnesse e possono avere un profondo impatto sulla salute mentale ed emotiva. L'interconnessione tra questi stati emotivi complessi può creare un ciclo dannoso. Lo stress cronico, ad esempio, può fungere da scatenante per lo sviluppo o il peggioramento dei sintomi di ansia e depressione. Allo stesso modo, un'ansia costante può contribuire a livelli elevati di stress. Inoltre, la depressione è spesso associata a sentimenti di stress e ansia, formando una rete di emozioni negative che può influenzare significativamente la qualità della vita.

Praticare l'autoconsapevolezza

L'autoconsapevolezza è una competenza essenziale per affrontare le sfide emotive dello stress, dell'ansia e della depressione. Essa coinvolge la capacità di osservare e riconoscere i propri pensieri, emozioni e comportamenti in modo oggettivo e senza giudizio. Coltivando l'autoconsapevolezza, puoi identificare i segnali precoci di queste condizioni, consentendoti di adottare misure preventive e strategie di coping in modo più efficace. Ulteriori dettagli su come praticare l'autoconsapevolezza:

Osservazione dei segnali precoci: Fai attenzione ai cambiamenti sottili nel tuo stato emotivo. Ciò include essere consapevole delle fluttuazioni del tuo umore, dei tuoi livelli di energia e dei tuoi schemi di sonno. Ad esempio, potresti notare se ti senti più stanco del solito, se hai difficoltà a dormire o se stai vivendo oscillazioni d'umore.

Appunti e diario emotivo: Tenere un diario emotivo può essere uno strumento prezioso per l'autoconsapevolezza. Dedica del tempo ogni giorno a scrivere su come ti senti, su cosa sta occupando la tua mente e su eventuali eventi significativi della giornata. Questo può aiutarti a individuare schemi di pensiero ed emozioni ricorrenti.

Pratica della consapevolezza: La pratica della consapevolezza comporta l'essere presenti nel momento senza giudizio. Ciò significa osservare i tuoi pensieri e le tue emozioni senza reagire automaticamente ad essi. La meditazione mindfulness può aiutarti a sviluppare questa abilità, permettendoti di osservare i tuoi pensieri e sentimenti senza esserne influenzato.

Ricerca dei trigger: Identificare i trigger dello stress, dell'ansia o della depressione può aiutarti a comprendere meglio le tue reazioni emotive. Questi trigger possono essere situazioni, luoghi, persone o pensieri specifici che scatenano emozioni negative. Riconoscendo i tuoi trigger, puoi essere più preparato ad affrontarli quando si presentano.

Autovalutazione regolare: Fai una regolare autovalutazione del tuo stato emotivo. Dedica del tempo per chiederti come stai affrontando lo stress e se stai sperimentando sintomi di ansia o depressione. Questa pratica regolare di autoesame può aiutarti a rimanere connesso alle tue emozioni.

Intervento precoce: L'autoconsapevolezza ti consente di intervenire precocemente quando riconosci segnali di stress, ansia o depressione. Invece di aspettare che questi sentimenti si intensifichino, puoi adottare misure preventive, come praticare tecniche di rilassamento, cercare supporto sociale o cercare assistenza professionale quando necessario.

In sintesi, la pratica dell'autoconsapevolezza implica l'osservazione attenta dei tuoi pensieri e delle tue emozioni, permettendoti di riconoscere segnali precoci di stress, ansia e depressione. Essendo consapevole di come ti senti, puoi adottare un approccio proattivo per affrontare queste sfide emotive e cercare il sostegno necessario per promuovere la tua salute mentale e il tuo benessere emotivo.

Stabilire dei limiti

Stabilire dei limiti sani è una competenza vitale per affrontare lo stress e l'ansia in modo efficace. È fondamentale riconoscere che hai un valore intrinseco e meriti di prenderti cura di te stesso. Definire chiaramente i tuoi compiti e i tuoi impegni è un modo per proteggere la tua salute mentale ed emotiva. Ulteriori dettagli su come stabilire e mantenere limiti sani:

Riconoscere la necessità di limiti: La costante sovraccarico di compiti e responsabilità può portare a livelli elevati di stress e ansia. È importante riconoscere quando ti senti sopraffatto e quando i tuoi limiti vengono superati. Presta attenzione ai segnali di avvertimento, come l'esaurimento, l'irritabilità e la mancanza di motivazione, per aiutarti a capire quando è il momento di stabilire dei limiti.

Imparare a dire "no": Dire "no" è una competenza importante per proteggere il tuo benessere emotivo. Non devi accettare tutte le richieste e le domande che si presentano. Valuta attentamente le tue priorità e i tuoi impegni prima di assumere nuove responsabilità. Ricorda che dire "no" non è egoismo; è un atto di auto-disponibilità e auto-curadé.

Dare priorità alle tue responsabilità: Stabilisci chiaramente le priorità tra i tuoi compiti e impegni. Identifica ciò che è più importante e significativo per te. Concentrandoti sulle attività che hanno un impatto significativo sulla tua vita, puoi evitare la dispersione di energia in compiti meno rilevanti e stressanti.

Comunicare i tuoi limiti: Comunica chiaramente e rispettosamente i tuoi limiti agli altri. Sii onesto sulle tue capacità e disponibilità. Spiega che sei impegnato nel tuo benessere emotivo e che hai bisogno di bilanciare in modo sano le tue responsabilità.

Praticare l'auto-cura: Dà priorità all'auto-cura come parte fondamentale per stabilire limiti sani. Dedica del tempo per riposare, rilassarti e partecipare a attività che ti ricaricano, essenziale per evitare sovraccarichi ed esaurimenti. L'auto-cura include anche la pratica regolare di tecniche di rilassamento come la meditazione, gli esercizi di respirazione profonda e lo yoga.

Imparare a gestire la colpa: Stabilire dei limiti può talvolta scatenare sentimenti di colpa, specialmente quando ti preoccupi delle aspettative degli altri. Ricorda che prendersi cura di te stesso non è egoismo, ma un modo per assicurarti di essere emotivamente in grado di sostenere gli altri in modo sano.

Valutazione e aggiustamenti continui: Sii aperto a riesaminare i tuoi limiti man mano che le circostanze cambiano. Ciò che era fattibile in un momento potrebbe non esserlo in un altro. Sii flessibile nell'adattare i tuoi limiti alle tue attuali necessità e circostanze.

Benefici dei limiti sani: Stabilire limiti sani non solo riduce lo stress e l'ansia, ma promuove anche un senso di controllo sulla tua vita e sul benessere emotivo. Stabilendo dei limiti, ti stai dando il potere di prendere decisioni consapevoli che promuovono il tuo benessere mentale ed emotivo a lungo termine.

In breve, stabilire dei limiti sani è un modo efficace per gestire lo stress e l'ansia. Riconosci l'importanza di prenderti cura di te stesso e sii disposto a difendere le tue esigenze emotive. Stabilendo e mantenendo dei limiti, stai investendo nel tuo benessere e promuovendo una vita più equilibrata e gratificante.

Stabilisci obiettivi realistici

La definizione di obiettivi realistici svolge un ruolo fondamentale nella gestione dello stress e dell'ansia. Gli obiettivi irraggiungibili possono creare una pressione e portare a sentimenti di frustrazione e inadeguatezza. D'altro canto, stabilire obiettivi raggiungibili e misurabili può essere un approccio efficace per affrontare le sfide in modo più sano e positivo. L'importanza di stabilire obiettivi realistici include:

Riduzione dello stress e della pressione: La definizione di obiettivi al di fuori della tua portata immediata può generare una pressione inutile. Questo accade perché potresti costantemente sentirti sopraffatto e preoccupato per il raggiungimento di questi obiettivi impossibili. Questa pressione aggiuntiva può aumentare notevolmente i livelli di stress, rendendo più difficile affrontare le sfide quotidiane.

Celebrazione delle piccole vittorie: Stabilendo obiettivi realistici, crei opportunità per celebrare le piccole vittorie lungo il percorso. Quando raggiungi questi obiettivi minori, è più probabile che tu provi un senso di realizzazione e fiducia in te stesso. Questi sentimenti positivi possono bilanciare i momenti di stress e ansia, rafforzando la tua resilienza emotiva.

Concentrazione sul percorso: Gli obiettivi realistici ti consentono di concentrarti sul percorso, non solo sulla destinazione finale. Ciò significa che puoi apprezzare i progressi che stai facendo ad ogni passo, anziché sentirti costantemente insoddisfatto per non aver raggiunto un obiettivo irraggiungibile. Questa focalizzazione sul percorso può contribuire a ridurre lo stress e l'ansia legati all'aspettativa di risultati immediati.

Aumento della fiducia in se stessi: Il successo nel raggiungere obiettivi realistici aumenta la tua fiducia in te stesso. Man mano che realizzi gli obiettivi che hai stabilito per te stesso, costruisci una convinzione nella tua capacità di affrontare sfide e superare ostacoli. Questa fiducia in se stessa può essere uno strumento potente per gestire lo stress e l'ansia, poiché sai di essere in grado di far fronte alle situazioni che si presentano.

Minore confronto sociale: Gli obiettivi realistici aiutano anche a evitare la trappola del confronto sociale. Quando definisci obiettivi che sono veri per te e per le tue circostanze, è meno probabile che ti confronti con gli altri e senti la pressione di corrispondere alle aspettative altrui. Ciò può alleviare lo stress causato dalla preoccupazione eccessiva su ciò che pensano gli altri.

In breve, stabilire obiettivi realistici è una strategia efficace per affrontare lo stress e l'ansia. Riducendo la pressione, celebrando le piccole vittorie, concentrandosi sul percorso, aumentando la fiducia in se stessi e evitando il confronto sociale, stai creando un ambiente più favorevole per il benessere emotivo. Ricorda che il percorso è unico per ciascuna persona, ed è importante stabilire obiettivi che riflettano le tue esigenze e capacità individuali.

Pratica il rilassamento

La pratica regolare delle tecniche di rilassamento può essere uno strumento potente per alleviare lo stress e l'ansia. La meditazione, la respirazione profonda, lo yoga e altri metodi possono aiutare a calmare la mente, ridurre la tensione muscolare e promuovere una sensazione di tranquillità. Incorporando queste tecniche nella tua routine quotidiana, ti stai dando la possibilità di affrontare le sfide emotive con calma e chiarezza.

Tecniche di rilassamento: Meditazione, respirazione profonda e altre approcci

Le tecniche di rilassamento sono strumenti preziosi per ridurre lo stress e l'ansia. Queste pratiche possono aiutare a calmare la mente, alleviare la tensione muscolare e promuovere uno stato di tranquillità. Alcune tecniche efficaci:

Meditazione

La meditazione è una pratica millenaria che ha il potere di calmare la mente, promuovere la chiarezza mentale e alleviare lo stress. Uno degli approcci più conosciuti è la meditazione mindfulness, che enfatizza la consapevolezza del momento presente. Esploriamo più a fondo come la meditazione può essere uno strumento efficace per gestire lo stress e l'ansia:

Meditazione mindfulness: La meditazione mindfulness, anche nota come consapevolezza, implica il dirigere consapevolmente la tua attenzione verso il momento presente, senza giudizio. Elementi chiave della meditazione mindfulness:

Osservazione dei pensieri: Durante la meditazione mindfulness, ti viene chiesto di osservare i tuoi pensieri man mano che sorgono, senza aggrapparticisi o giudicarli. Ciò ti consente di sviluppare un rapporto più sano con i tuoi pensieri, riducendo la tendenza a lasciarti sopraffare da preoccupazioni e ansie.

Concentrazione sulla respirazione: Una pratica comune nella meditazione mindfulness è concentrarsi sulla respirazione. Indirizzando la tua attenzione sulle sensazioni della respirazione, crei un punto di ancoraggio nel momento presente. Questo aiuta a calmare la mente e a allontanarti dalle distrazioni mentali.

Riduzione dello stress: La meditazione mindfulness è stata associata alla riduzione dei livelli di stress. Concentrandoti sul presente e distaccandoti dai pensieri preoccupanti, puoi ridurre la risposta "combatti o fuggi" del corpo, che è attivata dallo stress.

Miglioramento della regolazione emotiva: La pratica regolare della meditazione mindfulness rafforza la capacità di regolare le emozioni. Impari a osservare le tue emozioni senza reagire impulsivamente, il che aiuta a evitare reazioni emotive eccessive di fronte alle sfide.

Benefici della meditazione regolare: Oltre a alleviare lo stress e l'ansia, la meditazione regolare offre una serie di benefici per la salute mentale ed emotiva. Tra i principali vantaggi:

Chiarezza mentale: La pratica regolare della meditazione aiuta a calmare il turbinio dei pensieri, fornendo maggiore chiarezza mentale e concentrazione.

Aumento della resilienza: La meditazione coltiva la resilienza emotiva, consentendoti di affrontare le sfide con calma e prospettiva.

Miglioramento del sonno: La meditazione può migliorare la qualità del sonno, riducendo i pensieri ansiosi che possono interferire con il riposo.

Autoconsapevolezza: La meditazione aiuta a sviluppare una maggiore autoconsapevolezza, consentendoti di riconoscere schemi di pensiero e comportamento.

Incorporare la meditazione nella tua routine quotidiana può essere un modo efficace per migliorare la tua salute mentale ed emotiva. Inizia con brevi sessioni e aumenta gradualmente la durata man mano che diventi familiare con la pratica. Nel tempo, potrai raccogliere i benefici di una mente più tranquilla, concentrata e resiliente.

Respirazione profonda

La respirazione profonda è una tecnica di rilassamento che può essere praticata ovunque e in qualsiasi momento per calmare il sistema nervoso e ridurre lo stress. È uno strumento prezioso per ripristinare l'equilibrio emotivo e promuovere una sensazione di tranquillità. Ulteriori informazioni su questa tecnica e i suoi benefici:

L'arte della respirazione profonda: La tecnica di respirazione profonda comporta l'inalazione lenta dal naso, consentendo all'aria di riempire completamente i polmoni. Successivamente, espira dolcemente dalla bocca, rilasciando tutto l'aria dai polmoni. La focalizzazione è sull'espansione completa della gabbia toracica durante l'inalazione e sulla graduale liberazione dell'aria durante l'espirazione.

Mentre pratichi la respirazione profonda, concentra la tua attenzione sulla sensazione fisica della respirazione. Senti il movimento dell'aria che entra ed esce dai polmoni e l'espansione e la contrazione del torace e dell'addome.

Benefici per il sollievo dello stress: La respirazione profonda stimola il sistema nervoso parasimpatico, responsabile della risposta di rilassamento del corpo. Ciò aiuta a ridurre i livelli di cortisolo, l'ormone dello stress, e promuove una sensazione di calma.

Praticare regolarmente la respirazione profonda può ridurre la frequenza cardiaca e la pressione sanguigna, che tendono ad aumentare in situazioni stressanti.

Riduzione dell'ansia: La tecnica di respirazione profonda è efficace nel ridurre i sintomi dell'ansia. Concentrarsi sulla respirazione aiuta a distogliere l'attenzione dai pensieri preoccupanti e a creare una sensazione di presenza nel momento presente.

Spesso l'ansia è associata a una respirazione superficiale e veloce. La respirazione profonda contrasta questa tendenza, aumentando l'apporto di ossigeno al corpo e al cervello, il che può contribuire a calmare i sentimenti di nervosismo.

Riserva qualche minuto al giorno: Puoi praticare la respirazione profonda per solo alcuni minuti ogni giorno. Questo può essere particolarmente utile quando ti senti sopraffatto o ansioso.

Intégrala nella tua routine: La respirazione profonda può essere praticata ovunque. Puoi farlo mentre sei seduto al lavoro, a casa o durante un momento tranquillo di introspezione.

Crea un ambiente rilassante: Trova un luogo silenzioso dove puoi concentrarti sulla tecnica senza distrazioni. Ciò aiuta ad approfondire la pratica e l'esperienza del rilassamento.

La respirazione profonda è una tecnica semplice ma potente per alleviare lo stress, calmare la mente e promuovere una sensazione di tranquillità. Incorporando questa pratica nella tua routine, stai creando una risorsa preziosa per affrontare le sfide emotive con più serenità e chiarezza.

Yoga

Lo yoga è una pratica millenaria che combina movimenti fisici delicati, concentrazione sulla respirazione e consapevolezza per promuovere l'equilibrio tra corpo e mente. Questo approccio olistico all'autocura sta guadagnando popolarità per i suoi benefici non solo per la salute fisica, ma anche per la salute mentale. Ecco come lo yoga può essere uno strumento efficace per il sollievo dallo stress, dall'ansia e dalla depressione:

Integrazione di mente e corpo: Lo yoga riconosce l'interconnessione tra corpo e mente. Combinando posture fisiche (chiamate asana) con tecniche di respirazione e meditazione, lo yoga promuove uno stato di equilibrio integrale.

La pratica dello yoga comporta l'essere presenti nel momento presente, concentrandosi sull'esecuzione delle posture e sulla sensazione della respirazione. Questa consapevolezza può aiutare a respingere pensieri stressanti e a creare uno spazio mentale più tranquillo.

Benefici per il sollievo dello stress: Lo yoga stimola il sistema nervoso parasimpatico, responsabile della risposta di rilassamento del corpo. Ciò aiuta a ridurre la produzione di cortisolo e a promuovere una sensazione di calma e rilassamento.

La pratica regolare dello yoga può aiutare a lenire la tensione muscolare, spesso sintomo fisico dello stress accumulato.

Riduzione dell'ansia: Lo yoga promuove la respirazione consapevole e profonda, che può aiutare a interrompere i cicli di pensieri ansiosi. Concentrarsi sulla respirazione e sull'esecuzione delle posture può creare una sensazione di tranquillità mentale.

La consapevolezza praticata durante lo yoga aiuta a respingere preoccupazioni future o rimorsi passati, concentrandosi solo sul presente. Questo può essere particolarmente utile per ridurre l'ansia.

Allevio della depressione: Lo yoga è stato associato a un miglioramento dell'umore e alla riduzione dei sintomi della depressione. La combinazione di movimenti delicati, respirazione consapevole e consapevolezza può creare una sensazione di benessere emotivo.

La pratica dello yoga può stimolare il rilascio di endorfine, neurotrasmettitori noti per il loro ruolo nello stress relief e nella promozione del benessere.

Integrare lo yoga nella tua vita: Scegli uno stile che funzioni per te: Ci sono diversi stili di yoga, dai più delicati ai più dinamici. Scegli quello che meglio si adatta alle tue esigenze e preferenze.

Pratica regolarmente: La costanza è fondamentale per raccogliere i benefici dello yoga. Dedica del tempo regolarmente alla pratica, anche se è solo per alcuni minuti ogni giorno.

Ascolta il tuo corpo: Lo yoga riguarda il rispetto dei limiti del tuo corpo. Non forzare le posture e adatta la tua pratica alle tue esigenze e ai tuoi livelli di comfort.

Lo yoga offre un approccio completo per il sollievo dallo stress, dall'ansia e dalla depressione. Praticando questa antica arte, stai investendo nel tuo benessere emotivo e fisico, creando uno spazio per la tranquillità e l'autoguarigione.

Tecniche di rilassamento muscolare

Le tecniche di rilassamento muscolare sono approcci efficaci per liberare la tensione accumulata nel corpo, fornendo un sollievo sia fisico che mentale. Queste tecniche si basano sulla premessa che la tensione muscolare sia interconnessa allo stress emotivo e che rilasciare questa tensione possa avere un impatto positivo sul benessere complessivo. Ecco alcune informazioni su come le tecniche di rilassamento muscolare possono essere applicate per alleviare lo stress:

Comprendere il legame tra tensione muscolare e stress: Lo stress emotivo può portare a tensioni muscolari, creando una sensazione di disagio fisico. Allo stesso modo, la tensione muscolare cronica può aumentare i livelli di stress.

La tensione muscolare può manifestarsi sotto forma di mal di testa tensio-nale, dolori alla schiena, spalle tese e altre forme di disagio fisico.

Benefici delle tecniche di rilassamento muscolare: Le tecniche di rilassamento muscolare offrono una serie di benefici per il corpo e la mente, contribuendo a uno stato generale di benessere e sollievo dallo stress. Praticando regolarmente queste tecniche, è possibile sperimentare:

Promuovono un rilassamento profondo: Rilasciando la tensione muscolare, permetti al corpo di entrare in uno stato di rilassamento profondo, riducendo l'attivazione del sistema nervoso simpatico, responsabile della risposta allo stress.

Alleviano il disagio fisico: Spesso, la tensione muscolare cronica può portare a dolori e disagi. Il rilassamento muscolare può contribuire a lenire questi sintomi.

Contribuiscono alla chiarezza mentale: Il rilassamento muscolare è strettamente legato al rilassamento mentale. Rilasciando la tensione fisica, è possibile sperimentare anche una mente più serena e chiara.

Incorporare le tecniche di rilassamento muscolare: L'incorporazione delle tecniche di rilassamento muscolare nella tua routine quotidiana può essere un modo efficace per alleviare lo stress accumulato e promuovere una sensazione di tranquillità. Queste tecniche coinvolgono il consapevole tensionare e rilassare i gruppi muscolari del corpo per liberare la tensione fisica e mentale. Alcune linee guida per incorporare queste tecniche nella tua vita sono:

Riservare un momento tranquillo: Trova un luogo silenzioso e tranquillo in cui puoi concentrarti sulle tecniche di rilassamento senza interruzioni.

Praticare regolarmente: Come per altre pratiche di gestione dello stress, la coerenza è fondamentale per raccogliere i benefici. Dedica alcuni minuti del tuo giorno per praticare queste tecniche.

Combinare con la respirazione: Integrare la respirazione consapevole con le tecniche di rilassamento muscolare può migliorare i risultati.

Le tecniche di rilassamento muscolare possono essere un prezioso strumento nel tuo kit di autocura per il sollievo dallo stress. Rilasciando la tensione fisica, stai facendo un passo importante verso uno stato di rilassamento mentale ed emotivo, promuovendo una sensazione di benessere ed equilibrio.

Praticare l'auto-curare regolarmente: Incorporare rituali di alleviare lo stress

La pratica coerente dell'auto-curare è fondamentale per gestire in modo efficace lo stress e l'ansia nella nostra vita quotidiana. Incorporare rituali di alleviare lo stress nella tua routine quotidiana non solo aiuta ad affrontare le sfide emotive, ma promuove anche uno stato di equilibrio e benessere duraturo. Alcune strategie per praticare regolarmente l'auto-curare sono:

Crea una routine di cura

Stabilire una routine di cura è essenziale per coltivare un'abitudine sostenibile di auto-curare, consentendoti di gestire lo stress e l'ansia in modo efficace. Linee guida dettagliate per creare e mantenere una routine di auto-curare:

Fissa un momento: Determina un momento specifico della giornata che sia più adatto a te per praticare l'auto-curare. Potrebbe essere al mattino, prima di iniziare le tue attività, o di sera, come un modo per rilassarti prima di dormire.

Metti te stesso al primo posto: Considera questo tempo come un impegno con te stesso. Proprio come prenoti tempo per compiti e appuntamenti, dedica anche del tempo per prenderti cura della tua salute mentale ed emotiva.

Stabilisci la durata: Riserva un lasso di tempo che funzioni per te. Può variare da pochi minuti a un'ora, a seconda delle attività che hai scelto di incorporare nella tua routine.

Scegli le tue pratiche: Identifica le attività che portano sollievo al tuo stress e all'ansia. Alcune persone trovano utile meditare, mentre altre preferiscono fare esercizi di respirazione, praticare lo yoga, leggere un libro ispirante o semplicemente fare una tranquilla passeggiata.

Sperimenta: Non aver paura di provare diverse pratiche per trovare quelle che meglio si adattano a te. L'importante è scegliere attività che tu apprezzi sinceramente e che abbiano un effetto positivo sul tuo benessere.

Varia: Non esitare a variare le tue pratiche nel tempo. Ciò può evitare la monotonia e rendere la tua routine di auto-curare interessante ed impegnativa.

Mantieni la coerenza: Tratta il tuo tempo di auto-curare come un impegno non negoziabile. Evita di rimandare o cancellare questi momenti, proprio come faresti con altri impegni importanti.

Imposta un promemoria: Se necessario, imposta un promemoria sul tuo telefono o crea un promemoria visivo nel tuo spazio per ricordarti di riservare del tempo per l'auto-curare.

Celebra il progresso: Man mano che mantieni la coerenza nella tua routine di auto-curare, celebra le tue realizzazioni. Ciò può rafforzare l'importanza di questi momenti nella tua vita.

Creando una routine di cura, stai investendo attivamente nella tua salute mentale ed emotiva. Ricorda che l'auto-curare non è egoismo, ma piuttosto una base solida per affrontare le sfide quotidiane con resilienza ed equilibrio. Adattare la tua routine secondo necessità e essere aperto a nuove pratiche può contribuire a un benessere continuo e duraturo.

Disconnettiti

In un mondo sempre più connesso digitalmente, è essenziale dedicare del tempo per staccarsi dai dispositivi e dalla costante stimolazione online. La disconnessione non solo allevia lo stress legato alla tecnologia, ma fornisce anche uno spazio per il riposo mentale e un'opportunità per riconnettersi con il mondo circostante. Modi pratici per incorporare la disconnessione nella tua routine di auto-cura:

Tempo libero dallo schermo: Nel mondo moderno, siamo costantemente connessi a dispositivi elettronici, il che può aumentare i livelli di stress e influire sulla salute mentale. Imporre un tempo libero dallo schermo è una strategia essenziale per gestire lo stress e l'ansia. Modi per implementare il tempo libero dallo schermo nella tua vita:

Imposta limiti: Definisci periodi specifici durante il giorno per stare lontano dai dispositivi elettronici. Ciò può includere momenti al risveglio, prima di dormire e durante i pasti.

Disattiva le notifiche: Disattiva le notifiche non urgenti o essenziali. Ciò ridurrà le interruzioni costanti e ti consentirà di concentrarti su attività più significative.

Spazio sicuro: Crea zone nella tua casa in cui i dispositivi elettronici non sono ammessi, come il tavolo da pranzo o uno spazio relax. Questo contribuisce a creare un ambiente favorevole alla disconnessione.

Esplora attività offline: In un mondo sempre più digitale, dedicare del tempo alle attività offline è essenziale per bilanciare la vita virtuale e reale. Queste attività offrono una pausa rinfrescante dalla costante connettività e possono comportare significativi benefici per la salute mentale. Modi per esplorare attività offline e godere dei benefici:

Attività all'aperto: Approfitta del tempo libero dallo schermo per partecipare a attività all'aperto. Camminare, fare escursioni, andare in bicicletta o semplicemente trascorrere del tempo in un parco possono aiutare a rilassarsi e a ridurre lo stress.

Coltiva hobby: Dedica del tempo a coltivare hobby che ami, come cucinare, dipingere, suonare uno strumento musicale o fare artigianato. Queste attività creative possono offrire un senso di realizzazione e gioia.

Connessione personale: Usa questo tempo per connetterti personalmente con amici e familiari. Trascorrere del tempo di qualità insieme, condividendo risate e storie, può rafforzare i tuoi legami sociali e promuovere il benessere emotivo.

Benefici della disconnessione: La disconnessione digitale regolare porta una serie di significativi benefici per la salute mentale, emotiva e fisica. Riservando del tempo per allontanarsi dai dispositivi e dalla connettività online costante, puoi sperimentare miglioramenti in vari aspetti della tua vita. Alcuni notevoli vantaggi della disconnessione:

Riduzione dello stress: La disconnessione consente al tuo cervello di riposare e recuperarsi dalla costante flusso di informazioni e stimoli online, riducendo così i livelli di stress.

Miglioramento del sonno: L'esposizione alla luce blu dei dispositivi elettronici può interferire con la produzione di melatonina, l'ormone del sonno. Disconnettersi prima di dormire può migliorare la qualità del sonno.

Aumento della consapevolezza: Con la disconnessione, puoi concentrarti di più sulle attività presenti, aumentando la consapevolezza e l'apprezzamento del momento.

Miglioramento della salute mentale: La disconnessione regolare può ridurre l'ansia legata ai social media e alla costante comparazione, promuovendo una visione più positiva di te stesso e della tua vita.

Fare del tempo libero dallo schermo parte della tua routine di autocura può creare un equilibrio salutare tra il mondo digitale e il mondo reale, contribuendo al tuo benessere mentale ed emotivo.

Attività rilassanti

Trovare il tempo per dedicarsi a attività rilassanti è fondamentale per alleviare lo stress e coltivare una sensazione di tranquillità nella vita di tutti i giorni. Esplorando e incorporando attività che portano gioia e relax, stai investendo nel tuo benessere emotivo. Modi per identificare e godere appieno di queste attività:

Trova la tua passione: Prenditi del tempo per riflettere su quali attività suscitano il tuo interesse e la tua passione. Chiediti quali attività ti piacevano da giovane o quali hobby hai sempre desiderato provare.

Sperimenta cose nuove: Sii aperto a provare attività che forse non hai mai considerato prima. A volte, la passione per qualcosa di nuovo può emergere quando ti concedi di esplorare.

Ascolta te stesso: Presta attenzione a come ti senti quando partecipi a diverse attività. Se un'attività ti rende sinceramente entusiasta e rilassato, potrebbe essere un segno che hai trovato qualcosa che ti porta gioia.

Riserva del tempo: Dedica un periodo specifico del giorno, della settimana o del mese per dedicarti a queste attività rilassanti. Tratta questo tempo come un impegno non negoziabile con te stesso.

Rituale di relax: Trasforma questi momenti in rituali di relax. Crea un'atmosfera accogliente e tranquilla, accendendo candele, mettendo musica dolce o preparando una tisana rilassante.

I benefici delle attività rilassanti: Partecipare a attività rilassanti può avere un profondo impatto positivo sulla tua salute mentale, emotiva e generale. Queste attività offrono una preziosa pausa dalle pressioni quotidiane, consentendoti di riconnetterti con te stesso, di trovare piacere nel momento presente e di coltivare un maggiore equilibrio emotivo. Alcuni importanti benefici delle attività rilassanti sono:

Riduzione dello stress: Partecipare a attività rilassanti può contribuire a ridurre i livelli di cortisolo, l'ormone dello stress, promuovendo una sensazione di calma.

Aumento del piacere: Impegnandoti in attività che ti piacciono, stimoli il rilascio di neurotrasmettitori come la dopamina, aumentando la sensazione di piacere e benessere.

Concentrazione sul momento presente: Partecipare a attività rilassanti ti consente di concentrarti sul qui e ora, allontanandoti dalle preoccupazioni del passato o del futuro.

Miglioramento dell'umore: La gioia che provi partecipando a attività che ami può migliorare il tuo umore e la tua prospettiva.

Ricorda che l'autocura non è un lusso, ma una necessità per mantenere la tua salute mentale ed emotiva. L'incorporazione di attività rilassanti nella tua routine non solo offre momenti di piacere, ma contribuisce anche a un senso generale di equilibrio e benessere.

Pratica la gratitudine

La pratica della gratitudine è un potente mezzo per coltivare uno stato d'animo positivo e alleviare lo stress e l'ansia. Concentrando la tua attenzione sulle cose buone nella tua vita, puoi cambiare prospettiva e creare uno spazio per l'apprezzamento e la gioia. Modi per incorporare la gratitudine nella tua vita quotidiana:

Diario della gratitudine: Riserva alcuni minuti ogni giorno per scrivere in un diario della gratitudine. Scegli un momento tranquillo, come al mattino o prima di dormire, per riflettere sulla tua giornata.

Elenca le cose per cui sei grato: Annota almeno tre cose per cui ti senti grato. Questo può includere persone, esperienze, momenti felici, realizzazioni personali o semplicemente cose che ti hanno fatto sorridere.

Sii specifico: Piuttosto che elencare solo elementi generici, cerca di essere specifico su ciò che esattamente ti ha fatto sentire gratitudine. Questo aiuta a connettersi in modo più profondo con l'esperienza positiva.

Mantieni l'abitudine: Farne un'abitudine quotidiana può allenare la tua mente a concentrarsi sul positivo, anche nei momenti sfidanti.

Riconosci le piccole cose: Non sottovalutare il potere delle piccole cose che portano gioia nella tua giornata. Può essere un sorriso da un amico, una tazza di caffè caldo o un momento tranquillo di riflessione.

I benefici della pratica della gratitudine: La pratica della gratitudine è un approccio potente per coltivare uno stato mentale più positivo e una prospettiva più salutare sulla vita. Esprimendo apprezzamento e riconoscenza per le cose buone, puoi sperimentare una serie di significativi benefici che influenzano sia la tua salute mentale che emotiva. Alcuni dei principali benefici della pratica della gratitudine sono:

Cambio di prospettiva: La pratica della gratitudine può cambiare il tuo modo di vedere il mondo, concentrandosi su ciò che va bene invece di concentrarsi sul negativo.

Riduzione dello stress: Concentrando la tua attenzione sugli aspetti positivi, puoi ridurre l'impatto dello stress sulla tua mente e sul tuo corpo.

Aumento dell'ottimismo: La gratitudine è legata all'ottimismo e alla resilienza, aiutandoti a affrontare le sfide con una mentalità più positiva.

Miglioramento delle relazioni: Esprimere gratitudine alle persone intorno a te può rafforzare i rapporti e promuovere un senso di connessione.

La pratica della gratitudine può essere uno strumento semplice ma profondamente efficace per migliorare la tua salute mentale ed emotiva. Incorporando questa pratica nella tua vita quotidiana, puoi creare un ciclo positivo di apprezzamento e benessere.

Integra i rituali per il sollievo dallo stress

Incorporare i rituali per il sollievo dallo stress nella tua routine quotidiana può essere un approccio potente per mantenere il tuo benessere emotivo. Personalizzare questi rituali in base alle tue preferenze e alle tue esigenze individuali è fondamentale per creare una pratica di auto-curadove efficace e significativa per te. Modi per integrare questi rituali in modo efficace:

Personalizza la tua routine: Inizia identificando quali pratiche per il sollievo dallo stress risuonano di più con te. Questo può comportare sperimentare diverse tecniche, come la meditazione, lo yoga, la lettura o una passeggiata, per scoprire ciò che ti offre maggiore comfort e rilassamento.

Trova la combinazione giusta: Non esiste un approccio unico che funzioni per tutti. Crea una combinazione di pratiche che soddisfino le tue esigenze e i tuoi interessi. Ad esempio, potresti decidere di iniziare la giornata con la meditazione e concluderla con una rilassante passeggiata.

Sii flessibile: La tua routine di auto-curadove non deve essere rigida. A volte, le tue preferenze e le tue esigenze possono cambiare. Sii disposto a adattare la tua routine in base a ciò che ti fa sentire meglio in momenti diversi.

Adattati secondo necessità: Presta attenzione a come ti senti dopo aver praticato diversi rituali per il sollievo dallo stress. Osserva l'impatto emotivo e fisico di ciascuna pratica sul tuo stato d'animo.

Adatta alle circostanze: Ci saranno momenti in cui alcune pratiche saranno più benefiche di altre. Se ti senti particolarmente ansioso o stressato, potresti optare per una tecnica di rilassamento più intensiva, come la meditazione profonda.

Evoluzione continua: Man mano che cresci e cambi, anche le tue esigenze di auto-curadove possono evolversi. Sii disposto a adattare e sperimentare nuove pratiche man mano che ti sviluppi.

I benefici dell'integrazione dei rituali per il sollievo dallo stress: Integrare i rituali per il sollievo dallo stress nella tua routine quotidiana è un approccio olistico che può portare una serie di benefici ampi per la tua salute mentale ed emotiva. Questi rituali non solo offrono un immediato sollievo dallo stress, ma contribuiscono anche a un benessere continuo e a una maggiore resilienza emotiva. Alcuni dei principali benefici di integrare questi rituali nella tua vita sono:

Promozione del benessere continuo: L'incorporazione regolare di rituali per il sollievo dallo stress aiuta a mantenere la tua salute mentale ed emotiva a lungo termine.

Miglioramento della resilienza: Avere a disposizione una varietà di pratiche di auto-curadove aumenta la tua capacità di affrontare le sfide in modo efficace.

Auto-scoperta: Sperimentando diverse pratiche, puoi scoprire nuovi modi per calmarti e connetterti con te stesso.

Affrontare lo stress, l'ansia e la depressione richiede un impegno continuo nell'auto-curadove e nelle strategie di coping. Riconoscendo il legame tra queste sfide e adottando tecniche di rilassamento, puoi creare un percorso verso un maggiore benessere emotivo. Praticare regolarmente l'auto-curadove e incorporare i rituali per il sollievo dallo stress nella tua routine quotidiana può aiutare a coltivare la resilienza, l'equilibrio emotivo e una duratura sensazione di pace interiore.

7

STABILIRE OBIETTIVI E TROVARE UN PROPOSITO

*Ogni passo verso un obiettivo è un viaggio
verso il nostro scopo più profondo.*

La ricerca della ripresa dalla depressione è un percorso che coinvolge più di alleviare i sintomi emotivi. È un processo completo che mira a ripristinare la gioia di vivere, ricostruire il collegamento con se stessi e con il mondo circostante e stabilire un senso rinnovato di scopo. In questo capitolo, esploreremo l'importanza di definire obiettivi raggiungibili, scoprire il proprio scopo personale e praticare la gratitudine come strumenti fondamentali per la ripresa.

Definire obiettivi raggiungibili: Come stabilire passi realistici verso la ripresa

Stabilire obiettivi raggiungibili è una parte fondamentale del processo di ripresa e crescita personale. Quando affrontiamo sfide, traumi o momenti difficili, avere obiettivi chiari e realistici può darci un senso di direzione e scopo. Alcune strategie per definire obiettivi che siano realizzabili e che possano spingere il tuo percorso di ripresa sono:

Suddividi in piccoli passi

Affrontare una situazione impegnativa può spesso sembrare schiacciante, specialmente quando si tratta di raggiungere un obiettivo significativo. Tuttavia, un efficace strategia per affrontare questa sensazione di schiacciamento è suddividere l'obiettivo in passi più piccoli e gestibili. Questo approccio non solo rende il processo più accessibile, ma fornisce anche un costante senso di realizzazione man mano che procedi verso il risultato desiderato.

Chiarisci il tuo obiettivo: Prima di suddividere il tuo obiettivo in passi più piccoli, devi avere una comprensione chiara di ciò che stai cercando di raggiungere. Definisci il tuo obiettivo in modo specifico e misurabile in modo da sapere esattamente su cosa stai lavorando per conquistare.

Identifica i passaggi intermedi: Una volta che hai un obiettivo chiaro in mente, inizia a suddividerlo in passaggi intermedi. Ogni passo dovrebbe essere un passo tangibile verso il tuo obiettivo generale. Ad esempio, se il tuo obiettivo è iniziare una nuova carriera, i passaggi intermedi potrebbero includere la ricerca di opzioni di carriera, l'aggiornamento del curriculum, la ricerca di opportunità di lavoro e la preparazione per i colloqui.

Pondera i passaggi: Non tutti i passaggi intermedi sono ugualmente importanti o urgenti. Fai una classifica di questi passaggi in base alla loro rilevanza e all'impatto che avranno sul tuo obiettivo generale. Questo aiuta a indirizzare la tua energia verso le azioni più importanti.

Celebra i successi parziali: Man mano che completi ciascun passaggio intermedio, prenditi un momento per festeggiare. Riconosci il progresso che hai fatto e il contributo che ciascun passaggio rappresenta per il tuo obiettivo finale. Questa celebrazione costante mantiene alta la tua motivazione e il tuo entusiasmo.

Adatta man mano che procedi: Man mano che procedi verso il tuo obiettivo, sii aperto a regolare i passaggi intermedi secondo necessità. A volte, potresti scoprire nuove informazioni o sviluppare nuove abilità che influenzano il modo in cui affronti i passaggi successivi. La flessibilità è essenziale per mantenere il progresso costante.

Suddividere un obiettivo più ampio in passi più piccoli e realizzabili offre un approccio strategico al successo. Celebrando ogni successo lungo il percorso, crei un senso di realizzazione che alimenta la tua motivazione e fiducia, consentendoti di continuare a progredire, superare le sfide e raggiungere con successo i tuoi obiettivi.

Sii specifico

La definizione di obiettivi specifici e chiari è un passo fondamentale per raggiungere il successo in qualsiasi impresa, specialmente quando si tratta della tua ripresa e del tuo benessere emotivo. La specificità nei tuoi obiettivi fornisce una chiara direzione e aiuta a creare un piano concreto per raggiungerli. Ecco alcuni modi per essere più specifico nella definizione dei tuoi obiettivi:

Descrivi dettagli chiari: Quando definisci un obiettivo, evita le generalità. Invece di dire qualcosa di vago come "voglio sentirmi meglio", sii specifico su cosa significhi per te. Descrivi i dettagli su come vuoi sentirti meglio e quali aspetti della tua vita sono legati a questa miglioramento.

Usa un linguaggio preciso: Utilizza un linguaggio chiaro e preciso nella definizione del tuo obiettivo. Evita termini vaghi che possono essere interpretati in modi diversi. Più sarai preciso, più sarà facile valutare i tuoi progressi e misurare il successo.

Stabilisci criteri misurabili: Rendi il tuo obiettivo misurabile in modo da poter monitorare i tuoi progressi in modo tangibile. Ciò può coinvolgere numeri, come "praticare tecniche di rilassamento per 10 minuti al giorno", o indicatori concreti, come "aumentare la mia capacità di concentrazione durante il lavoro".

Imposta una scadenza: Definisci una scadenza realistica per raggiungere il tuo obiettivo. Ciò crea un senso di urgenza e motivazione per lavorare verso il tuo obiettivo. Avere una scadenza aiuta anche a evitare la procrastinazione.

Visualizza il risultato: Essere specifici riguardo al tuo obiettivo ti aiuta a visualizzare come sarà il raggiungimento di quell'obiettivo. Ciò non solo aumenta la tua motivazione, ma ti aiuta anche a connetterti emotivamente con ciò che stai cercando di raggiungere.

Esempio di obiettivo non specifico: Migliorare la mia salute mentale.

Esempio di obiettivo specifico: Praticare tecniche di rilassamento per 10 minuti al giorno per le prossime 4 settimane al fine di alleviare lo stress e migliorare la mia qualità della vita.

Essere specifici nella definizione dei tuoi obiettivi trasforma le tue aspirazioni in azioni concrete e raggiungibili. Questo ti mette sulla strada giusta per creare un piano d'azione dettagliato e misurare i tuoi progressi in modo efficace, aumentando le tue possibilità di successo.

Stabilisci scadenze realistiche

La definizione di scadenze realistiche è una parte cruciale del processo di fissare obiettivi realizzabili. Le scadenze ben definite forniscono una direzione, mantengono la tua motivazione e creano un senso di realizzazione man mano che raggiungi i tuoi obiettivi. Tuttavia, è importante trovare l'equilibrio giusto tra una scadenza impegnativa e una scadenza che sia raggiungibile e realistica. Ecco alcune modalità su come stabilire scadenze realistiche per i tuoi obiettivi:

Valuta il tempo necessario: Prima di fissare una scadenza, valuta quanto tempo è necessario per completare ciascuna fase del tuo obiettivo. Considera il grado di complessità, la quantità di lavoro coinvolta e altri impegni nella tua vita.

Evita scadenze troppo brevi: Le scadenze troppo brevi possono generare stress aggiuntivo e pressione, il che può danneggiare la tua salute mentale e la tua capacità di svolgere il compito con qualità. Evita di stabilire scadenze irrealisticamente brevi che potrebbero causare più ansia che motivazione.

Mantieni la flessibilità: Sebbene sia importante avere scadenze definite, è anche cruciale mantenere una certa flessibilità. A volte possono verificarsi circostanze impreviste che ritardano il tuo progresso. Sii disposto a regolare le scadenze se necessario, senza sentirti sconfitto.

Considera il tuo carico di lavoro: Assicurati che la scadenza che imposti sia fattibile considerando il tuo attuale carico di lavoro e altri impegni. Non sovraccaricarti di obiettivi che richiedono più tempo di quello che hai effettivamente a disposizione.

Definisci tappe intermedie: Oltre a fissare una scadenza finale, considera di stabilire scadenze per tappe intermedie del tuo obiettivo. Questo può aiutarti a mantenere il focus e valutare il tuo progresso lungo il percorso.

Esempio di scadenza non realistica: Imparare una nuova lingua fluentemente in due settimane.

Esempio di scadenza realistica: Imparare una nuova lingua di base in sei mesi, dedicando un'ora di studio al giorno.

Stabilire scadenze realistiche è un approccio intelligente per raggiungere i tuoi obiettivi. Ciò ti consente di mantenere un equilibrio tra la sfida e la garanzia che i tuoi obiettivi siano raggiungibili, contribuendo a una sensazione di realizzazione e progresso costante.

Valuta le tue abilità e risorse

Nella definizione di obiettivi realizzabili, è fondamentale valutare le tue abilità, le risorse a tua disposizione e le limitazioni personali. Una valutazione onesta e realistica ti aiuterà a stabilire obiettivi in linea con il tuo potenziale e le circostanze in cui ti trovi. Alcuni punti importanti da considerare quando valuti le tue abilità e risorse nella definizione degli obiettivi sono:

Conoscenza di sé: Abbi una chiara comprensione delle tue abilità, dei tuoi punti di forza e delle aree che necessitano di sviluppo. Ciò ti consentirà di stabilire obiettivi che siano in linea con le tue capacità e che ti sfidino in modo realistico.

Risorse a disposizione: Considera le risorse di cui disponi per raggiungere i tuoi obiettivi. Questo può includere tempo, finanziamenti, accesso a informazioni e il supporto di altre persone. Assicurati che i tuoi obiettivi siano realizzabili con le risorse a tua disposizione.

Limitazioni personali: Riconosci le tue limitazioni personali, come il tempo limitato, gli impegni esistenti e altre responsabilità. Tenere conto di queste limitazioni eviterà di fissare obiettivi irrealistici che potrebbero portare a stress e frustrazione.

Adattabilità: Sebbene sia importante stabilire obiettivi sfidanti, è altrettanto essenziale essere flessibili. Se noti che le tue abilità o risorse stanno cambiando, sii disposto a regolare i tuoi obiettivi per riflettere questa realtà in evoluzione.

Equilibrio e progresso sostenibile: Valutare le tue abilità e risorse aiuta a creare un equilibrio tra sfida e realizzazione. Stabilire obiettivi entro la tua portata aumenta la probabilità di successo, promuovendo un senso di progresso sostenibile nel tempo.

Valutare le tue abilità e risorse è un passo fondamentale per stabilire obiettivi realizzabili e significativi. Ciò non solo aumenta le tue possibilità di successo, ma contribuisce anche a un approccio sano e realistico all'auto-sviluppo e al raggiungimento degli obiettivi.

Tieni un registro

Mantenere un registro dei tuoi obiettivi e dei tuoi progressi è una pratica preziosa che può aumentare notevolmente la tua motivazione e l'efficacia nel perseguimento dei tuoi scopi. L'atto di registrare i tuoi sforzi offre una visione tangibile dei tuoi progressi e aiuta a mantenere il focus sulle conquiste. Alcuni punti importanti su come mantenere un registro può essere benefico sono:

Monitoraggio del progresso: Registrare i tuoi obiettivi e i progressi che stai facendo ti permette di vedere chiaramente come stai avanzando verso i tuoi obiettivi. Questo è particolarmente utile quando si tratta di obiettivi a lungo termine, poiché puoi osservare quanto hai già realizzato nel tempo.

Motivazione continua: Vedere il tuo progresso registrato può essere estremamente motivante. Quando ti rendi conto di quanto hai progredito dall'inizio, è più probabile che ti senta incoraggiato a continuare a lavorare verso i tuoi obiettivi, anche quando incontri ostacoli.

Identificazione di modelli: Tieni un registro non solo del progresso, ma anche delle strategie che stai utilizzando per raggiungere i tuoi obiettivi. Ciò ti consente di identificare modelli di successo e scoprire quali approcci funzionano meglio per te.

Aggiustamenti e miglioramenti: Tenendo un registro, puoi identificare rapidamente se qualcosa non sta funzionando come previsto. Ciò ti consente di apportare modifiche e adattamenti secondo necessità, evitando di perdere tempo in approcci che non sono efficaci.

Senso di realizzazione: Man mano che segni i traguardi raggiunti nel registro, acquisisci un senso tangibile di realizzazione. Questo rafforza la tua fiducia e ti ricorda il progresso costante che stai facendo.

Mantenere un registro può essere fatto in vari modi, dalle annotazioni in un diario fisico all'uso di app o fogli di calcolo digitali. Indipendentemente dalla forma che scegli, la pratica di registrare i tuoi obiettivi e i tuoi progressi è uno strumento prezioso per mantenerti sulla buona strada e spingere il tuo successo.

Scoprire il tuo scopo: Esplorare interessi e passioni personali

Trovare un senso di scopo è una parte vitale del recupero e della crescita personale. Avere uno scopo può dare significato al tuo viaggio e aiutarti a superare le sfide con maggiore resilienza. Alcuni modi per esplorare i tuoi interessi e passioni personali per scoprire il tuo scopo sono:

Fai una riflessione profonda su te stesso

La riflessione profonda su te stesso è uno strumento potente per esplorare i tuoi interessi, le tue passioni e identificare lo scopo che dà significato alla tua vita. Impegnandoti in questa pratica, puoi scoprire aspetti di te stesso che possono guidare le tue scelte e indirizzare i tuoi obiettivi in modo più allineato con chi sei. Come fare una riflessione profonda su te stesso:

Esplorazione delle emozioni: Chiediti come ti senti nel compiere certe attività o nel pensare a determinati argomenti. La gioia, l'entusiasmo e la soddisfazione sono indicatori che sei allineato con i tuoi interessi autentici.

Rivivere momenti significativi: Ricorda momenti della tua vita in cui ti sei sentito davvero realizzato e felice. Questi momenti possono rivelare indizi su ciò che conta veramente per te e su ciò che può contribuire al tuo senso di scopo.

Identificazione di schemi: Rivedendo diverse esperienze e attività che ti hanno procurato soddisfazione, cerca schemi ricorrenti. Questo può aiutarti a identificare i temi che sono costantemente significativi nella tua vita.

Valori personali: Considera quali valori sono fondamentali per te. Le tue attività e obiettivi dovrebbero essere in linea con i tuoi valori, poiché questo contribuisce a un profondo senso di scopo e soddisfazione.

Hobby e interessi: Esplora i tuoi hobby e interessi. A quali attività ti senti naturalmente attratto nel tuo tempo libero? Questi interessi possono riflettere le aree che ti portano gioia e realizzazione.

Autoconoscenza continua: La riflessione profonda su te stesso è un processo continuo. Man mano che cresci ed evolvi, le tue passioni e i tuoi interessi possono cambiare. Pertanto, sii disposto a scoprirli nel corso del tempo.

La riflessione profonda su te stesso è un viaggio di autoesplorazione che può richiedere tempo e pazienza. Tuttavia, impegnandoti in questa pratica, ti avvicini a scoprire ciò che ti porta davvero soddisfazione e realizzazione, guidando le tue scelte e i tuoi obiettivi in modo più autentico.

Identificare i tuoi valori

Identificare e comprendere i tuoi valori fondamentali è essenziale per scoprire il tuo scopo e stabilire obiettivi allineati a ciò che è più importante per te. I valori sono i principi e le credenze che guidano le tue azioni, decisioni e scelte nella vita. Riconoscendo e onorando i tuoi valori, puoi creare una solida base per un senso più profondo di scopo. Come identificare i tuoi valori:

Riflessione su ciò che è importante: Chiediti: "Cosa è più importante per me nella vita? Quali sono i principi per cui vivo?" Rifletti sulle aree della tua vita che sono fondamentali, come la famiglia, l'amicizia, il successo professionale, il contributo sociale, la salute, e così via.

Esperienze soddisfacenti: Ricorda i momenti in cui ti sei sentito più realizzato ed autentico. Quali valori erano presenti in quelle situazioni? Queste esperienze possono fornire indizi sui valori profondamente radicati in te.

Confronto tra valori: Considera cosa non sei disposto a compromettere o a sacrificare. Identificare i valori a cui non vuoi rinunciare aiuta a chiarire ciò che è veramente importante per te.

Classificazione dei valori: Ordina i tuoi valori in base all'importanza. Questo può aiutarti a prendere decisioni quando si verificano conflitti tra valori diversi. Ad esempio, se l'autenticità è un valore più importante del riconoscimento esterno, le tue scelte rifletteranno probabilmente questa priorità.

Valori universali vs. personali: Alcuni valori sono universali, come l'onestà, l'empatia e il rispetto. Altri valori sono più specifici per ciascun individuo. Identificare sia i valori universali che quelli personali può offrire una visione completa delle tue motivazioni.

Adattamento nel tempo: Sii consapevole che i tuoi valori possono cambiare nel tempo, man mano che cresci ed evolvi. Sii aperto a rivalutare i tuoi valori man mano che la tua comprensione di te stesso si approfondisce.

Identificare i tuoi valori è un passo cruciale nel percorso alla ricerca del tuo scopo e nell'istituzione di obiettivi che risuonino profondamente con chi sei. Questo aiuta a guidare le tue scelte in modo più autentico e a costruire una vita che sia veramente significativa per te.

Sperimenta cose nuove

Esplorare nuove attività e interessi è un modo emozionante e arricchente per scoprire il tuo scopo e ciò che risuona veramente con te. La vita è piena di opportunità ed esperienze che possono allargare la tua prospettiva e aiutarti a capirti meglio. Alcuni punti su perché e come sperimentare cose nuove sono:

Espansione degli orizzonti: Coinvolgendoti in attività diverse da quelle a cui sei abituato, puoi scoprire passioni e abilità che non avresti mai immaginato di avere. Questo può arricchire la tua vita e aprire porte a nuove opportunità.

Esci dalla zona di comfort: Sperimentare cose nuove spesso comporta uscire dalla tua zona di comfort. Sebbene possa essere una sfida, è proprio al di fuori di questo spazio che puoi trovare la crescita personale e scoprire lati nascosti di te stesso.

Autoconoscenza: Sperimentando diverse attività, puoi imparare di più sulle tue preferenze, limiti e abilità. Questo può essere un prezioso processo di autoconoscenza che ti aiuta a capire meglio chi sei e cosa ti rende felice.

Scoperta di passioni inaspettate: A volte, le tue passioni possono emergere in modi inaspettati. Provare qualcosa di nuovo può risvegliare un interesse che non avevi mai considerato prima. Ad esempio, partecipare a un corso di pittura può farti scoprire una passione per la pittura.

Ridefinizione degli obiettivi: Sperimentare cose nuove può cambiare la tua prospettiva e portarti a rivalutare i tuoi obiettivi. Potresti renderti conto che alcune attività portano più gioia e scopo alla tua vita di altre, portando a modifiche nei tuoi obiettivi.

Crescita e apprendimento: Indipendentemente dal risultato, ogni nuova esperienza offre opportunità di apprendimento e crescita. Successo o fallimento, guadagni preziose intuizioni sulle tue preferenze e abilità.

Inizia in piccolo: Non è necessario impegnarsi in grandi cambiamenti immediatamente. Inizia con piccoli passi, come provare un nuovo hobby, partecipare a un evento o fare un corso. Questo ti consente di testare diverse esperienze senza sentirti sopraffatto.

Sperimentare è un potente modo per ampliare la tua visione del mondo, scoprire passioni nascoste e trovare un significativo scopo.

Essendo aperto a nuove esperienze, ti dai l'opportunità di crescere, imparare e creare una vita più appagante.

Cerca ispirazione

Cercare ispirazione è un modo potente per trovare direzione, motivazione e chiarezza nella tua esperienza alla scoperta del tuo scopo. Attraverso le storie e le esperienze di altre persone, puoi acquisire preziose intuizioni su come affrontare sfide, superare ostacoli e trovare un significato più profondo nella tua stessa vita. Ecco alcune informazioni su come cercare ispirazione:

Apprendimento dagli esempi: Leggere libri, guardare conferenze, documentari o interviste con persone che ammiri può offrire una visione ispirante dei loro percorsi. Ascoltare come hanno affrontato sfide, superato avversità e trovato uno scopo può offrire una guida nella tua ricerca.

Identificazione con storie: Connettendoti con le storie di altre persone, puoi identificarti con le loro lotte e vittorie. Questo può farti sentire meno solo nelle tue esperienze e incoraggiarti a perseguire i tuoi obiettivi con maggiore determinazione.

Apprendimento dagli errori: Ascoltare gli errori e i fallimenti di altre persone può essere altrettanto istruttivo quanto apprendere dai loro successi. Attraverso queste storie, puoi acquisire intuizioni su come evitare trappole comuni e affrontare sfide in modo più efficace.

Apertura a nuove prospettive: Cercare ispirazione può anche significare esplorare storie di persone con esperienze molto diverse dalle tue. Ciò ti espone a diverse prospettive e può aiutarti a rivalutare le tue credenze e obiettivi.

Motivazione duratura: Le storie delle altre persone possono servire come una fonte costante di motivazione. Quando incontri ostacoli nel tuo cammino, puoi ricordare come qualcuno ha superato sfide simili e ha trovato il successo.

Applicazione pratica: Mentre ti ispiri alle storie degli altri, cerca modi pratici per applicare le loro intuizioni nella tua vita. Chiediti come puoi adattare le loro strategie e lezioni alle tue circostanze uniche.

Cercare ispirazione è uno strumento prezioso per trovare chiarezza nel tuo percorso alla scoperta del tuo scopo. Imparando dalle esperienze degli altri, puoi acquisire saggezza, coraggio e fiducia per avanzare verso un futuro più significativo.

Il volontariato e il contributo

Partecipare a attività di volontariato e contribuire al benessere degli altri e della comunità può essere un modo potente per trovare un significativo scopo nella tua vita. Coinvolgersi in azioni che beneficiano gli altri non solo porta soddisfazione personale, ma crea anche un impatto positivo sulla società. Come il volontariato e il contributo possono aiutare a scoprire un significativo scopo:

Senso di realizzazione: Il volontariato offre un'opportunità tangibile per fare la differenza nella vita degli altri. La sensazione di aver realizzato qualcosa di significativo e positivo per gli altri può portare a una profonda sensazione di realizzazione e scopo.

Connessione sociale: Partecipando alle attività di volontariato, hai la possibilità di incontrare persone che condividono valori simili e sono impegnate a fare un impatto positivo. Questo può portare a connessioni sociali significative e relazioni arricchenti.

Concentrazione al di fuori di te stesso: Concentrandoti sull'aiuto agli altri, puoi ottenere una nuova prospettiva sui tuoi stessi problemi e sfide. Ciò può ridurre lo stress e l'ansia, consentendoti di concentrarti sul contribuire in modo significativo alla vita degli altri.

Sviluppo di abilità: Il volontariato spesso offre opportunità per sviluppare nuove abilità o perfezionare quelle esistenti. Queste abilità possono essere preziose sia nella tua vita personale che professionale, aumentando la tua fiducia in te stesso e la tua autostima.

Sentimento di comunità: Partecipare agli sforzi di volontariato crea un senso di comunità e appartenenza. Diventi parte di qualcosa di più grande di te stesso e contribuisci a un ambiente più positivo e collaborativo.

Esplorazione degli interessi: Il volontariato può anche essere un modo per esplorare interessi e passioni che potresti non aver avuto l'opportunità di esplorare in precedenza. Coinvolgendoti in diverse attività, puoi scoprire nuove aree di interesse che risuonano con il tuo scopo.

Gioia nel servire: Contribuire al benessere degli altri può essere una fonte di gioia autentica. La sensazione di aiutare qualcuno in difficoltà o di far parte di un progetto dall'impatto positivo può creare momenti di felicità duratura.

Il volontariato e il contributo sono modi concreti e gratificanti per trovare un significativo scopo nella tua vita. Dedicandoti ad aiutare gli altri e fare la differenza, puoi sperimentare una duratura sensazione di realizzazione e soddisfazione.

Il potere della gratitudine: Riconoscere le benedizioni in mezzo alle avversità

La pratica della gratitudine è uno strumento potente per trasformare la nostra prospettiva, specialmente quando affrontiamo avversità. Riconoscere le benedizioni e gli aspetti positivi della nostra vita, anche nei momenti più difficili, può portare a un profondo cambiamento nella nostra mentalità e nel benessere. Modi per coltivare la gratitudine:

Tieni un diario della gratitudine

La pratica di tenere un diario della gratitudine è uno strumento potente per coltivare l'apprezzamento e il riconoscimento delle benedizioni nella tua vita, anche in mezzo alle sfide e alle avversità. Registrare quotidianamente le cose per cui sei grato può avere un impatto positivo sulla tua prospettiva e sul tuo benessere generale. Ecco come tenere un diario della gratitudine:

Concentrati sul positivo: Tenere un diario della gratitudine significa concentrare la tua attenzione sulle cose buone nella tua vita. Questo aiuta a ridurre il focus sulle preoccupazioni e sulle difficoltà, consentendoti di vedere la luce anche nelle situazioni più oscure.

Pratica quotidiana: Dedica un momento ogni giorno per scrivere nel tuo diario della gratitudine. Questo può essere al mattino, alla sera o in qualsiasi momento che funzioni per te. La costanza è fondamentale per raccogliere i benefici di questa pratica.

Gratitudine per le piccole cose: Non sottovalutare il potere di apprezzare le piccole cose. Riconoscendo anche i dettagli più semplici e quotidiani, alleni la tua mente a trovare gioia nelle esperienze di tutti i giorni.

Ampiezza di focalizzazione: Oltre a elencare oggetti materiali, considera di includere espressioni d'amore, momenti di gioia, atti di gentilezza e connessioni significative con gli altri nel tuo diario. La gratitudine va oltre le cose tangibili.

Cambio di prospettiva: Scrivendo su ciò per cui sei grato, stai coltivando una mentalità di abbondanza anziché di scarsità. Questo può cambiare la tua prospettiva e aiutarti a concentrarti su ciò che hai invece di ciò che ti manca.

Celebrazione dei successi: Oltre alle esperienze quotidiane, includi anche le tue conquiste e i tuoi successi, non importa quanto possano sembrare piccoli. Ciò rafforza il tuo senso di realizzazione e motivazione.

Rituale riflessivo: Scrivere nel diario della gratitudine può diventare un rituale riflessivo in cui prendi un momento per riconoscere gli aspetti positivi della tua vita. Questo rituale può contribuire a una sensazione duratura di contentezza.

Condivisione facoltativa: Se ti senti a tuo agio, condividere i tuoi pensieri di gratitudine con amici, familiari o cari può creare un'atmosfera di positività e ispirazione reciproca.

La pratica del diario della gratitudine è uno strumento semplice ed efficace per coltivare una mentalità positiva e apprezzativa. Concentrandoti sulle benedizioni nella tua vita, puoi migliorare la tua resilienza emotiva e trovare forza anche nei momenti difficili.

Trova gratitudine nelle piccole cose

Coltivare la gratitudine per le piccole cose della vita è un approccio potente per aumentare la tua considerazione per il quotidiano. Spesso è facile concentrarsi sulle grandi realizzazioni e dimenticare di riconoscere le piccole gioie che ci circondano. Ecco alcuni modi per trovare gratitudine nelle piccole cose:

Mindfulness: La pratica della mindfulness gioca un ruolo fondamentale nel trovare gratitudine nelle piccole cose. Essendo completamente presenti nel momento, puoi notare e apprezzare i dettagli che potrebbero sfuggire.

Sintonizza i sensi: Usa i tuoi sensi per connetterti con il momento presente. Osserva i suoni intorno a te, senti la consistenza delle cose, apprezza gli odori e i sapori. Questi dettagli sensoriali possono diventare fonti di gratitudine.

Gioia nelle semplicità: Impara a trovare gioia nelle cose più semplici. Un tramonto, un abbraccio caloroso, una risata spontanea: sono momenti che possono portare sentimenti di gratitudine e gioia.

Pratica regolare: Incorpora la ricerca della gratitudine nelle piccole cose come parte della tua routine quotidiana. Dedica un momento per riflettere sui momenti piacevoli che hai vissuto e esprimere la tua gratitudine per essi.

Mantra di gratitudine: Sviluppa un mantra di gratitudine che puoi ripetere nei momenti quotidiani. Può essere qualcosa di semplice come "Sono grato per la bellezza intorno a me" o "Ringrazio per le piccole gioie della vita".

Sviluppo della sensibilità: Man mano che pratichi la ricerca della gratitudine nelle piccole cose, diventi più sensibile alle sottilità della vita. Ciò può migliorare la tua capacità di trovare gioia e soddisfazione nelle esperienze di tutti i giorni.

Presenza consapevole: La ricerca della gratitudine nelle piccole cose è un modo per diventare più consapevoli e presenti nella tua vita. Questo può contribuire a ridurre lo stress, migliorare la concentrazione e aumentare il tuo benessere emotivo.

Notare le connessioni: Riconoscendo e apprezzando le piccole cose, puoi iniziare a capire come tutto è interconnesso. Ciò può ispirare un senso di meraviglia e una maggiore considerazione per la complessità della vita.

La pratica di trovare gratitudine nelle piccole cose è un modo efficace per portare gioia e apprezzamento nei momenti quotidiani. Ciò può migliorare la tua prospettiva complessiva e promuovere un costante senso di contentezza.

Riformula le sfide

Riformulare le sfide è un approccio potente per coltivare un senso di gratitudine e resilienza di fronte alle avversità. Invece di concentrarsi solo sulle difficoltà, questa pratica implica guardare alle situazioni sfidanti da una prospettiva più ampia e positiva. Ecco alcune modalità di riformulazione delle sfide:

Apprendimento e crescita: Invece di vedere le sfide come ostacoli che intralciano il tuo percorso, considerale come opportunità di apprendimento e crescita. Ogni sfida affrontata può essere una possibilità di acquisire nuove abilità, conoscenze ed esperienze.

Nuove prospettive: Riformulando le sfide, puoi cercare diverse prospettive e lezioni che possono essere apprese da ciascuna situazione. Ciò può ampliare la tua comprensione e aiutare a sviluppare una mentalità più flessibile.

Resilienza rafforzata: Superare con successo le sfide può aumentare la tua resilienza emotiva e mentale. Ogni volta che affronti una difficoltà e trovi modi per superarla, diventi più forte per affrontare sfide future.

Focalizzazione sulle soluzioni: Riformulando le sfide, orienti la tua attenzione sulle soluzioni anziché sui problemi. Ciò può incoraggiarti a cercare approcci creativi e costruttivi per affrontare le situazioni.

Celebra i successi: Quando superi una sfida, celebra i tuoi successi, anche se sono piccoli. Riconosci gli sforzi e il coraggio che hai dimostrato nel confrontare la situazione.

Sviluppo personale: Ogni sfida affrontata offre l'opportunità di sviluppare preziosi tratti personali, come resilienza, pazienza, empatia e adattabilità.

Gratitudine per il percorso: Riformulando le sfide, puoi provare gratitudine per il percorso che offrono. Anche nelle situazioni più difficili, c'è sempre qualcosa da imparare e apprezzare.

Auto-scoperta: Le sfide spesso ci portano a scoprire aspetti nascosti di noi stessi. Affrontando situazioni difficili, puoi scoprire forze interne che forse non sapevi di possedere.

Riformulare le sfide è uno strumento potente per sviluppare una mentalità positiva e costruttiva. Ciò non solo promuove la gratitudine, ma rafforza anche la tua capacità di affrontare le difficoltà con resilienza e ottimismo.

Pratica la compassione

La pratica della gratitudine non si limita solo al riconoscimento di beni materiali o circostanze favorevoli. Si estende anche all'apprezzamento delle relazioni umane e all'espressione di compassione verso gli altri. Coltivando la gratitudine per la gentilezza che ricevi dalle persone che ti circondano, non solo rafforzi i legami emotivi, ma contribuisci anche a creare un ambiente più positivo e armonioso. Ecco modi per praticare la compassione e rafforzare i legami emotivi:

Riconosci l'importanza delle relazioni: Le connessioni personali nella nostra vita sono preziose. Parenti, amici, colleghi e persino sconosciuti possono svolgere un ruolo significativo nel nostro percorso. Praticando la gratitudine per le relazioni, riconosci l'importanza di questi legami e come arricchiscano la tua vita.

Espressione di gratitudine: Non esitare a esprimere la tua gratitudine per le azioni gentili degli altri. Un semplice "grazie" può avere un impatto significativo e rafforzare il legame. Mostrare apprezzamento per le piccole cose che gli altri fanno per te crea un ambiente positivo.

Approfondisci l'empatia: La pratica della compassione è intrinsecamente legata all'empatia. Riconoscendo e apprezzando gli sforzi e i sentimenti degli altri, dimostri empatia e considerazione genuina per le loro esperienze.

Focalizzazione sulle interazioni positive: Apprezzare le interazioni positive che hai con gli altri rafforza il legame tra te e loro. Concentrarsi sulle qualità e sulle attitudini positive delle persone crea un'atmosfera di rispetto reciproco e cameratismo.

Condividi momenti piacevoli: Condividere momenti di gioia, celebrazioni e successi con le persone a cui tieni rafforza i legami emotivi. Questi momenti condivisi contribuiscono a creare ricordi positivi.

Rispetto e generosità: La pratica della gratitudine e della compassione comporta anche il trattare gli altri con rispetto e generosità. Agendo con gentilezza verso gli altri, promuovi un ciclo di reciproca positività.

Cultiva relazioni soddisfacenti: Valorizzando le relazioni personali ed esprimendo gratitudine per il contributo delle persone nella tua vita, contribuisci allo sviluppo di relazioni più soddisfacenti e durature.

La pratica della compassione e della gratitudine per le relazioni personali arricchisce la tua vita emotiva e crea una rete di supporto positiva. Valorizzando le persone che ti circondano, contribuisci a creare un ambiente di rispetto, empatia e connessione genuina, arricchendo il tuo percorso e quello degli altri.

Focalizzati sul presente

La pratica della gratitudine è intrinsecamente legata alla capacità di vivere nel momento presente, di apprezzare ciò che sta accadendo intorno a te e riconoscere le benedizioni che hai nella tua vita. Coltivando la consapevolezza e la focalizzazione sul presente, apri spazio per sperimentare un profondo senso di contentezza e soddisfazione. Ecco alcuni argomenti su come la gratitudine sia collegata alla focalizzazione sul presente:

Consapevolezza e gratitudine: La consapevolezza, nota anche come mindfulness, implica essere completamente presenti nel momento attuale. Quando pratichi la gratitudine, stai indirizzando la tua attenzione su ciò che sta accadendo ora, invece di perdersi in preoccupazioni passate o future.

Gustare le piccole gioie: Concentrarsi sul presente ti permette di gustare le piccole gioie che spesso passano inosservate. Può essere il gusto di un pasto delizioso, il calore del sole sulla tua pelle o il riso di un bambino. Apprezzare questi momenti semplici porta un profondo senso di gratitudine.

Accettazione: La consapevolezza comporta l'accettazione del momento presente esattamente com'è, senza giudizio o resistenza. Praticando la gratitudine, accetti le benedizioni e le sfide della vita con un cuore aperto, il che può portare a una sensazione di pace ed equilibrio.

Riduzione dello stress: La focalizzazione sul presente aiuta a ridurre lo stress, poiché stai indirizzando la tua energia e attenzione sul presente, anziché preoccuparti del passato o del futuro. Ciò crea uno spazio di calma mentale in cui la gratitudine può fiorire.

Connessione con la realtà: Concentrandoti sul presente, ti stai connettendo con la realtà del momento. Questo può essere particolarmente potente nei momenti sfidanti, poiché ti consente di trovare aspetti per cui essere grati, anche in mezzo all'avversità.

Pratica della gratitudine nel presente: Un modo per integrare la gratitudine nel momento presente è creare pause regolari nella tua routine per concentrarti sulle tue benedizioni. Ad esempio, al risveglio, prenditi un momento per riflettere su tre cose per cui sei grato. In questo modo, ancorerai la tua mente nel presente e inizierai la giornata con un atteggiamento positivo.

La gioia del qui e ora: Quando impari a valorizzare il momento presente e a riconoscere le cose buone che stanno accadendo intorno a te, sperimenti la gioia autentica del qui e ora. La gratitudine diventa un modo per arricchire la tua esperienza quotidiana.

Cultivare la gratitudine può trasformare il modo in cui affronti le sfide e nutrire una mentalità positiva nel tuo percorso di guarigione. Riconoscere le benedizioni, anche in mezzo all'avversità, è un passo potente verso la crescita personale e il benessere emotivo.

8
ABBRACCIANDO NUOVE POSSIBILITÀ

La vera bellezza risiede nell'accettazione e nell'amore incondizionato che coltiviamo per noi stessi.

L'autostima e l'autoimmagine svolgono un ruolo cruciale nella nostra salute mentale e nel nostro benessere. Come ci vediamo e come ci sentiamo riguardo a noi stessi influiscono sulla nostra fiducia, sulle nostre relazioni e sulla nostra capacità di affrontare le sfide. In questo capitolo, esploreremo modi per destrutturare l'autocritica, costruire un'immagine positiva di sé e coltivare l'accettazione del proprio corpo.

De-costruzione dell'autocritica: Svelare gli schemi che danneggiano l'autostima

L'autocritica è una voce interiore che spesso ci giudica, ci critica e ci de-prezza. Questa autocritica implacabile può avere un impatto dannoso sulla nostra autostima e autoimmagine. Svelare questi schemi autocritici è essenziale per costruire una relazione più sana con se stessi. Alcuni approcci per destrutturare l'autocritica sono:

Autoconsapevolezza

L'autoconsapevolezza è uno strumento fondamentale nel processo di destrutturazione dell'autocritica e nello sviluppo di un'autostima più sana. Coinvolge la pratica dell'osservare attentamente i propri pensieri, emozioni e schemi mentali. Coltivando l'autoconsapevolezza, puoi identificare quando sorge l'autocritica, comprendere le sue cause sottostanti e iniziare a trasformare questi dannosi schemi di pensiero. Modi per sviluppare l'autoconsapevolezza e affrontare l'autocritica sono:

Osservare senza giudicare: Inizia dedicando momenti del tuo giorno all'auto-osservazione. Ciò implica prestare attenzione ai tuoi pensieri e sentimenti senza giudizio. Osserva semplicemente, come un osservatore neutro.

Identificare schemi autocritici: Man mano che pratichi l'osservazione, inizierai a identificare schemi ricorrenti di autocritica. Questi possono manifestarsi come pensieri negativi su te stesso, autocritica o confronti sfavorevoli con gli altri.

Riconoscere i trigger: Prestando attenzione al contesto in cui sorge l'autocritica, puoi identificare gli scatenanti emotivi o le situazioni che la attivano. Ciò aiuta a capire perché reagisci in modo autocritico in determinate circostanze.

Appunti in un diario: Tieni un diario di autoconsapevolezza. Annota i momenti in cui ti sei sentito autocritico e descrivi i pensieri che sono emersi. Ciò ti permetterà di tenere traccia dei modelli nel tempo e individuare aree specifiche su cui lavorare.

Meditazione e consapevolezza: La pratica della meditazione e della consapevolezza può rafforzare l'autoconsapevolezza. Dedica del tempo per meditare e concentrare la tua attenzione sul momento presente, diventando più consapevole dei pensieri che passano per la tua mente.

Domande riflessive: Fatti regolarmente domande sui tuoi pensieri e sentimenti. Perché ti senti in questo modo? Da dove proviene questa autocritica? Queste domande possono aiutare a svelare le cause sottostanti.

Autoaccettazione: Comprendi che l'autoconsapevolezza non riguarda il giudizio su te stesso, ma la comprensione di te stesso. Man mano che diventi più consapevole dei modelli autocritici, pratica l'autoaccettazione e la compassione verso te stesso.

Sviluppare l'autoconsapevolezza richiede pratica costante e pazienza con se stessi. Attraverso l'osservazione attenta, l'identificazione di modelli e la riflessione, sarai in una posizione migliore per riconoscere quando sorge l'autocritica e iniziare il processo di trasformarla in autocompassione e autostima positiva.

Mettere in discussione la validità

Mettere in discussione la validità delle autocritiche è un passo cruciale per smantellare schemi autodistruttivi e costruire un'immagine di sé più positiva. Spesso i nostri pensieri autocritici si basano su percezioni distorte e non riflettono la realtà. Modi per mettere in discussione la validità di questi pensieri e sviluppare una prospettiva più equilibrata sono:

Autoconsapevolezza: Il primo passo è essere consapevoli quando sorgono pensieri autocritici. Riconoscete quando cominciate a criticarvi e fate una pausa per mettere in discussione la validità di questi pensieri.

Analisi delle prove: Chiedetevi: "Ci sono prove concrete che supportino questa autocritica?" A volte scoprirete che non ci sono fatti reali a sostenere i vostri pensieri negativi.

Cercare una prospettiva: Cercate di vedere la situazione da una prospettiva più obiettiva. Immaginate che un amico o una persona cara stia affrontando la stessa situazione. Giudichereste quella persona nello stesso modo in cui vi state giudicando?

Sfide alle distorsioni cognitive: Spesso i nostri pensieri autocritici sono distorti da pensieri automatici negativi, come generalizzazioni, polarizzazioni o focalizzazione sul negativo. Identificate queste distorsioni e sostituitele con pensieri più realistici.

Auto-compassione: Praticate l'autocompassione quando mettete in discussione la validità delle autocritiche. Trattatevi con gentilezza e comprensione, nello stesso modo in cui trattereste un amico che sta attraversando un momento difficile.

Affermazioni positive: Contrapporrete i pensieri autocritici con affermazioni positive e realistiche. Ad esempio, se pensate "non sono bravo in nulla", metteteci in discussione con "ho abilità uniche e sto crescendo costantemente".

Ricerca di feedback esterno: A volte, condividere i vostri pensieri autocritici con amici di fiducia o professionisti può aiutarvi a ottenere una prospettiva più obiettiva e costruttiva.

Mettere in discussione la validità delle autocritiche richiede pratica costante. Con il tempo, inizierete a capire che molti di questi pensieri negativi non sono veri e non definiscono chi siete. Sfide queste percezioni distorte, costruirete una base più solida per un'immagine di sé positiva e una sana autostima.

Praticare l'auto-compassione

La pratica dell'auto-compassione è un approccio trasformativo per combattere l'autocritica e costruire un'immagine di sé più positiva. Invece di auto-criticarti severamente, impari a trattarti con gentilezza, compassione e accettazione. Come coltivare l'auto-compassione e nutrire una relazione sana con te stesso:

Riconoscimento dell'autocritica: Quando ti rendi conto che stai auto-criticandoti, fai una pausa consapevole. Riconosci il pensiero autocritico e accetta che è una reazione naturale, ma che hai il potere di scegliere un approccio diverso.

Autenticità e umanità: Ricorda che siamo tutti esseri umani e, quindi, suscettibili di commettere errori e affrontare sfide. Accetta le tue imperfezioni come parte normale dell'esperienza umana.

Auto-dialogo compassionevole: Sostituisci l'autocritica con parole di auto-dialogo compassionevole. Immagina cosa diresti a un caro amico che sta affrontando difficoltà simili. Offri a te stesso le stesse parole gentili e supporto.

Accettazione incondizionata: Accettati incondizionatamente, indipendentemente dai tuoi fallimenti o realizzazioni. L'auto-compassione non si basa sulle realizzazioni; è il riconoscimento del tuo valore intrinseco come essere umano.

Trattarti con gentilezza: Pratica piccoli gesti di gentilezza verso te stesso. Ciò può includere prenderti del tempo per rilassarti, prenderti cura del tuo corpo, ascoltare le tue esigenze emotive e praticare attività che ti fanno sentire bene.

Praticare il perdono: Perdona te stesso per errori passati e scelte di cui potresti pentirti. Riconosci che meriti lo stesso perdono che offriresti a un'altra persona.

Mindfulness nell'auto-compassione: Nella pratica dell'auto-compassione, sii presente nel momento. Riconosci i tuoi sentimenti senza giudizio e permetti loro di esprimersi senza sopprimerli.

Crescita della resilienza emotiva: L'auto-compassione rafforza la tua resilienza emotiva, consentendoti di affrontare le sfide in modo più equilibrato e costruttivo.

Pratica continua: L'auto-compassione non è un cambiamento istantaneo, ma un percorso di auto-cura continuo. Più pratichi, più diventa naturale nella tua vita di tutti i giorni.

Comprendi che l'auto-compassione non è un segno di debolezza, ma piuttosto una dimostrazione di forza emotiva e autenticità. Nella pratica dell'auto-compassione, stai costruendo una base solida per una sana autostima e un'immagine di sé positiva. Ciò ti consente di muoverti nel mondo con maggiore fiducia, accettazione e amore per te stesso.

Cambiare il dialogo interiore

Il dialogo interiore svolge un ruolo cruciale nella formazione della nostra immagine di sé e dell'autostima. Il modo in cui parliamo con noi stessi può influenzare profondamente la nostra percezione di noi stessi e la nostra capacità di affrontare le sfide. Sostituendo i pensieri autocritici con affermazioni più realistiche e positive, stai costruendo una base solida per un'immagine di sé più sana. Ecco come cambiare il dialogo interiore:

Identificare i pensieri autocritici: Inizia a prestare attenzione ai pensieri negativi che sorgono nella tua mente. Riconosci quando ti stai criticando e sii consapevole dei modelli ricorrenti di autocritica.

Sfidare l'autocritica: Una volta identificati i pensieri autocritici, mettine in discussione la validità. Chiediti se questi pensieri si basano su fatti concreti o se sono solo percezioni distorte.

Sostituire con affermazioni positive: Quando noti un pensiero autocritico, sostituiscilo con un'affermazione positiva e realistica. Scegli parole che riflettano il tuo valore, le tue qualità e i tuoi sforzi continui.

Concentrarsi sulla crescita: Sostituendo pensieri come "non sono abbastanza buono", passa a affermazioni che enfatizzano la crescita e l'apprendimento. Ad esempio, "sono sempre in crescita e apprendimento" riconosce che sei in costante evoluzione.

Pratica l'autocompassione: Integra l'autocompassione nelle tue affermazioni. Aggiungendo un tocco di compassione e gentilezza alle tue parole, crei un dialogo interiore più gentile e di supporto.

Visualizza il successo: Usando affermazioni positive, visualizza il successo e il raggiungimento degli obiettivi che stai cercando. Ciò rafforza la tua fiducia nelle tue capacità.

Ripetizione regolare: Pratica regolarmente le tue affermazioni. Più le ripeti, più diventano parte integrante del tuo pensiero abituale.

Adatta al tuo stile: Adatta le tue affermazioni al tuo stile di comunicazione. Scegli parole che risuonino con te e siano autentiche per la tua voce interna.

Neutralizzare il negativo: Quando sorge un pensiero autocritico, non ignorarlo. Invece, neutralizzalo immediatamente con un'affermazione positiva. Questo aiuta a bilanciare la negatività.

Comprendi che cambiare il dialogo interiore è un processo graduale. È naturale avere momenti di autocritica, ma la pratica costante di sostituire questi pensieri con affermazioni positive può fare una differenza significativa nel tempo. Rafforzando il tuo dialogo interiore, stai costruendo una base solida per un'immagine di sé positiva e un'autostima sana.

Abbracciando l'imperfezione

La ricerca della perfezione è un ideale irraggiungibile che può danneggiare l'autostima e l'immagine di sé. Invece di concentrarsi sulla ricerca di una perfezione irrealistica, abbracciare l'imperfezione è un passo fondamentale per costruire un'autostima sana e un'immagine di sé positiva. Ecco modi per abbracciare l'imperfezione e focalizzarsi sulla crescita personale:

Riconoscere la natura umana: È importante ricordare che l'imperfezione è una parte intrinseca della condizione umana. Tutti commettiamo errori, affrontiamo sfide e abbiamo aree in cui possiamo migliorare. Questo è normale e non dovrebbe essere motivo di autocritica intensa.

Evitare il perfezionismo: Il perfezionismo può essere un ostacolo al raggiungimento e a un'autostima sana. Sforzandoti eccessivamente per la perfezione, potresti sentirti costantemente insoddisfatto e criticarti per non raggiungere standard irrealistici.

Focalizzarsi sulla crescita e sul progresso: Invece di cercare la perfezione, concentra la tua attenzione sulla crescita personale e sul progresso continuo. Vedi gli errori come opportunità di apprendimento e sviluppo. Ogni sfida superata è un passo verso il tuo sviluppo personale.

Celebrare le conquiste: Celebra i tuoi successi, per quanto piccoli possano essere. Riconosci gli sforzi che hai fatto e gli ostacoli che hai superato. Ciò rafforza la tua fiducia in te stesso e promuove una visione più positiva di te stesso.

Cultivare l'autocompassione: Trattati con autocompassione di fronte alle imperfezioni e agli errori. Rendi conto che meriti gentilezza e accettazione, indipendentemente dalle tue mancanze.

Imparare dagli errori: Invece di punirti per gli errori, considerali come opportunità di apprendimento. Rifletti su ciò che puoi imparare e su come puoi fare le cose in modo diverso in futuro.

Valorizzare le esperienze: Ogni esperienza, anche quelle che non sono andate come previsto, contribuisce alla tua crescita e maturazione. Apprezza le lezioni che trai da ciascuna situazione.

Praticare la flessibilità mentale: Sviluppa una mente più flessibile ed adattabile. Quando accetti l'imperfezione, sei in grado di adattarti a nuove circostanze e affrontare le sfide con maggiore resilienza.

Cultivare l'accettazione: Accettati per quello che sei, con le tue qualità e imperfezioni. L'accettazione è un passo fondamentale per un'immagine di sé positiva e una relazione sana con te stesso.

Abbracciando l'imperfezione e concentrandoti sulla crescita personale, stai costruendo una solida base per un'autostima positiva e un'immagine di sé equilibrata. Ricorda che il viaggio verso il progresso e l'auto-scoperta è continuo e arricchente, pieno di opportunità per imparare, crescere e diventare la migliore versione di te stesso.

Autenticità anziché perfezione

La ricerca della perfezione spesso ci porta a mascherare le nostre vere identità e a nascondere le nostre imperfezioni. Tuttavia, l'autenticità è un valore fondamentale per costruire un'immagine di sé positiva e una sana autostima. Ecco modi per dare priorità all'autenticità anziché alla perfezione:

Accettare la propria essenza: Essere autentici significa abbracciare la propria vera essenza, con tutte le qualità, i difetti e le particolarità. Accettando chi sei veramente, rafforzi la tua autostima e ti senti più connesso con te stesso.

Valorizzare la tua individualità: Ogni persona è unica, ed è questa individualità che la rende speciale. Invece di cercare di adattarsi a modelli predefiniti di perfezione, valorizza le tue caratteristiche uniche e riconosci che fanno parte di ciò che ti rende unico.

Liberarsi delle maschere: La ricerca della perfezione spesso ci porta a indossare maschere per nascondere le nostre vulnerabilità. Essere autentici ti libera dalla necessità di fingere di essere qualcun altro, portando un notevole sollievo emotivo.

Creare connessioni autentiche: Quando sei autentico, crei connessioni più autentiche con gli altri. Le persone sono naturalmente attratte da coloro che sono veri e autentici, e queste connessioni possono contribuire a un senso di appartenenza e accettazione.

Ridefinire il successo: Invece di misurare il successo attraverso la perfezione, riconfiguralo in termini di autenticità e crescita personale. Lottare per diventare la migliore versione di te stesso, anziché una versione perfetta, è un obiettivo più realistico e salutare.

Alleggerire la pressione: La ricerca della perfezione crea una pressione insostenibile. Essere autentici ti libera dalla pressione di soddisfare aspettative irreali e ti permette di essere più gentile con te stesso.

Focalizzarsi sul benessere interiore: Dai priorità al tuo benessere interiore anziché cercare l'approvazione esterna. Quando ti concentri su come ti senti riguardo a te stesso, diventi meno dipendente dalla validazione degli altri.

Ispirare gli altri: La tua autenticità può ispirare gli altri a abbracciare la propria vera essenza. Essendo un esempio di autenticità, puoi influenzare positivamente le persone intorno a te.

Crescita continua: Essere autentici non significa smettere di crescere. Al contrario, comporta una crescita continua mentre diventi più connesso con te stesso e più allineato con i tuoi valori e passioni.

Comprendi che l'autenticità è un percorso, non una meta finale. Mentre ti sforzi di essere più autentico, ti liberi dalle restrizioni della perfezione e crei spazio per un'autostima più sana, relazioni più significative e un senso generale di appagamento verso te stesso. Celebrare chi sei, con tutte le tue imperfezioni, è la chiave per vivere una vita autentica e gratificante.

Imparando dalla autocritica

Anche se l'autocritica può essere dannosa per la nostra autostima e il nostro benessere, possiamo usarla come uno strumento per la crescita personale e lo sviluppo personale. Ecco modi per imparare dall'autocritica e trasformarla in un'opportunità di auto-scoperta:

Identificazione di modelli ricorrenti: Prestando attenzione ai tipi di autocritica che emergono frequentemente, puoi iniziare a identificare schemi di pensiero che possono indicare aree in cui desideri crescere. Ad esempio, se ti critichi spesso per non essere abbastanza produttivo, ciò potrebbe indicare un desiderio di migliorare la gestione del tempo.

Esplorare sfide personali: Le autocritiche possono indicare sfide personali che stai affrontando. Invece di scoraggiarti per queste critiche, considerale come suggerimenti su aree in cui potresti avere bisogno di supporto o sviluppo.

Impostare obiettivi di crescita: Riflettendo sulle autocritiche che emergono, puoi stabilire obiettivi di crescita realistici e tangibili. Ad esempio, se ti critichi per non essere abbastanza assertivo, puoi fissarti l'obiettivo di praticare la comunicazione assertiva in situazioni specifiche.

Costruire l'autoconoscenza: Le autocritiche possono offrire spunti sulle tue aspettative, credenze e valori. Esaminando questi aspetti, puoi costruire una maggiore consapevolezza di te stesso e comprendere meglio ciò che motiva le tue autocritiche.

Affrontare credenze limitanti: Molte autocritiche si basano su credenze limitanti su di noi stessi. Affrontando queste credenze e mettendole in discussione, puoi iniziare a smontare schemi autocritici e costruire un'immagine di te più positiva.

Trasformare in auto-riflessione costruttiva: Invece di criticarti in modo negativo, trasforma l'autocritica in auto-riflessione costruttiva. Invece di pensare "non sono abbastanza buono", chiediti "come posso svilupparsi in questa area?" Questo cambio di approccio può indirizzare la tua mente verso soluzioni e opportunità di crescita.

Accettare gli errori come parte del processo: Spesso l'autocritica sorge da errori o fallimenti percepiti. Invece di rimproverarti, accetta che gli errori siano naturali e facciano parte del processo di apprendimento e crescita. Usali come opportunità per imparare e migliorare.

Praticare l'autocompassione: Imparando dall'autocritica, ricorda di trattarti con gentilezza. Pratica l'autocompassione riconoscendo che tutti commettono errori e affrontano sfide. Invece di incolparti, trattati con la stessa compassione che offriresti a un amico.

Concentrarsi sul progresso, non sulla perfezione: Utilizzando l'autocritica come strumento di apprendimento, il tuo focus si sposta dall'ideale di perfezione al progresso costante. Considera ogni sfida e errore come un'opportunità di crescita e sviluppo.

Affrontare l'autocritica richiede pazienza e autocompassione. Attraverso la consapevolezza di sé, l'auto-interrogazione, l'autocompassione e il cambiamento del dialogo interno, puoi gradualmente smantellare i modelli di autocritica e costruire un'autostima più forte e sana.

Costruire un'immagine di sé positiva: Pratiche per rafforzare la fiducia in se stessi

Un'immagine di sé positiva è fondamentale per l'autostima sana. Costruire una visione positiva di sé stessi comporta il riconoscimento delle proprie qualità, abilità e valore intrinseco. Alcune pratiche per rafforzare la fiducia in se stessi e costruire un'immagine di sé positiva:

Identificare le proprie qualità

Riconoscere e apprezzare le proprie qualità, abilità e realizzazioni è un passo fondamentale per costruire un'immagine di sé positiva e un'autostima sana. Spesso siamo così concentrati sulle nostre imperfezioni da dimenticare di apprezzare ciò che c'è di buono in noi. Ecco alcune modalità per identificare le proprie qualità:

Autovalutazione onesta: Prenditi del tempo per fare un'autovalutazione onesta. Chiediti quali sono le tue principali qualità, in cosa eccelli e cosa gli altri elogiano spesso di te. Considera i tuoi successi, le tue abilità naturali e le tue caratteristiche personali.

Rifletti sulle tue conquiste: Medita sulle tue realizzazioni passate, sia grandi che piccole. Questo può includere obiettivi accademici, professionali, personali e legati alla salute. Riconosci i passi che hai compiuto per raggiungerli e come queste conquiste dimostrano le tue qualità.

Chiedi un feedback: Parla con amici, familiari e colleghi fidati su come ti vedono. Chiedi loro quali sono le tue qualità più evidenti e come percepiscono le tue abilità. Ciò può fornire preziosi spunti e una prospettiva esterna.

Elenca le tue qualità: Fai una lista fisica o digitale delle tue qualità, abilità e realizzazioni. Sii specifico e completo. Includi sia le caratteristiche personali, come l'empatia e la determinazione, sia le abilità pratiche, come la creatività, la comunicazione o la risoluzione dei problemi.

Dai valore alle piccole cose: Non sottovalutare le piccole qualità che possiedi. Potrebbe essere la tua capacità di ascoltare attentamente, la tua predisposizione ad aiutare gli altri o persino la tua capacità di trovare umorismo nelle situazioni quotidiane.

Accetta i complimenti: Quando qualcuno ti fa un complimento, accoglilo con gratitudine anziché minimizzarlo. Accettando i complimenti in modo sincero, rafforzi la tua autostima e la fiducia nelle tue qualità.

Evita l'auto-critica eccessiva: L'autocritica eccessiva può offuscare le tue qualità. Sii consapevole dei pensieri negativi e autocritici che possono sorgere e fai uno sforzo cosciente per sfidarli.

Comprendi che ogni persona è unica e ha una combinazione unica di qualità. Non esiste una lista definitiva di qualità che "dovresti" avere. Apprezza te stesso per ciò che sei e riconosci che le tue qualità individuali contribuiscono alla tua unicità e al tuo valore come persona. Identificando le tue qualità e accettando chi sei, stai facendo passi importanti verso un'immagine di sé positiva e una maggiore autostima.

Celebra le tue conquiste

Celebrare le tue conquiste, indipendentemente dalla loro entità, è un modo potente per rafforzare la tua autostima e la tua fiducia in te stesso. Spesso tendiamo a minimizzare i nostri successi o a confrontarli con quelli degli altri, il che può ridurre la nostra percezione del nostro valore. Tuttavia, ogni vittoria, per quanto piccola possa sembrare, è un passo verso la tua crescita e il tuo progresso personale. Modi per celebrare le tue conquiste:

Riconoscimento interno: Inizia riconoscendo interiormente le tue conquiste. Dedica un momento per apprezzare lo sforzo, il tempo e l'impegno che hai investito per raggiungere i tuoi obiettivi, indipendentemente dalla loro entità.

Annota le tue conquiste: Tieni un registro delle tue conquiste in un diario o in un luogo dove puoi vederle facilmente. Questo serve come un costante promemoria visivo del progresso che hai fatto nel tempo.

Celebrazione simbolica: Celebra le tue realizzazioni in modo simbolico. Puoi accendere una candela, scrivere una lettera di celebrazione a te stesso o fare una tranquilla passeggiata per riflettere sulle tue conquiste.

Condividi con gli altri: Condividere le tue conquiste con amici, familiari o colleghi di fiducia può essere una fonte di supporto e motivazione. Possono gioire per te e ricordarti quanto sia straordinario ciò che hai ottenuto.

Ricompensati: Dopo aver raggiunto un obiettivo, concediti una ricompensa significativa. Potrebbe essere qualcosa di semplice, come guardare un film che ti piace, acquistare qualcosa che desideri o dedicare del tempo a te stesso per rilassarti e prenderti cura di te.

Rifletti sul progresso: Guardando indietro, rifletti sul progresso che hai fatto. Confronta dove eri prima con dove sei adesso e osserva come le tue azioni e i tuoi sforzi hanno contribuito a questo cambiamento positivo.

Coltiva un'attitudine di gratitudine: Celebrando le tue conquiste, coltiva un'attitudine di gratitudine. Riconosci le persone, le risorse e le circostanze che ti hanno sostenuto lungo il percorso.

Affronta le sfide: Capisci che affrontare sfide e superare ostacoli è anch'esso un risultato degno di celebrazione. Ogni volta che superi una sfida, stai crescendo e rafforzando la tua resilienza.

Celebra le tue conquiste come un atto d'amore verso te stesso e un riconoscimento del tuo valore. Ogni passo verso i tuoi obiettivi, per quanto piccolo possa sembrare, è una dimostrazione della tua capacità e determinazione. Coltivando l'abitudine di celebrare le tue conquiste, stai nutrendo un'autostima sana e costruendo una solida base per un'immagine di te stesso positiva.

Allontanati dal confronto

La trappola del confronto è una sfida comune che può influire negativamente sulla nostra autostima e autostima. Quando ci confrontiamo con gli altri, ci mettiamo in una posizione svantaggiata, poiché tendiamo a concentrarci solo sui successi degli altri e a ignorare i nostri. Strategie per allontanarsi dal confronto e apprezzare il proprio percorso unico:

Pratica la consapevolezza: Sii consapevole dei momenti in cui ti sorprendi a confrontarti con gli altri. Riconosci questi pensieri senza giudicarli e permettiti di allontanarti da essi.

Ricorda le differenze: Tieni presente che ogni persona ha una storia di vita unica, con esperienze, sfide e circostanze diverse. Confrontarsi con gli altri è ingiusto, poiché non tiene conto di queste differenze.

Focalizzati internamente: Invece di guardare all'esterno e confrontare i tuoi successi con quelli degli altri, concentra la tua attenzione sul tuo percorso. Concentrati sul tuo sviluppo personale, sulle tue conquiste e sul progresso che stai facendo.

Definisci le tue metriche di successo: Piuttosto che misurare il tuo successo in base ai risultati degli altri, definisci le tue metriche di successo. Chiediti cosa è importante per te e come puoi raggiungere i tuoi obiettivi e aspirazioni personali.

Celebra le differenze: Celebra le caratteristiche, le qualità e le realizzazioni che sono uniche per te. Riconosci che la tua unicità è ciò che rende la tua esperienza preziosa e significativa.

Evita un uso eccessivo dei social media: I social media possono intensificare il confronto, poiché spesso le persone condividono solo gli aspetti positivi delle loro vite. Se ti senti influenzato dal confronto sui social media, considera di limitare il tempo che vi dedichi.

Pratica l'empatia: Invece di invidiare i successi degli altri, pratica l'empatia. Riconosci che tutti affrontano sfide e lotte, anche se non sono visibili esternamente.

Cultiva l'autenticità: Concentrati sull'essere autentico e genuino anziché conformarti a standard esterni. Apprezza chi sei e le contribuzioni uniche che porti nel mondo.

Costruisci una comunità positiva: Circondati di persone che ti supportano, apprezzano la tua storia e incoraggiano la tua crescita. Una comunità positiva può aiutarti a mantenere una prospettiva sana sui tuoi successi.

Allontanandoti dal confronto e apprezzando la tua esperienza, stai costruendo una solida base per un'immagine di te stesso positiva e sana. Consapevolizzati che il tuo percorso è unico e degno di rispetto e celebrazione, indipendentemente da come si paragoni alla storia degli altri.

Stabilisci obiettivi realistici

Stabilire obiettivi realistici è essenziale per costruire un'immagine positiva di te stesso e rafforzare la tua autostima. Gli obiettivi raggiungibili ti consentono di sperimentare progressi tangibili, il che può aumentare la tua motivazione e il senso di realizzazione. Ecco modi per stabilire obiettivi realistici e lavorare per raggiungerli:

Chiarisci le tue priorità: Prima di definire un obiettivo, valuta le tue priorità e ciò che conta davvero per te. Avere chiarezza su ciò che desideri raggiungere ti aiuterà a indirizzare la tua energia in modo efficace.

Sii specifico: Definisci i tuoi obiettivi in modo specifico e misurabile. Piuttosto che un obiettivo vago come "migliorare la mia salute", definisci qualcosa come "fare esercizio fisico per almeno 30 minuti, tre volte a settimana".

Suddividi in piccoli passi: Suddividi i tuoi obiettivi in passi più piccoli e gestibili. Questo renderà il processo più accessibile e ti aiuterà a monitorare il tuo progresso in modo più tangibile.

Usa la strategia SMART: Utilizza l'acronimo SMART per assicurarti che i tuoi obiettivi siano specifici, misurabili, raggiungibili, rilevanti e con un limite di tempo definito. Ciò aiuta a evitare obiettivi vaghi o irraggiungibili.

Considera il tempo e le risorse: Valuta quanto tempo e risorse puoi dedicare al raggiungimento del tuo obiettivo. Prendi in considerazione il tuo programma, gli impegni esistenti e qualsiasi vincolo di tempo o risorse.

Stabilisci scadenze realistiche: Imposta scadenze che siano realistiche e raggiungibili. Evita di impostare scadenze troppo strette che potrebbero causare stress aggiuntivo, ma cerca anche di non prolungare eccessivamente le scadenze, poiché potrebbe indebolire la tua motivazione.

Monitora il tuo progresso: Tieni traccia del tuo progresso mentre lavori verso il tuo obiettivo. Ciò non solo ti manterrà motivato, ma ti consentirà anche di vedere quanto sei progredito.

Impara dagli ostacoli: Affrontare sfide fa parte di qualsiasi percorso verso un obiettivo. Invece di scoraggiarti, considera le sfide come opportunità di apprendimento e crescita.

Adatta quando necessario: Sii disposto a modificare i tuoi obiettivi quando necessario. Man mano che acquisisci intuizioni ed esperienza, potrebbe essere necessario apportare modifiche per garantire che i tuoi obiettivi rimangano allineati con le tue aspirazioni.

Celebra il progresso: Man mano che raggiungi traguardi e tappe verso il tuo obiettivo, celebra questi successi. La celebrazione del progresso contribuisce alla costruzione della tua autostima e autostima.

Stabilire obiettivi realistici e lavorare per raggiungerli contribuisce non solo al tuo successo personale, ma rafforza anche la tua autostima nel tempo. Ricorda che ogni passo verso i tuoi obiettivi è un traguardo che merita di essere festeggiato.

Pratica l'autoriflessione positiva

La pratica dell'autoriflessione positiva è uno strumento potente per rafforzare la tua autostima e la tua fiducia in te stesso. Prendersi regolarmente del tempo per riflettere sulle tue realizzazioni, qualità e momenti di fiducia e orgoglio può contribuire a rafforzare la tua percezione positiva di te stesso. Ecco alcune strategie per incorporare l'autoriflessione positiva nella tua vita:

Crea uno spazio tranquillo: Trova un luogo calmo e tranquillo in cui puoi concentrarti sulle tue riflessioni senza distrazioni. Potrebbe essere un angolo accogliente nella tua casa, un luogo all'aperto o qualsiasi spazio in cui ti senti a tuo agio.

Stabilisci un momento regolare: Fissa un orario abituale per l'autoriflessione positiva. Potrebbe essere quotidiano, settimanale o secondo le tue preferenze. Creare una routine aiuta a incorporare questa pratica in modo coerente.

Elenca le tue realizzazioni: Inizia facendo un elenco delle tue realizzazioni, grandi e piccole. Questo può includere risultati accademici, professionali, personali e qualsiasi altra cosa di cui sei orgoglioso. Ripensa alle sfide che hai superato per raggiungere queste realizzazioni.

Riconosci le tue qualità: Identifica le tue qualità, i tuoi talenti e le tue abilità. Annota le caratteristiche che apprezzi in te stesso, come empatia, creatività, perseveranza e altre qualità che ti rendono unico.

Rivivi momenti di fiducia: Ripensa ai momenti in cui ti sei sentito sicuro e orgoglioso delle tue azioni. Potrebbe trattarsi di una presentazione riuscita, di una conversazione difficile che hai condotto o di qualsiasi situazione in cui hai dimostrato coraggio.

Registra la gratitudine per te stesso: Scrivi lettere o note di gratitudine per te stesso. Riconosci il valore intrinseco che possiedi e esprimi apprezzamento per il tuo percorso personale.

Pratica la compassione verso te stesso: Mentre rifletti sulle tue realizzazioni, sii gentile e compassionevole con te stesso. Evita l'autocritica e coltiva, invece, un atteggiamento positivo di autoaccettazione.

Tieni un diario di riflessione: Considera la possibilità di mantenere un diario dedicato all'autoriflessione positiva. Scrivere i tuoi pensieri, sentimenti e intuizioni può aiutare a approfondire la pratica e a seguire il tuo crescita nel tempo.

Visualizza il tuo futuro positivo: Oltre a rivisitare il passato, visualizza il futuro con fiducia e ottimismo. Immagina te stesso raggiungere i tuoi obiettivi e vivere una vita piena e appagante.

Ricordati che costruire un'immagine positiva di te stesso è un processo continuo che richiede pazienza e autenticità. Man mano che pratichi queste strategie, stai creando una base solida per una sana autostima e una fiducia duratura in te stesso.

Accettazione del corpo: Coltivare l'amore per se stessi indipendentemente dall'aspetto fisico

L'accettazione del corpo è un componente fondamentale dell'autostima e dell'immagine di sé positiva. Purtroppo, molte persone lottano con la insoddisfazione riguardo all'aspetto fisico. Coltivare l'amore per se stessi indipendentemente dall'aspetto è cruciale per una salute mentale ed emotiva robusta. Ecco alcuni approcci per promuovere l'accettazione del corpo:

Sfida gli standard irrealistici

In un mondo in cui gli standard di bellezza sono spesso dettati dai media e dai social media, è fondamentale sfidare questi standard irrealistici e coltivare l'amore per se stessi indipendentemente dall'aspetto. Ecco alcune strategie per aiutarti a affrontare gli ideali di bellezza inattuabili e costruire un rapporto sano con la tua immagine corporea:

Riconosci la diversità dei corpi: Ricorda che la diversità dei corpi è naturale e bellissima. Ogni persona è unica e ha una composizione genetica che determina la sua apparenza. Apprezza e celebra la varietà di forme e dimensioni corporee.

Decostruisci gli ideali irreali di bellezza: Metti in discussione gli ideali irreali di bellezza promossi dai media. Riconosci che molte immagini che vediamo sono ritoccate e manipulate per soddisfare standard inattuabili. Separare la realtà dalla rappresentazione idealizzata.

Stai attento ai messaggi positivi: Cerca di consumare contenuti che promuovano la positività del corpo e l'autoaccettazione. Segui persone e media che celebrano la diversità e sfidano gli standard di bellezza dannosi.

Pratica la gratitudine per il tuo corpo: Ogni giorno, prenditi un momento per praticare la gratitudine per il tuo corpo. Riconosci tutte le cose incredibili che il tuo corpo ti consente di fare, dal muoverti ed esplorare all'emozionarti e sperimentare la vita.

Evita l'autocritica distruttiva: Quando sorgono pensieri autocritici, sfidali. Chiediti se questi pensieri sono realistici e salutari. Coltiva l'autocompassione e trattati con gentilezza, proprio come faresti con un amico.

Vestiti per sentirti bene: Scegli abiti che ti fanno sentire a tuo agio e sicuro, indipendentemente dalle tendenze della moda. La moda dovrebbe essere un'espressione di chi sei, non un modo per adattarti a degli standard.

Pratica l'accettazione graduale: Accettare completamente il proprio corpo può essere un processo graduale. Inizia riconoscendo le parti di te che ti piacciono e lavora gradualmente verso una più ampia accettazione.

Prenditi cura del tuo corpo con amore: Nutriti in modo sano, fai esercizio fisico che ti piace e prenditi cura del tuo corpo con amore. Dai priorità al benessere anziché cercare di conformarti a degli standard esterni.

Cerca supporto: Se stai lottando per coltivare un rapporto positivo con la tua immagine corporea, considera di cercare supporto professionale. La terapia o la consulenza possono essere risorse preziose per affrontare le questioni legate all'immagine di sé.

Sfidare gli ideali irreali di bellezza è un atto di empowerment personale. Coltivando l'amore per se stessi e accettando il proprio corpo per come è, ti liberi dalle aspettative dannose e crei spazio per un'autostima sana e positiva. Ricorda che sei più di quanto appare all'esterno e meriti rispetto e amore, indipendentemente dagli standard della società.

Pratica la cura del corpo

La pratica della cura del corpo è essenziale per promuovere non solo una buona salute fisica, ma anche per rafforzare la tua autostima e l'amore per te stesso. La cura del corpo dovrebbe essere considerata un atto di amore per se stessi e di benessere, non come una ricerca ossessiva della perfezione. Ecco modi per prenderti cura del tuo corpo in modo sano e compassionevole:

Alimentazione consapevole: Nutrirsi in modo sano è un modo per nutrire il tuo corpo e fornire i nutrienti necessari al suo corretto funzionamento. Piuttosto che adottare diete restrittive o estreme, cerca un'alimentazione bilanciata, ricca di verdure, frutta, proteine magre, carboidrati complessi e grassi salutari.

Idratazione adeguata: Bere acqua è fondamentale per mantenere il tuo corpo idratato e funzionante correttamente. L'idratazione può anche contribuire alla salute della pelle e degli organi interni.

Esercizio che ti piace: Fare regolarmente esercizio fisico comporta una serie di benefici, tra cui il rafforzamento muscolare, il miglioramento della salute cardiovascolare e il rilascio di endorfine che contribuiscono al benessere emotivo. Scegli attività che ti piacciono e che si adattino al tuo stile di vita.

Rispetta i tuoi limiti: Mentre ti eserciti, rispetta i limiti del tuo corpo. Non forzare né praticare esercizi intensi che causino dolore o disagio eccessivo. L'esercizio dovrebbe essere un modo per sentirti bene, non una fonte di stress.

Dai priorità al riposo: Il riposo adeguato è fondamentale per il recupero del corpo e il mantenimento della salute mentale. Assicurati di dormire a sufficienza ogni notte per svegliarti riposato ed energico.

Ascolta il tuo corpo: Impara a prestare attenzione ai segnali del tuo corpo. Se sei stanco, concediti il permesso di riposare. Se hai fame, nutriti. Sintonizzati sulle esigenze del tuo corpo e rispondi a esse con gentilezza.

Evita l'autocritica: Nel prenderti cura del tuo corpo, evita di cadere nella trappola dell'autocritica. Piuttosto che concentrarti su come il tuo corpo si confronta con gli standard esterni, concentra la tua attenzione su come ti senti. Dai priorità alla salute, al benessere e all'amore per te stesso.

Apprezza le conquiste: Come nella costruzione dell'autostima, celebra le conquiste che raggiungi nel prenderti cura del tuo corpo. Ogni scelta salutare che fai è un passo verso il tuo benessere.

Comprendi che la cura del corpo è una pratica continua e individualizzata. L'obiettivo è sentirsi bene e sano, rispettando e valorizzando il tuo corpo per quello che è. Praticando la cura del corpo con amore e compassione, rafforzi il tuo rapporto con te stesso e contribuisci a una vita più equilibrata e soddisfacente.

Parla con gentilezza a te stesso

Cambiare il modo in cui parli con te stesso è un passo fondamentale per costruire un'immagine di sé positiva e rafforzare l'autostima. Invece di cadere in una costante autocritica, è importante coltivare l'autocompassione e parlare con gentilezza e affetto a te stesso.

Riconosci i tuoi pensieri: Stai attento ai pensieri negativi e autocritici che emergono. Quando noti questi pensieri, puoi interromperli e sostituirli con affermazioni più gentili e positive.

Trattati come tratteresti un caro amico: Immagina di parlare con un amico a cui vuoi bene che sta attraversando un momento difficile. Come parleresti a questa persona? Applica lo stesso livello di affetto e comprensione quando parli con te stesso.

Coltiva l'autocompassione: Invece di giudicarti duramente per gli errori o le difficoltà che incontri, pratica l'autocompassione. Riconosci che tutti hanno momenti di fallimento e che ciò non diminuisce il tuo valore come persona.

Affermazioni positive: Crea affermazioni positive che riflettano l'immagine di te stesso desiderata. Ad esempio, digli a te stesso: "Sono degno di amore e rispetto", "Le mie imperfezioni non definiscono chi sono", "Sono abbastanza esattamente come sono".

Sfida i pensieri distorti: Quando sorgono pensieri autocritici, mettine in dubbio la validità. Chiediti se questi pensieri si basano su fatti reali o se sono distorsioni negative.

Pratica l'autocompassione nei momenti di difficoltà: Quando affronti sfide, anziché criticarti, offriti parole di incoraggiamento e supporto. Sappi che meriti compassione, proprio come chiunque altro.

Accetta le tue imperfezioni: Accettare le tue imperfezioni è una parte essenziale dell'autocompassione. Invece di cercare di essere perfetto, accettati come una persona in costante evoluzione.

Rispetta il tuo corpo: Tratta il tuo corpo con rispetto e gratitudine. Invece di concentrarti sull'aspetto esteriore, focalizzati su come il tuo corpo ti consente di vivere, muoverti ed esplorare la vita.

Celebra i tuoi sforzi: Celebra gli sforzi che fai per trattarti con gentilezza e autocompassione. Ogni passo verso una maggiore autocompassione è una vittoria significativa.

Parlando con gentilezza a te stesso e coltivando l'autocompassione, stai costruendo un rapporto più sano e positivo con te stesso. Ciò contribuisce non solo a un'immagine di sé positiva, ma anche a una maggiore resilienza emotiva e al benessere generale. Ricorda che meriti tutto l'amore, l'affetto e il rispetto che offriresti a chiunque altro nella tua vita.

Celebra la funzione e la salute

Una parte cruciale nella costruzione di un'immagine positiva di te stesso e nella coltivazione dell'amore per te stesso è imparare a valorizzare il tuo corpo per la sua funzione e salute, anziché concentrarti solo sull'aspetto esteriore. Ecco modi per cambiare il tuo punto di vista e celebrare il tuo corpo in modo più sano:

Riconosci i successi del tuo corpo: Invece di concentrarti solo sull'estetica, riconosci i notevoli successi che il tuo corpo compie ogni giorno. Ti consente di muoverti, respirare, sentire ed esplorare il mondo intorno a te.

Pratica la gratitudine per il tuo corpo: Dedica del tempo a riflettere sulle cose che il tuo corpo fa per te. Ringrazia per la capacità di vedere, sentire, toccare, gustare e odorare. Queste sono preziose esperienze che il tuo corpo ti offre.

Celebra le abilità del tuo corpo: Apprezza le abilità del tuo corpo, che si tratti di danzare, correre, cucinare o qualsiasi altra attività che ami. Concentrati su come queste abilità arricchiscono la tua vita e ti portano gioia.

Apprezza la salute interna: Comprendi che la salute va oltre l'aspetto esteriore. Valorizza il corretto funzionamento dei tuoi organi, dei tuoi sistemi e l'energia che il tuo corpo ha per affrontare la vita di tutti i giorni.

Pratica la cura della salute: Prenderti cura del tuo corpo con pratiche salutari, come un'alimentazione equilibrata, l'esercizio fisico regolare e il sonno adeguato, è un modo per dimostrare amore per te stesso e gratitudine per la tua salute.

Sviluppa abitudini positive: Concentrati sullo sviluppo di abitudini che promuovano il benessere del tuo corpo, anziché seguire tendenze focalizzate solo sull'estetica.

Evita il confronto: Evita di paragonare il tuo corpo agli standard irraggiungibili di bellezza presentati dai media. Rendi conto che la diversità dei corpi è naturale e splendida, e non esiste un'unica misura di bellezza.

Pratica l'accettazione: Accettare il tuo corpo così com'è, con tutte le sue caratteristiche uniche, è un passo importante verso l'amore per te stesso. Abbraccia le tue peculiarità e celebra la tua unicità.

Abbracciando una mentalità di celebrazione della funzione e della salute del tuo corpo, sviluppi un rapporto più positivo e sano con esso. Ciò contribuisce non solo a un'immagine positiva di te stesso, ma anche a un equilibrio emotivo e mentale. Ricorda che il tuo corpo è una parte preziosa di chi sei e merita di essere apprezzato per tutto ciò che è in grado di fare.

Pratica la gratitudine per il corpo

La pratica della gratitudine per il corpo è un modo potente per coltivare un atteggiamento positivo verso te stesso e il tuo corpo. Riconoscendo e apprezzando le molte maniere in cui il tuo corpo ti sostiene e ti consente di vivere la tua vita, stai costruendo una base solida per un'immagine di te positiva e un sano amore per te stesso. Ecco alcune modalità per incorporare la gratitudine per il corpo nella tua vita quotidiana:

Pratica quotidiana della gratitudine: Dedica un momento ogni giorno per esprimere gratitudine per il tuo corpo. Può essere al risveglio al mattino, prima di dormire di notte o in qualsiasi momento tu scelga. Prenditi un momento per riflettere su ciò che il tuo corpo ha realizzato durante il giorno.

Riconosci le tue conquiste quotidiane: Ringrazia il tuo corpo per le tue realizzazioni quotidiane, siano esse grandi o piccole. Questo può includere dalla capacità di alzarti dal letto fino al completamento dei compiti quotidiani.

Apprezza la tua mobilità: Riconosci la capacità di muoverti, camminare, ballare e esplorare il mondo intorno a te. Spesso diamo per scontata la mobilità, ma la gratitudine per questa abilità può portare a una prospettiva rinnovata.

Valorizza la tua salute: Ricorda che la salute è un prezioso patrimonio. Ringrazia per la salute del tuo cuore, dei tuoi polmoni, del sistema digestivo e degli altri sistemi che lavorano per mantenerti vivo e in salute.

Senti il tocco della gioia: Riconosci come il tuo corpo sperimenta il tocco, che sia un abbraccio da qualcuno che ami, la sensazione di una superficie o il godimento di un pasto delizioso.

Ringrazia per la tua energia: L'energia che il tuo corpo ti fornisce per svolgere le tue attività quotidiane è un dono prezioso. Ringrazia per ogni momento in cui ti senti energico e pronto ad affrontare la giornata.

Cultiva una mentalità positiva: Man mano che pratichi la gratitudine per il tuo corpo, inizi a coltivare una mentalità positiva su te stesso. Ciò può influenzare positivamente la tua autostima e l'immagine di te stesso.

Sii gentile con te stesso: Comprendi che la gratitudine non dovrebbe essere un ulteriore peso. Se non ti senti grato tutti i giorni, va bene lo stesso. Si tratta di incorporare questa pratica in modo gentile e senza giudizio.

Coltivare un'autostima positiva e un'immagine di te stesso sana è un processo continuo. Richiede autocompassione, pratiche consapevoli e un impegno nell'accettazione di chi sei, indipendentemente dalle circostanze esterne. Abbracciando queste pratiche, stai costruendo una base solida per un'immagine di te stesso più positiva e un amore duraturo per te stesso.

9

RESILIENZA E AVVERSITÀ

Come gli alberi che si piegano, ma non si spezzano,
siamo capaci di superare le tempeste.

La vita è piena di alti e bassi, sfide e trionfi. La resilienza è la capacità di affrontare le avversità, superare gli ostacoli ed emergere più forti di prima. In questo capitolo, esploreremo il concetto di resilienza, come trasformare le avversità in crescita personale e come costruire la resilienza emotiva per affrontare le difficoltà della vita.

Comprendere la resilienza: Superare le sfide e uscirne più forti

La resilienza non riguarda solo il superamento degli ostacoli; è la capacità di adattarsi e crescere attraverso esperienze difficili. Quando ci troviamo di fronte ad avversità, la resilienza ci consente di non solo sopravvivere, ma anche prosperare. Ecco modi per comprendere e coltivare la resilienza:

Accettazione del cambiamento

La vita è un flusso costante di cambiamenti e trasformazioni. La capacità di accettare e adattarsi a questi cambiamenti è fondamentale per sviluppare la resilienza. L'accettazione del cambiamento non significa che tu debba piacere a tutti i cambiamenti o considerarli sempre positivi, ma riconoscere che sono una parte inevitabile dell'esperienza umana. L'importanza dell'accettazione del cambiamento e come svilupparla:

Riconoscere la natura transitoria: Niente nella vita rimane statico. Le circostanze, le persone e persino tu, sono in costante evoluzione. Accettare che tutto è in movimento può aiutarti a prepararti emotivamente ai cambiamenti.

Lasciare andare il controllo eccessivo: Spesso combattiamo il cambiamento perché ci fa uscire dalla zona di comfort e ci fa sentire di aver perso il controllo. Tuttavia, la vera forza deriva dalla capacità di adattarsi e trovare nuovi modi per affrontare le situazioni.

Affrontare l'ignoto: I cambiamenti spesso portano l'ignoto, e ciò può essere spaventoso. Accettando il cambiamento, stai aprendo la porta a nuove esperienze e opportunità di crescita.

Imparare dall'avversità: Spesso, il cambiamento è accompagnato da sfide e avversità. Accettando queste sfide come parte del percorso, puoi trovare modi per imparare da esse e diventare più resiliente.

Flessibilità mentale: L'accettazione del cambiamento richiede flessibilità mentale. Ciò significa essere disposti a rivalutare le proprie convinzioni, piani e prospettive man mano che le circostanze evolvono.

Praticare il non attaccamento: Un attaccamento rigido alle cose come erano in passato può causare sofferenza quando avviene il cambiamento. Praticare il distacco e l'adattabilità aiuta a ridurre la resistenza al cambiamento.

Vivere nel momento presente: L'accettazione del cambiamento è spesso legata alla capacità di vivere nel momento presente. Concentrandoti sul qui e ora, puoi affrontare meglio i cambiamenti man mano che si presentano.

L'accettazione del cambiamento non è un compito facile, specialmente quando affrontiamo cambiamenti significativi e inaspettati. Tuttavia, sviluppare questa abilità nel tempo può rafforzare la tua resilienza e la tua capacità di affrontare le sfide della vita in modo più equilibrato. Ricorda che, proprio come le stagioni cambiano e il ciclo della vita continua, hai anche la capacità di adattarti e crescere, indipendentemente dai cambiamenti che si presentano sul tuo cammino.

Rafforzare la mentalità

Una delle chiavi per la resilienza è adottare una mentalità di crescita, in cui vedi le sfide non come ostacoli insormontabili, ma come opportunità di apprendimento e sviluppo personale. La mentalità di crescita si basa sulla convinzione che le tue abilità e capacità possano essere sviluppate nel tempo con impegno, pratica e dedizione. Ecco modi per rafforzare questa mentalità:

Ridimensiona le sfide: Invece di vedere le sfide come problemi insormontabili, considerale come opportunità per sviluppare nuove abilità e superare limitazioni.

Sii aperto all'apprendimento: Affronta ogni sfida come una preziosa lezione. Chiediti cosa puoi imparare dalla situazione e come puoi applicare questa conoscenza in futuro.

Sii persistente: La mentalità di crescita richiede perseveranza e resilienza. Invece di arrenderti di fronte alle difficoltà, considerale come un'opportunità per continuare a cercare e migliorare.

Adotta un atteggiamento positivo: Mantieni un atteggiamento positivo nei confronti delle sfide, anche quando le cose sembrano difficili. Credi che sei in grado di superare le avversità.

Celebra lo sforzo: Invece di concentrarti solo sui risultati finali, celebra lo sforzo e l'impegno che metti nell'affrontare le sfide. Il progresso è una conquista di per sé.

Esplora nuovi approcci: Sii disposto a provare diverse soluzioni per risolvere i problemi e superare gli ostacoli. Impara dagli errori, adattando le tue strategie secondo necessità.

Cultiva l'autocompassione: Rendi conto che va bene non essere perfetto. La mentalità di crescita implica accettare le tue imperfezioni ed errori come parte del processo di apprendimento.

Visualizza il successo: Immagina di superare le sfide e raggiungere i tuoi obiettivi. Visualizzare il successo può rafforzare la tua determinazione e motivazione.

Cerca ispirazione: Leggi storie di persone che hanno affrontato avversità e superato gli ostacoli. Le loro storie possono offrire suggerimenti e ispirazione per il tuo percorso.

Concentrati sul progresso: Invece di confrontarti con gli altri, focalizzati sul tuo progresso personale. Ogni piccolo passo verso il tuo obiettivo è una vittoria.

Sviluppare una mentalità di crescita richiede pratica e perseveranza, ma i benefici sono significativi. Adottando questo approccio, non solo diventi più resiliente di fronte alle sfide, ma sperimenti anche una crescita personale continua. Ricorda che il viaggio è tanto prezioso quanto la destinazione e che ogni sfida affrontata è un'opportunità per rafforzarti ed evolvere.

Ricerca di soluzioni

Una delle principali caratteristiche della resilienza è la capacità di concentrarsi sulla ricerca di soluzioni, anziché rimanere bloccati sui problemi. Quando affronti le avversità con una mentalità orientata alla risoluzione, sei più propenso a superare gli ostacoli in modo efficace e costruttivo. Strategie per sviluppare la capacità di cercare soluzioni durante i momenti difficili:

Mantieni la calma: Affrontare le sfide può essere stressante, ma mantenere la calma è fondamentale per trovare soluzioni. Respira profondamente e concediti un momento per calmarti prima di affrontare il problema.

Analizza la situazione: Prima di agire, comprendi appieno la situazione. Identifica le principali sfide, ostacoli e fattori che contribuiscono al problema.

Suddividi in passi più piccoli: Suddividi il problema in fasi più piccole e gestibili. Questo rende la situazione meno travolgente e ti consente di concentrarti su soluzioni specifiche per ciascuna fase.

Esplora diversi approcci: Sii aperto a considerare modi diversi per affrontare la sfida. Non esiste sempre una singola soluzione corretta, e l'esplorazione di diverse opzioni può portare a risultati migliori.

Chiedi aiuto: Non esitare a chiedere aiuto e consulenza a persone di cui ti fidi. A volte, una prospettiva esterna può portare nuove idee e intuizioni.

Sfrutta le risorse disponibili: Identifica quali risorse hai a disposizione per affrontare la sfida. Questo può includere conoscenze, abilità, tempo, persone e strumenti.

Sii flessibile: Sii disposto a adattare le tue approcci man mano che ottieni più informazioni. La flessibilità è cruciale per adattarsi ai cambiamenti delle circostanze.

Impara dalle esperienze passate: Rifletti su situazioni simili affrontate in passato. Cosa ha funzionato? Cosa non ha funzionato? Usa queste esperienze per guidare le tue decisioni.

Mantieni il focus sulle soluzioni: Mentre lavori per superare il problema, concentrati sulle azioni che ti porteranno verso la soluzione. Evita di focalizzarti sugli aspetti negativi della situazione.

Celebra le vittorie: Man mano che trovi soluzioni e superi gli ostacoli, celebra ogni vittoria, per quanto piccola. Ciò rafforzerà la tua fiducia nel gestire sfide future.

Ricordare che la ricerca di soluzioni è una parte essenziale della resilienza può aiutarti ad affrontare le avversità con un approccio più positivo ed efficace. Invece di sentirsi sconfitti dai problemi, diventi un risolutore attivo, in grado di superare gli ostacoli e raggiungere un risultato positivo. La resilienza si costruisce nel tempo, man mano che pratichi e perfezioni queste abilità di risoluzione dei problemi.

Reti di supporto

In mezzo alle avversità, uno degli strumenti più preziosi che puoi avere è una solida rete di supporto. Amici, familiari, mentori e colleghi di fiducia costituiscono una rete di supporto emotivo e pratico che svolge un ruolo fondamentale nella tua capacità di affrontare le sfide con resilienza. Considerazioni importanti su come costruire e sfruttare reti di supporto:

Comunica le tue necessità: È essenziale comunicare alle persone vicine a te quando stai affrontando difficoltà. Condividere i tuoi sentimenti e le sfide può aprire le porte al supporto emotivo e pratico.

Identifica le persone giuste: Cerca persone nella tua vita che hanno dimostrato empatia, comprensione e supporto in passato. Queste sono le persone che probabilmente saranno disposte ad aiutarti durante i momenti difficili.

Variegate la rete: Avere una varietà di persone nella tua rete di supporto può essere utile. Amici, familiari, colleghi di lavoro e mentori possono offrire prospettive e tipi di supporto diversi.

Reciprocità: Ricorda che le reti di supporto funzionano in entrambe le direzioni. Sii disposto a sostenere gli altri quando affrontano sfide.

Ascolta attentamente: Quando ricevi supporto, apprezza l'opportunità di condividere i tuoi sentimenti e preoccupazioni. Allo stesso modo, sii pronto a ascoltare attentamente quando qualcuno nella tua rete ha bisogno di supporto.

Stabilisci limiti: Sebbene sia importante cercare supporto, è fondamentale anche stabilire limiti sani. Ciò garantisce che tu non ti sovraccarichi o metta pressione indebita sulle tue relazioni.

Ringrazia e riconosci: Mostra gratitudine alle persone che sono al tuo fianco durante le avversità. Esprimere la tua gratitudine rafforza i legami e crea un ambiente di supporto continuo.

Chiedi aiuto con onestà: Se stai affrontando sfide che sono al di là delle tue capacità di gestire da solo, non esitare a chiedere aiuto. Questo non è un segno di debolezza, ma di coraggio e consapevolezza di sé.

Partecipa a comunità di supporto: Oltre alle connessioni personali, puoi cercare gruppi o comunità che condividono interessi o esperienze simili. Questi gruppi possono offrire uno spazio sicuro per condividere e ottenere supporto.

Apprezza la diversità del supporto: Ogni persona nella tua rete di supporto può offrire qualcosa di unico. Alcune persone possono fornire consigli pratici, mentre altre possono offrire conforto emotivo. Apprezza la diversità delle contribuzioni.

Tieni presente che le reti di supporto sono a doppio senso. Mentre ricevi supporto durante momenti difficili, è importante essere disposti a sostenere gli altri quando ne hanno bisogno. Le connessioni che coltivi nel tempo possono diventare una preziosa fonte di resilienza, consentendoti di affrontare le sfide con maggiore fiducia e determinazione.

Auto-cura

In tempi di avversità, l'auto-cura diventa uno strumento essenziale per rafforzare la tua resilienza emotiva e fisica. Dare priorità all'auto-cura è un atto d'amore verso te stesso che ti permette di affrontare le sfide con maggiore chiarezza mentale, equilibrio emotivo e forza fisica. Elementi chiave dell'auto-cura che possono contribuire in modo significativo alla tua resilienza:

Gestione dello stress: Lo stress è una reazione naturale alle avversità, ma una gestione adeguata è fondamentale. Pratiche come la meditazione, la respirazione profonda, lo yoga e la mindfulness possono aiutare a ridurre lo stress e l'ansia.

Sonno adeguato: Il sonno svolge un ruolo fondamentale nella resilienza. Assicurati di dormire a sufficienza per consentire al tuo corpo e alla tua mente di recuperare adeguatamente.

Alimentazione nutritiva: Una dieta equilibrata e nutritiva può fornire al tuo corpo i nutrienti necessari per affrontare le sfide. Assicurati di includere una varietà di alimenti sani nei tuoi pasti.

Attività fisica: L'esercizio regolare non solo contribuisce alla tua salute fisica, ma ha anche un impatto positivo sul tuo benessere emotivo. Trova modi per muoverti che ti piacciano.

Attività rilassanti: Dedica del tempo a attività che ti rilassano e rivitalizzano. Questo può includere leggere, ascoltare musica, praticare un hobby o trascorrere del tempo nella natura.

Tempo per te stesso: Fissa dei momenti per prenderti cura di te stesso, senza distrazioni. Ciò può comportare semplicemente il riposo, la meditazione o fare qualcosa che ti piaccia sinceramente.

Limiti sani: Stabilisci confini chiari per proteggere la tua energia emotiva e fisica. Sappi quando dire "no" e quando chiedere aiuto.

Ricerca di assistenza professionale: Se stai affrontando difficoltà emotive significative, cercare l'aiuto di un professionista della salute mentale è una parte importante dell'auto-cura.

Connettersi socialmente: Mantieni connessioni significative con amici, familiari e altre persone che ti offrono supporto emotivo. Il sostegno sociale è un componente chiave della resilienza.

Pratiche di rilassamento: Esplora pratiche di rilassamento, come la meditazione, la mindfulness e il rilassamento progressivo, per calmare la mente e alleviare la tensione.

Tempo libero: Riserva del tempo per fare cose che ti piacciono, senza pressioni o obblighi. Il tempo libero è un modo vitale per ricaricare le energie.

Gestione del tempo: Organizzare il tuo tempo in modo efficace può aiutare a ridurre lo stress e creare spazio per l'auto-cura.

Imparare a dire "sì" a te stesso: Pratica mettere le tue esigenze al primo posto di tanto in tanto, senza sentirti in colpa.

L'auto-cura non è un lusso, ma una parte essenziale della costruzione della resilienza. Quando ti prendi cura di te stesso, sei più in grado di affrontare le sfide in modo efficace e mantenere una prospettiva positiva, anche nei momenti difficili. Comprendi che, prendendoti cura di te stesso, stai investendo nella tua capacità di affrontare l'avversità con coraggio e forza.

Trasformare le avversità in crescita: Imparare dai momenti difficili

Le avversità non devono essere solo ostacoli da superare; possono anche essere opportunità di crescita personale e sviluppo. Affrontando le avversità con una mentalità orientata all'apprendimento, puoi trasformare i momenti difficili in preziose lezioni di vita:

Riflessione e autovalutazione

La capacità di trasformare le avversità in crescita è un segno di resilienza. Affrontare sfide e momenti difficili richiede una riflessione e una autovalutazione che svolgono un ruolo fondamentale nel processo di apprendimento e crescita dalle esperienze. Modi per incorporare la riflessione e l'autovalutazione per promuovere la crescita personale:

Riservare del tempo per la riflessione: Dopo aver affrontato un'avversità, prenditi del tempo per allontanarti dal calore del momento e riflettere su cosa è successo. Ciò ti permette di guadagnare prospettiva e comprendere meglio la situazione.

Identificare le lezioni apprese: Chiediti cosa hai imparato dall'esperienza. Quali sono state le preziose lezioni che puoi portare nella vita? Identificare queste lezioni aiuta a trasformare l'avversità in un apprendimento positivo.

Valutare le tue reazioni: Valuta come hai reagito all'avversità. Ciò include le tue emozioni, pensieri e comportamenti. Identificare i modelli di reazione può aiutarti a comprendere meglio come affrontare le sfide in futuro.

Riconoscere la tua crescita: Considera come l'avversità ti ha aiutato a crescere e svilupparti come persona. Riconosci i modi in cui sei diventato più forte, più resiliente e più capace di affrontare le sfide.

Identificare risorse e supporto: Rifletti sulle risorse e il supporto che hai cercato o trovato durante l'avversità. Questo può includere amici, familiari, professionisti della salute mentale o altre fonti di sostegno. Riconosci l'importanza di queste risorse.

Immaginare strategie alternative: Chiediti come avresti potuto affrontare la situazione in modo diverso. Questo non è per autoincolparti, ma per identificare strategie alternative che potrebbero essere utili in futuro.

Praticare l'auto-compassione: Sii gentile con te stesso mentre rifletti sull'avversità. Evita di autocriticarti per come hai affrontato la situazione.

Invece, adotta un'attitudine di auto-compassione e comprendi che tutti affrontano delle sfide.

Stabilire intenzioni future: Sulla base delle lezioni apprese, stabilisci intenzioni per il futuro. Chiediti come vorresti affrontare sfide simili in futuro. Ciò può aiutare a guidare le tue azioni e decisioni.

Integrare la crescita: Porta con te l'apprendimento e la crescita acquisiti. Integra queste lezioni nella tua vita quotidiana e applicale ogni volta che affronti difficoltà.

La riflessione e l'autovalutazione non solo aiutano a estrarre valore dalle avversità, ma contribuiscono anche allo sviluppo personale continuo. Affrontando le sfide con un approccio basato sull'apprendimento, ti stai dando gli strumenti per diventare più resiliente e trovare significato e crescita in tutte le esperienze della vita.

Identificando i punti di forza

Le avversità spesso ci mettono alla prova, ma ci offrono anche l'opportunità di scoprire e riconoscere i nostri punti di forza e capacità. Identificare questi punti di forza non solo aumenta l'autostima, ma ci aiuta anche ad affrontare sfide future con maggiore fiducia. Modi per identificare e riconoscere i tuoi punti di forza durante le avversità:

Autoconsapevolezza: Sii consapevole dei tuoi pensieri, emozioni e azioni durante momenti difficili. Osserva come affronti lo stress, le strategie di coping che utilizzi e come mantieni la resilienza.

Riflessione post-sfida: Dopo aver superato un'adversità, prenditi del tempo per riflettere sulle azioni che hai intrapreso per affrontarla. Considera le decisioni prese, le strategie che hanno funzionato e come hai gestito emotivamente la situazione.

Resilienza dimostrata: Chiediti quali aspetti della tua resilienza sono stati notevoli durante momenti difficili. Ciò può includere la tua capacità di adattamento, la persistenza e il recupero dopo un contrattempo.

Competenze acquisite: Identifica le competenze acquisite o migliorate durante le avversità. Questo può variare dalle competenze pratiche alle competenze emotive, come la gestione dello stress e dell'incertezza.

Supporto offerto e ricevuto: Riconosci i modi in cui hai sostenuto te stesso e gli altri durante le sfide. Ciò include sia il supporto pratico che quello emotivo che hai offerto o ricevuto.

Coraggio e persistenza: Ricorda i momenti in cui hai avuto il coraggio di affrontare situazioni difficili e la persistenza nel continuare nonostante le difficoltà. Questi sono segni della tua forza interiore.

Flessibilità e adattamento: Identifica i momenti in cui sei stato in grado di adattarti a circostanze in continua evoluzione. La capacità di adattamento è un segno di resilienza.

Empatia e compassione: Riconosci la tua capacità di mostrare empatia e compassione per te stesso e per gli altri durante momenti sfidanti. Questa qualità dimostra la tua connessione emotiva e la capacità di sostenere gli altri.

Accettazione e apprendimento: Apprezza la tua capacità di accettare le avversità come parte della vita e imparare da queste esperienze. L'apprendimento continuo è un segno di crescita personale.

Identificando i tuoi punti di forza in mezzo alle avversità, costruisci un'immagine più solida e positiva di te stesso. Ciò ti abilita anche ad affrontare le sfide future con fiducia, sapendo che possiedi le risorse interne per superare gli ostacoli e crescere dalle esperienze difficili.

Apprendere dagli errori

Commeterre errori è una parte inevitabile della vita, e spesso la nostra reazione a questi errori può influenzare significativamente il nostro sviluppo personale e la nostra resilienza. Invece di incolparsi e sentirsi sconfitti per gli errori commessi, è fondamentale adottare una prospettiva di apprendimento. Gli errori non devono essere fonti di vergogna; possono essere trasformati in preziose opportunità per la crescita e il miglioramento personale. Ecco modi per imparare dagli errori e usarli come trampolini per lo sviluppo:

Accetta l'imperfezione: Riconosci che tutti commettono errori e che l'imperfezione è una parte naturale dell'esperienza umana. Non essere eccessivamente duro con te stesso; invece, considera i tuoi errori come momenti di apprendimento.

Rifletti sulle lezioni: Dopo aver commesso un errore, prenditi del tempo per riflettere su ciò che è accaduto. Chiediti cosa puoi imparare da questa situazione, quali sono state le conseguenze dell'errore e come potresti agire diversamente in futuro.

Identifica le lacune nella conoscenza: Spesso gli errori si verificano a causa di lacune nella nostra conoscenza o abilità. Identifica le aree in cui potresti aver bisogno di ulteriori informazioni o addestramento per evitare di commettere lo stesso errore in futuro.

Adegua le future strategie: Utilizza i tuoi errori come base per adeguare le tue strategie e approcci futuri. Considera cosa potresti fare diversamente per evitare situazioni simili in futuro.

Cultiva l'auto-compassione: Invece di punirti per un errore, pratica l'auto-compassione. Rendi conto che tutti commettono errori, e meriti gentilezza e comprensione, proprio come chiunque altro.

Trasforma il negativo in positivo: Guarda oltre l'errore e considera come puoi trasformare una situazione negativa in qualcosa di positivo. Questo può comportare la ricerca di soluzioni creative o la trasformazione di un errore in un'opportunità per dimostrare la tua resilienza.

Sviluppo personale: Comprendi che la crescita spesso avviene attraverso l'esperienza. Commettere errori e affrontare le conseguenze di questi errori può portare a una maggiore auto-consapevolezza e auto-sviluppo.

Affronta la paura di sbagliare: A volte, la paura di commettere errori può impedirci di assumere rischi e perseguire i nostri obiettivi. Impara ad abbracciare il rischio calcolato e a fronteggiare la paura di sbagliare, sapendo che puoi imparare preziose lezioni lungo il percorso.

Ridefinisci il significato dell'errore: Ridefinisci il significato dell'errore nella tua mente. Invece di considerarlo un fallimento, consideralo un passo verso il successo, poiché ogni errore porta con sé l'opportunità di imparare e crescere.

Ricordare che gli errori sono opportunità di apprendimento può aiutare a ridurre l'auto-critica e la vergogna che spesso accompagnano le sviste. Adottando una mentalità di apprendimento e crescita, puoi trasformare gli errori in catalizzatori positivi per lo sviluppo personale e la resilienza.

Cambiamento di prospettiva

Il modo in cui affrontiamo le avversità può avere un profondo impatto sulla nostra capacità di gestirle e crescere attraverso di esse. Invece di vedere i momenti difficili come ostacoli insormontabili, è possibile adottare un cambiamento di prospettiva e guardare alle avversità come parte integrante del viaggio umano. Questo cambiamento di mentalità può aprire le porte alla saggezza, all'autoconoscenza e alla crescita personale. Modi per cambiare la tua prospettiva sulle avversità:

Accettazione della natura umana: Riconosci che affrontare sfide è una parte naturale dell'esperienza umana. Nessuno è immune alle difficoltà, e tutti noi affrontiamo momenti difficili in qualche momento della nostra vita.

Opportunità di autoconoscenza: Vedi le avversità come opportunità per conoscerti meglio. Quando affrontiamo sfide, spesso siamo portati a esaminare le nostre emozioni, convinzioni e valori. Ciò ci consente di crescere e svilupparci come individui.

Rafforzamento della resilienza: Le avversità mettono alla prova la nostra resilienza e la nostra capacità di adattamento. Affrontando queste sfide direttamente, possiamo rafforzare la nostra resilienza emotiva e mentale, diventando più capaci di gestire situazioni difficili in futuro.

Apprendimento continuo: Ogni avversità porta con sé una preziosa lezione. Affrontando le sfide come opportunità di apprendimento, puoi acquisire nuove competenze, conoscenze e intuizioni che possono essere applicate in altre aree della tua vita.

Cambiamento di priorità: In mezzo alle avversità, spesso rivalutiamo le nostre priorità e i nostri valori. Questa riflessione può aiutarci a concentrare le nostre energie su ciò che conta davvero e a abbandonare ciò che non contribuisce al nostro benessere.

Crescita personale: Affrontare le avversità richiede di uscire dalla nostra zona di comfort. Questo processo di superare gli ostacoli può portare a una crescita personale e all'espansione dei limiti di ciò che credevamo possibile.

Empatia e comprensione: Passare attraverso le difficoltà può aumentare la nostra empatia e comprensione per le sfide che altre persone affrontano. Ciò può rafforzare i nostri legami con gli altri e renderci più compassionevoli.

Focalizzazione sulle soluzioni: Cambiando prospettiva, ti concentri meno sui problemi in sé e più sulle soluzioni. Ciò può permetterti di affrontare le sfide in modo più pragmatico e proattivo.

Trasformazione dell'energia negativa: Invece di lasciarti sopraffare dalla negatività delle avversità, trasforma questa energia in motivazione per superare gli ostacoli e raggiungere i tuoi obiettivi.

Trasformare le avversità in crescita richiede una mentalità aperta all'apprendimento e una disposizione a esplorare ciò che ciascuna sfida può insegnare. Ogni volta che affronti un' avversità in modo costruttivo, stai aprendo la strada a un te stesso più forte, saggio e resiliente.

Costruzione di resilienza emotiva: Strategie per affrontare meglio i contrattempi

La resilienza emotiva è la capacità di gestire gli alti e bassi emotivi della vita in modo sano e costruttivo. Sviluppare questa resilienza emotiva può aiutarti ad affrontare i contrattempi con maggiore fiducia ed equilibrio emotivo:

Sviluppo dell'intelligenza emotiva

Lo sviluppo dell'intelligenza emotiva è fondamentale per affrontare in modo efficace l'avversità e costruire la resilienza. L'intelligenza emotiva coinvolge la capacità di riconoscere, comprendere e gestire le proprie emozioni, nonché le emozioni degli altri. Coltivando questa capacità, puoi affrontare le sfide in modo più equilibrato e prendere decisioni consapevoli in momenti di avversità. Aspetti importanti dello sviluppo dell'intelligenza emotiva:

Riconoscimento delle emozioni: Il primo passo per sviluppare l'intelligenza emotiva è imparare a riconoscere le tue emozioni. Ciò comporta essere consapevoli dei tuoi sentimenti e essere in grado di identificare le diverse sfumature emotive che stai sperimentando.

Comprensione delle emozioni: Comprendere le emozioni richiede l'esplorazione delle cause sottostanti dei tuoi sentimenti. Chiediti perché ti senti in un certo modo e quali pensieri, eventi o situazioni potrebbero influenzare le tue emozioni.

Accettazione e validità delle emozioni: Tutte le emozioni sono valide, anche quelle considerate negative, come tristezza, rabbia o paura. L'intelligenza emotiva comporta accettare le proprie emozioni senza giudizio e permettersi di provare ciò che si sta provando.

Regolazione emotiva: Una parte essenziale dell'intelligenza emotiva è la capacità di regolare le proprie emozioni. Ciò comporta trovare modi sani per gestire emozioni intense, come praticare tecniche di rilassamento, meditazione, esercizio fisico o esprimere i propri sentimenti in modo costruttivo.

Empatia: Sviluppare l'empatia, ossia la capacità di comprendere e condividere i sentimenti degli altri, fa parte integrante dell'intelligenza emotiva. Ciò ti consente di relazionarti meglio con gli altri, creando legami più solidi e comprendendo le loro prospettive.

Decisioni consapevoli: Quando sei consapevole delle tue emozioni e di quelle degli altri, puoi prendere decisioni più consapevoli in momenti di avversità. Ciò impedisce alle emozioni di dominarti e ti aiuta a scegliere il miglior approccio per affrontare le sfide.

Comunicazione efficace: L'intelligenza emotiva è anche legata a una comunicazione efficace. Sapere come esprimere le tue emozioni in modo chiaro e rispettoso, così come comprendere le emozioni degli altri, può migliorare significativamente il modo in cui affronti situazioni difficili.

Sviluppare l'intelligenza emotiva richiede pratica costante e autoconsapevolezza. Man mano che rafforzi questa abilità, sarai meglio preparato per affrontare le avversità con resilienza, empatia e un approccio costruttivo. L'intelligenza emotiva non solo aiuta a migliorare la tua capacità di affrontare le sfide, ma contribuisce anche a relazioni più sane, decisioni più consapevoli e una maggiore sensazione di benessere emotivo.

Pratica della risposta positiva

La pratica della risposta positiva è una strategia essenziale per costruire la resilienza di fronte alle avversità. Invece di reagire in modo impulsivo o negativo alle sfide, questo approccio comporta dare un passo indietro, valutare la situazione in modo oggettivo e scegliere una risposta più costruttiva. Passi per implementare la pratica della risposta positiva nella tua vita:

Autoconsapevolezza: Il primo passo è essere consapevoli delle tue reazioni e dei modelli di risposta alle sfide. Osserva come tendi a reagire e quali emozioni prevalgono in diverse situazioni.

Fai un passo indietro: Quando ti trovi di fronte a un'adversità, evita di reagire immediatamente. Concediti un momento per respirare e guadagnare prospettiva. Questo aiuta a evitare risposte impulsive basate su emozioni intense.

Valuta la situazione: Analizza obiettivamente la situazione. Quali sono i fatti coinvolti? Quali sono i diversi modi per interpretare la situazione? Quali sono le possibili conseguenze di diversi corsi d'azione?

Scegli una risposta costruttiva: Invece di lasciarti trascinare da emozioni negative, scegli una risposta che sia costruttiva e in linea con i tuoi obiettivi. Chiediti: "Qual è il modo migliore per affrontare questa situazione?" o "Come posso trasformare questa situazione in un'opportunità di crescita?"

Pratica l'empatia: Scegliendo una risposta positiva, cerca di comprendere la prospettiva delle altre persone coinvolte nella situazione. Ciò aiuta a promuovere la comunicazione efficace e la costruzione di soluzioni collaborative.

Mantieni il focus sulle soluzioni: Concentrati sulla ricerca di soluzioni invece di concentrarti sul problema stesso. Chiediti: "Cosa posso fare per risolvere o migliorare questa situazione?" e prendi misure in questa direzione.

Impara dalle esperienze passate: Rifletti su come hai affrontato sfide simili in passato. Cosa ha funzionato bene? Cosa potrebbe essere migliorato? Usa queste esperienze come apprendimento per perfezionare il tuo approccio attuale.

Cultiva la calma: Praticare tecniche di rilassamento, come la respirazione profonda o la meditazione, può aiutarti a coltivare la calma e la chiarezza mentale necessarie per scegliere una risposta positiva.

La pratica della risposta positiva richiede pazienza e autodisciplina. Anche se può essere impegnativa all'inizio, col tempo e con una pratica regolare, svilupperai la capacità di rispondere in modo più costruttivo alle sfide. Questo approccio non solo rafforza la tua resilienza, ma contribuisce anche a relazioni migliori, decisioni più consapevoli e una sensazione generale di benessere emotivo.

Rafforzare la resilienza interna

Rafforzare la resilienza interna è un processo fondamentale per affrontare in modo efficace le avversità e le sfide. Ciò comporta lo sviluppo della capacità di affrontare le difficoltà con fiducia, adattabilità e autosufficienza emotiva. Rafforzando la tua resilienza interna, diventi più capace di affrontare gli alti e bassi della vita in modo equilibrato e positivo. Strategie per sviluppare questa resilienza interna:

Autoconsapevolezza: Comprendere le tue emozioni, i trigger e i modelli di risposta è cruciale per rafforzare la resilienza interna. Ciò ti permetterà di identificare specifiche aree che necessitano di maggiore attenzione e sviluppo personale.

Costruzione della fiducia in se stessi: Coltiva la fiducia nelle tue abilità e capacità. Ricorda le esperienze passate in cui hai affrontato con successo le sfide. Ciò contribuirà a costruire una solida base di fiducia in se stessi.

Sviluppo dell'autosufficienza emotiva: Lavora sullo sviluppo dell'autosufficienza emotiva, cioè la fiducia in te stesso nel gestire le tue emozioni e affrontare gli alti e bassi della vita. Pratica l'autoregolazione emotiva e evita di dipendere eccessivamente dalle risposte emotive degli altri.

Resilienza mentale: Coltiva una mentalità resiliente, in cui affronti le sfide come opportunità di crescita e apprendimento. Sviluppa la capacità di adattarti ai cambiamenti e di trovare soluzioni di fronte agli ostacoli.

Pratica dell'autocura: Dà priorità all'autocura per rafforzare la tua resilienza interna. Ciò comporta prendersi cura della propria salute fisica, mentale ed emotiva. Praticare attività rilassanti, esercizio fisico, meditazione e ottenere un sonno adeguato contribuisce alla tua capacità di affrontare lo stress.

Sviluppo di reti di supporto: Anche se l'attenzione è sulla resilienza interna, avere reti di supporto solide, come amici e familiari, è ancora importante. Condividere le tue sfide e cercare consigli può arricchire la tua prospettiva e fornire supporto emotivo.

Accettazione dell'incertezza: La vita è piena di incertezze e sviluppare la resilienza interna comporta l'accettazione che non possiamo sempre controllare tutte le situazioni. Impara a gestire l'incertezza in modo sano ed adattivo.

Sviluppo delle capacità decisionali: Migliora le tue capacità decisionali in modo da affrontare decisioni difficili in modo più sicuro e assertivo. Ciò ridurrà l'incertezza e lo stress ad essa associato.

Apprendimento continuo: Mantieni un approccio di apprendimento continuo nella tua vita. Cerca di acquisire nuove abilità, conoscenze ed esperienze che contribuiscano alla tua resilienza e crescita personale.

Il rafforzamento della resilienza interna è un processo continuo che richiede dedizione e auto-trasformazione. Più sviluppi questa capacità, più sarai preparato ad affrontare le sfide che inevitabilmente la vita ti presenterà.

Coltivazione della flessibilità mentale

La flessibilità mentale è una competenza essenziale per affrontare le complessità della vita e superare le avversità. Comprende la capacità di adattarsi, regolarsi e accettare i cambiamenti in modo costruttivo e positivo. Sviluppare questa competenza ti consente di navigare in modo più efficace attraverso l'incertezza e le sfide. Strategie per coltivare la flessibilità mentale:

Apri la mente a nuove prospettive: Sii disposto a considerare le situazioni da diverse angolazioni. Adottando una prospettiva più ampia, puoi scoprire soluzioni innovative e approcci alternativi alle sfide.

Pratica la tolleranza all'ambiguità: La vita spesso è ambigua e incerta. Sviluppare la tolleranza all'ambiguità ti aiuta a sentirti più a tuo agio in situazioni sconosciute e ad affrontare l'ansia ad esse associata.

Sii aperto ai cambiamenti: Invece di resistere ai cambiamenti, sii disposto ad accettarli. Ricorda che il cambiamento è una costante nella vita e può portare a opportunità di crescita e sviluppo.

Pratica la consapevolezza: La pratica della mindfulness ti aiuta a essere presente nel momento attuale e ad accettare ciò che sta accadendo senza giudizio. Ciò rafforza la tua capacità di adattarti a situazioni in continua evoluzione.

Impara dalle avversità: Guarda alle avversità come opportunità di apprendimento e crescita. Considerando le sfide come esperienze di apprendimento, puoi diventare più flessibile nel tuo approccio alla vita.

Sviluppa la resilienza emotiva: La flessibilità mentale è correlata alla tua capacità di gestire le emozioni in modo sano. Pratica la regolazione emotiva in modo da poter rispondere alle situazioni in modo equilibrato anziché reagire impulsivamente.

Evita il perfezionismo: Il perfezionismo può creare rigidità nel tuo approccio alla vita. Allontanandoti dal desiderio di perfezione, diventi più flessibile e aperto alle imperfezioni naturali dell'esistenza.

Pratica l'adattamento: Introduce cambiamenti intenzionali nella tua routine, anche se piccoli, per sviluppare la tua capacità di adattarti a diverse circostanze.

Accetta l'incertezza: L'incertezza è una parte inevitabile della vita. Sviluppare la flessibilità mentale implica accettare che non sempre possiamo avere tutte le risposte e che va bene così.

La flessibilità mentale è una competenza che può essere migliorata nel tempo con la pratica e l'impegno. Più ti sforzi di coltivarla, più sarai in grado di affrontare i cambiamenti e le avversità con resilienza e un atteggiamento positivo.

Strategie di gestione dello stress

Nei momenti di avversità, lo stress può diventare una costante nelle nostre vite. Imparare a gestire lo stress in modo sano è essenziale per rafforzare la resilienza emotiva e affrontare le sfide con maggiore tranquillità. Strategie efficaci di gestione dello stress:

Meditazione: La meditazione è una pratica che coinvolge il focus sulla respirazione e la consapevolezza. Aiuta a calmare la mente, ridurre lo stress e promuovere uno stato di rilassamento profondo.

Esercizi di respirazione: Tecniche di respirazione, come la respirazione profonda, possono aiutare a ridurre rapidamente lo stress. Queste tecniche si concentrano su respirare lentamente e profondamente per calmare il sistema nervoso.

Attività rilassanti: Coinvolgersi in attività rilassanti, come ascoltare musica soft, praticare lo yoga, fare un bagno caldo o leggere un libro, può contribuire a ridurre i livelli di stress e promuovere uno stato di tranquillità.

Pratica della mindfulness: La mindfulness implica essere presenti nel momento attuale, senza giudizio. Praticare la mindfulness può contribuire a ridurre l'ansia e lo stress, concentrandosi sull'esperienza presente anziché sulle preoccupazioni future.

Esercizio fisico: L'attività fisica regolare è un modo potente per ridurre lo stress. Il rilascio di endorfine durante l'esercizio aiuta a migliorare l'umore e a gestire lo stress in modo più sano.

Parla con qualcuno: Condividere le tue preoccupazioni e i tuoi sentimenti con un amico di fiducia, un membro della famiglia o un professionista della salute mentale può aiutare a alleviare lo stress. A volte, parlare semplicemente di ciò che sta accadendo può portare sollievo.

Imposta dei limiti: Impara a dire di no quando necessario e a stabilire limiti sani nella tua vita. Ciò può contribuire a ridurre il sovraccarico di compiti e responsabilità che possono causare stress.

Pratica l'autocura: Dedica del tempo a prenderti cura di te stesso. Svolgi attività che ti danno gioia e relax, come hobby, lettura o semplicemente riposo.

Dormi bene: La mancanza di sonno può aumentare lo stress e influire negativamente sulla tua capacità di affrontare le sfide. Dà la priorità a un adeguato riposo per sentirti emotionalmente equilibrato.

Evita il multitasking eccessivo: Dividere la tua attenzione tra molte attività può aumentare lo stress. Concentrati su un compito alla volta per migliorare l'efficienza e ridurre la sensazione di sovraccarico.

Sperimenta diverse strategie di gestione dello stress per scoprire quali funzionano meglio per te. Ricorda che l'obiettivo non è eliminare completamente lo stress, ma sviluppare abilità per affrontarlo in modo sano ed efficace. Integrare queste pratiche nella tua vita quotidiana può contribuire in modo significativo a rafforzare la tua resilienza emotiva di fronte all'adversità.

Comunicazione efficace

La comunicazione svolge un ruolo cruciale nella costruzione della resilienza emotiva e nel modo in cui affrontiamo le sfide. Avere abilità di comunicazione efficace ci consente di esprimere i nostri sentimenti, bisogni e preoccupazioni in modo sano, mentre ascoltiamo ed comprendiamo anche gli altri. Aspetti importanti della comunicazione efficace e come contribuiscono alla resilienza:

Espressione emotiva: La resilienza non comporta la repressione delle emozioni, ma piuttosto esprimerle in modo costruttivo. Praticando l'espressione emotiva appropriata, è possibile liberare emozioni accumulate, evitare il ritegno dello stress e migliorare il benessere emotivo.

Ascolto attivo: La capacità di ascoltare con empatia è fondamentale per la comunicazione efficace. Ascoltando attentamente gli altri, si dimostra rispetto e comprensione, creando connessioni più profonde e rafforzando le relazioni.

Risoluzione dei conflitti: La comunicazione efficace è essenziale per risolvere i conflitti in modo costruttivo. Imparare a esprimere le preoccupazioni in modo calmo e non accusatorio, mentre si è in grado di ascoltare il punto di vista degli altri, aiuta a evitare escalation dei conflitti e a trovare soluzioni soddisfacenti.

Comunicazione assertiva: L'assertività comporta l'espressione chiara e rispettosa delle proprie opinioni, sentimenti e bisogni. Essere assertivi consente di difendere i propri interessi senza essere aggressivi e, al tempo stesso, mantenere il rispetto reciproco.

Empatia: La capacità di mettersi nei panni degli altri e comprendere le loro prospettive e i loro sentimenti è fondamentale per la comunicazione efficace. L'empatia crea connessioni più profonde e contribuisce a creare un ambiente di supporto reciproco.

Comunicazione non violenta: L'approccio della comunicazione non violenta implica l'espressione aperta e onesta dei propri sentimenti e bisogni, evitando al contempo di incolpare o giudicare gli altri. Ciò promuove la comprensione e aiuta a evitare fraintendimenti.

Chiarezza e precisione: Nell'esprimere preoccupazioni e bisogni, sii chiaro e preciso nelle tue parole. Evita ambiguità che potrebbero portare a fraintendimenti e conflitti.

Comunicazione in momenti di stress: In momenti di avversità, è particolarmente importante mantenere la calma e la chiarezza nella comunicazione. La comunicazione efficace può contribuire a ridurre lo stress e a risolvere i problemi in modo più efficiente.

Costruzione di relazioni: La comunicazione efficace rafforza le relazioni creando un ambiente di fiducia e rispetto. Le relazioni sane sono un fattore importante nella costruzione della resilienza emotiva.

Comunicazione interna: Oltre alla comunicazione con gli altri, è importante praticare la comunicazione interna. Sviluppare un dialogo interno positivo e costruttivo può aiutare ad affrontare le sfide con maggiore fiducia in se stessi e resilienza.

Investire nell'ulteriori migliorie delle tue abilità di comunicazione può influenzare significativamente la tua capacità di affrontare l'adversità in modo efficace. Comunicare in modo aperto, empatico e costruttivo rafforza non solo le tue relazioni interpersonali, ma contribuisce anche a una resilienza emotiva più robusta di fronte alle sfide della vita.

Coltivare l'empatia

L'empatia è una competenza emotiva fondamentale per costruire la resilienza e affrontare in modo più efficace le avversità. Comprende la capacità di mettersi nei panni degli altri, comprendere i loro sentimenti e punti di vista, e rispondere con comprensione e compassione. Coltivare l'empatia rafforza non solo le relazioni interpersonali, ma promuove anche un ambiente di sostegno reciproco, contribuendo alla resilienza emotiva. Modi per coltivare l'empatia nella tua vita:

Auto-empatia: Inizia coltivando empatia per te stesso. Riconosci i tuoi sentimenti, comprendi le tue esigenze e trattati con gentilezza e compassione, anche quando affronti sfide.

Ascolto attivo: Pratica l'ascolto genuino degli altri. Quando qualcuno condivide le proprie preoccupazioni o esperienze, dimostra interesse e convalida i loro sentimenti. Ciò rafforza i legami e crea un ambiente di sostegno.

Evita i giudizi: Nelle interazioni con gli altri, evita giudizi affrettati. Ricorda che ciascuna persona ha la propria storia e contesti unici che plasmano le loro esperienze.

Domande aperte: Poni domande aperte che incoraggiano gli altri a condividere di più sui loro sentimenti e pensieri. Ciò dimostra un interesse genuino e ti permette di comprendere meglio le loro prospettive.

Pratica l'empatia cognitiva ed emotiva: L'empatia cognitiva implica la comprensione dei pensieri e delle prospettive degli altri, mentre l'empatia emotiva implica la comprensione e la connessione con le loro emozioni. Entrambe sono importanti per costruire relazioni empatiche.

Mettiti nei panni degli altri: Immagina come ti sentiresti nella situazione dell'altro. Ciò aiuta a creare un senso di connessione e comprensione.

Mostra sostegno: Quando qualcuno affronta sfide, offri un sostegno genuino. Questo può avvenire attraverso parole di incoraggiamento, gesti di solidarietà o offrendo il tuo aiuto.

Pratica la pazienza: Non è sempre facile comprendere appieno le esperienze degli altri. Pratica la pazienza e sii disposto ad ascoltare, anche se la loro prospettiva è diversa dalla tua.

Riconosci la diversità: Riconosci e apprezza le differenze tra le persone. L'empatia comporta accettare la varietà di esperienze e prospettive.

Impara dall'empatia: Man mano che sviluppi l'empatia, impari molto sulle emozioni umane e su come stabilire relazioni più profonde. Ciò arricchisce le tue abilità di comunicazione e resilienza.

Coltivare l'empatia non solo arricchisce i tuoi legami con gli altri, ma rafforza anche la tua capacità di affrontare le avversità. Creando un ambiente di comprensione e supporto reciproco, costruisci una rete di sostegno emotivo che contribuisce alla tua resilienza emotiva. L'empatia non solo promuove relazioni sane, ma ti aiuta anche ad affrontare le sfide con maggiore comprensione e compassione, sia per te stesso che per gli altri.

La resilienza non è solo una caratteristica innata; è una competenza che può essere sviluppata nel tempo. Capendo il concetto di resilienza, imparando a trasformare le avversità in crescita personale e praticando strategie per costruire la resilienza emotiva, sarai pronto ad affrontare le sfide della vita in modo più forte, fiducioso e adattabile.

10

L'IMPORTANZA DELL'AUTOCURA

*L'autocura è un regalo che ci facciamo
per fiorire nella nostra migliore versione*

L'autocura è una pratica fondamentale per mantenere il benessere fisico, emotivo e mentale nel corso della vita. Coinvolge azioni intenzionali e deliberate mirate a prendersi cura di sé in modo completo, considerando tutte le aree della vita. In questo capitolo, esploreremo il significato dell'autocura, come incorporarla nella tua routine quotidiana e come evitare l'esaurimento attraverso pratiche salutari.

Definizione dell'autocura completa

L'autocura non riguarda solo il corpo fisico, ma coinvolge tutti gli aspetti della tua salute e del tuo benessere. Ciò include l'attenzione alle necessità emotive, mentali, spirituali e sociali. L'autocura completa riconosce che tutte queste aree sono interconnesse e svolgono un ruolo importante nella tua qualità di vita. Aree chiave da considerare quando pratichi l'autocura completa:

Salute fisica

Prendersi cura della salute fisica è un pilastro fondamentale dell'autocura completa. Prioritizzando il benessere del tuo corpo, stabilisci una solida base per una vita sana e attiva. Ecco modi per prenderti cura della tua salute fisica:

Alimentazione adeguata: Un'alimentazione bilanciata e nutriente fornisce al tuo corpo i nutrienti essenziali di cui ha bisogno per funzionare in modo efficace. Dà priorità a una varietà di alimenti, tra cui frutta, verdura, proteine magre, cereali integrali e grassi sani. Evita il consumo eccessivo di cibi ultraprocessati, ricchi di zuccheri aggiunti, grassi saturi e sodio.

Idratazione: Un'assunzione adeguata di acqua è vitale per mantenere il corretto funzionamento del tuo corpo. L'acqua svolge un ruolo essenziale nella digestione, nell'assorbimento dei nutrienti, nella regolazione della temperatura corporea e nell'eliminazione dei rifiuti. Mantieni l'organismo idratato durante il giorno, bevendo regolarmente acqua e regolando l'assunzione in base all'attività fisica, alle condizioni meteorologiche e alle esigenze individuali.

Esercizio fisico regolare: L'allenamento regolare comporta numerosi benefici per la salute. Scegli attività che ti piacciono e si adattano al tuo stile di vita, come camminare, correre, nuotare, praticare yoga, sollevare pesi o ballare. L'esercizio aiuta a rafforzare i muscoli, migliorare la flessibilità, aumentare la resistenza cardiovascolare e rilasciare endorfine, gli ormoni del benessere.

Sonno adeguato: Il sonno è essenziale per il recupero e la rigenerazione del corpo. Stabilisci una routine di sonno consistente che ti consenta di dormire da 7 a 9 ore a notte. Un sonno di qualità contribuisce alle funzioni cognitive, all'equilibrio ormonale, alla riparazione cellulare e alla salute mentale. Crea un ambiente favorevole al sonno, con un materasso confortevole, la temperatura adeguata e riducendo l'esposizione alla luce prima di coricarti.

Gestione dello stress: Lo stress cronico può avere un impatto negativo sulla salute fisica. Pratica tecniche di gestione dello stress come la meditazione, la mindfulness, gli esercizi di respirazione e le attività rilassanti. Trova modi sani per affrontare lo stress, riducendolo e promuovendo una sensazione di calma ed equilibrio.

Controlli medici: Pianificare regolari visite mediche è importante per monitorare la tua salute fisica. Sottoponiti a esami di routine come analisi del sangue, misurazioni della pressione sanguigna e controlli di prevenzione. Ciò contribuisce a identificare precocemente possibili problemi di salute e ti consente di adottare misure preventive.

Evitare comportamenti dannosi: Evita comportamenti che possono nuocere alla salute, come il consumo eccessivo di alcol, il fumo e l'uso di sostanze illecite. Questi comportamenti possono avere un impatto negativo sulla tua salute fisica e aumentare il rischio di malattie croniche.

Prendendoti cura della tua salute fisica, stai investendo nel tuo benessere a lungo termine. Ricorda che anche piccoli cambiamenti positivi nello stile di vita possono avere un grande impatto sulla tua qualità di vita e sulla tua capacità di godere di tutte le dimensioni dell'autocura completa.

Salute emotiva

La salute emotiva gioca un ruolo cruciale nel tuo benessere generale. Dare priorità alla tua salute mentale implica prenderti cura della tua mente in modo proattivo, sviluppando abilità per affrontare le sfide emotive e coltivando una mente equilibrata. Modi per prenderti cura della tua salute emotiva:

Tecniche di gestione dello stress: Lo stress è una parte inevitabile della vita, ma come lo affronti può fare la differenza. Praticare tecniche di gestione dello stress, come la meditazione, la mindfulness e gli esercizi di respirazione, aiuta a ridurre l'ansia e a aumentare la sensazione di calma. Queste pratiche possono aiutarti a connetterti con il momento presente e a ridurre la rumina mentale.

Autoconoscenza: Aumentare la consapevolezza dei tuoi stessi sentimenti, emozioni e modelli di pensiero è essenziale per la salute emotiva. Sii attento ai tuoi pensieri e sentimenti e, quando necessario, sfida i pensieri negativi o distorti. Ciò può aiutare a evitare l'amplificazione delle emozioni negative.

Espressione emotiva: Trovare modi sani per esprimere le tue emozioni è fondamentale per mantenere la salute emotiva. Parla dei tuoi sentimenti con amici di fiducia o familiari, o considera di tenere un diario per condividere le tue emozioni. L'espressione emotiva può aiutare a liberare sentimenti repressi e alleggerire il peso emotivo.

Cercare supporto professionale: Se stai affrontando sfide emotive complesse, cercare l'aiuto di uno psicologo o terapeuta è un'opzione preziosa. Questi professionisti possono offrire orientamento, tecniche di gestione e uno spazio sicuro per esplorare questioni emotive profonde. Non esitare a cercare aiuto quando necessario.

Coltivare relazioni sane: Le relazioni sociali positive hanno un impatto significativo sulla tua salute emotiva. Mantieni il contatto con amici e familiari che offrono supporto e comprensione. Avere persone con cui puoi condividere i tuoi sentimenti può offrire un senso di connessione e appartenenza.

Stabilire limiti sani: Stabilire limiti sani nelle tue interazioni sociali e negli impegni è essenziale per proteggere la tua salute emotiva. Impara a dire "no" quando è necessario e dedica del tempo a te stesso, alle attività rilassanti e per ricaricare le energie.

Promuovere il benessere generale: Tieni presente che la tua salute emotiva è collegata ad altre aree del tuo benessere. Prendersi cura della tua salute fisica, praticare attività ricreative che ti piacciono e coltivare relazioni sane contribuisce anche alla tua salute emotiva.

La salute emotiva è un processo continuo che richiede attenzione, pratica e auto-cura costante. Adottando pratiche sane di gestione dello stress, sviluppando l'autoconsapevolezza e cercando supporto quando necessario, stai costruendo una solida base per una mente equilibrata ed emotivamente sana.

Salute mentale

La salute mentale è un aspetto fondamentale del tuo benessere generale. Dare priorità alla salute mentale implica prendersi cura della mente in modo proattivo, sviluppando strategie per mantenere una mente sana ed equilibrata. Dettagli su come prendersi cura della tua salute mentale in modo completo:

Tecniche di gestione dello stress: Lo stress fa parte della vita, ma puoi imparare a gestirlo in modo efficace. Tecniche come la meditazione, la mindfulness e gli esercizi di respirazione aiutano a ridurre l'ansia e a aumentare la resilienza emotiva. La pratica regolare di queste tecniche può aiutarti a calmare la mente, migliorare la concentrazione e promuovere una sensazione di pace interiore.

Autoconoscenza e autoregolazione: Conoscere i tuoi stessi schemi di pensiero, emozioni e reazioni è fondamentale per la salute mentale. Sii consapevole dei pensieri negativi o distorti e sfidali sulla base di prove obiettive. L'autoregolazione implica la capacità di controllare le tue emozioni e reazioni consapevolmente, evitando risposte impulsiva.

Ricerca di aiuto professionale: Se stai affrontando sfide emotive più profonde, cercare l'aiuto di uno psicoterapeuta o psicologo è un'opzione preziosa. Questi professionisti possono offrire supporto specializzato, tecniche di gestione e una prospettiva obiettiva sulle tue preoccupazioni. Non esitare a cercare aiuto quando necessario.

Promozione del pensiero positivo: Coltivare una mentalità positiva può avere un impatto significativo sulla salute mentale. Pratica il focus sul presente, la gratitudine e la visualizzazione positiva. Indirizzando la tua attenzione verso gli aspetti positivi della vita, puoi ridurre i modelli di pensiero negativo e coltivare una prospettiva ottimista.

Stabilire una routine e struttura: Avere una routine regolare aiuta a mantenere la stabilità emotiva. La mancanza di struttura può aumentare l'ansia e lo stress. Stabilisci orari per le attività, il sonno, il lavoro e il tempo libero, creando una sensazione di prevedibilità e controllo.

Incorporazione di attività ricreative: Le attività che portano piacere e relax sono essenziali per la salute mentale. Dedica del tempo a hobby, interessi e momenti di svago. Queste attività possono fungere da pausa necessaria dallo stress quotidiano e promuovere il benessere emotivo.

Alimentazione equilibrata e salute mentale: La relazione tra alimentazione e salute mentale è significativa. Dà priorità a una dieta equilibrata ricca di nutrienti come acidi grassi omega-3, vitamine del complesso B e antiossidanti. Questi nutrienti sono associati a un funzionamento sano del cervello.

Limitazione dell'uso della tecnologia: Anche se la tecnologia è utile, un uso eccessivo di dispositivi elettronici può influire sulla salute mentale. Stabilisci limiti per il tempo trascorso sui dispositivi e promuovi momenti di disconnessione per ricaricare la mente.

La salute mentale richiede cure continue e proattive. Adottando pratiche di gestione dello stress, cercando aiuto quando necessario e coltivando una mentalità positiva, stai rafforzando la tua resilienza emotiva e promuovendo una mente sana ed equilibrata.

Salute spirituale

La salute spirituale è una parte essenziale dell'autocura completa poiché implica una connessione profonda con qualcosa di più grande di te stesso. Anche se la spiritualità è un'esperienza altamente individuale, coltivarla può portare significativi benefici per la tua salute mentale ed emotiva. Dettagli su come nutrire la tua salute spirituale:

Connessione con il significato e lo scopo: La dimensione spirituale coinvolge la ricerca di un senso di significato e scopo nella vita. Questo può essere raggiunto attraverso la riflessione sulle tue credenze, valori e obiettivi. Quando ti connetti con uno scopo più grande, diventi più preparato ad affrontare le sfide con una prospettiva positiva.

Pratiche di riflessione e meditazione: La meditazione e le pratiche di riflessione sono potenti modi per coltivare la salute spirituale. La meditazione non solo calma la mente, ma aiuta anche a creare uno spazio interno per l'introspezione e la connessione spirituale. Pratiche di riflessione, come mantenere un diario di gratitudine o fare domande profonde, possono anche contribuire alla crescita spirituale.

Connessione con la natura: Molte persone trovano una profonda connessione spirituale coinvolgendosi con la natura. Trascorrere del tempo all'aperto, osservare la bellezza naturale e sentirsi parte del mondo circostante può portare una sensazione di pace e armonia.

Cultivo di valori ed etica: La dimensione spirituale è anche legata ai tuoi valori ed etica. Identificare e vivere in accordo con valori significativi aiuta a creare una base solida per la tua salute spirituale. Questo può coinvolgere la pratica della compassione, della generosità e del rispetto per tutti gli esseri.

Sviluppo di empatia e compassione: Coltivare la spiritualità spesso coinvolge lo sviluppo dell'empatia e della compassione per te stesso e gli altri. La capacità di connettersi con le esperienze e i sentimenti degli altri può portare a relazioni più sane e a un approccio più compassionevole alle avversità.

Rituale e pratiche spirituali: Rituale e pratiche spirituali possono variare ampiamente da persona a persona. Questo può includere preghiere, rituali di gratitudine, cerimonie di connessione o qualsiasi altra attività che ti aiuti a sentirti in connessione con la spiritualità.

La dimensione spirituale è una parte preziosa del tuo benessere generale. Coltivando questa connessione con qualcosa di più grande, puoi trovare un senso di equilibrio, scopo e significato che rafforza la tua resilienza e la capacità di affrontare le sfide con una prospettiva positiva.

Relazioni sociali

Le relazioni sociali sono pilastri essenziali dell'autocura completa e del benessere emotivo. Coltivare relazioni sane e significative può avere un impatto profondo sulla qualità della tua vita. Ecco modi per nutrire le tue relazioni sociali:

Supporto emotivo e connessione: Le relazioni sane offrono un supporto emotivo vitale nei momenti di gioia e sfide. Avere amici, familiari e cari con cui puoi condividere le tue esperienze, sentimenti e preoccupazioni ti offre un senso di connessione e appartenenza.

Riduzione dell'isolamento e della solitudine: L'interazione sociale svolge un ruolo importante nella riduzione dell'isolamento e della solitudine. Mantenere un coinvolgimento in attività sociali e rimanere in contatto con le persone care aiuta a creare un senso di comunità e supporto.

Attività sociali e interazioni significative: Partecipare ad attività sociali, incontri e riunioni con amici e familiari non solo rafforza i legami, ma porta anche gioia e divertimento nella tua vita. Partecipare a conversazioni significative e condividere esperienze arricchenti contribuisce a un senso di scopo.

Comunicazione efficace: Praticare la comunicazione efficace è fondamentale per costruire e mantenere relazioni sane. Ciò implica ascoltare attentamente, esprimere i tuoi sentimenti in modo rispettoso e essere disposto a risolvere i conflitti in modo costruttivo.

Condivisione di esperienze e supporto: Le relazioni sane offrono uno spazio sicuro in cui puoi condividere le tue esperienze, gioie e sfide. Avere persone di cui puoi fidarti per offrire supporto e consigli è cruciale per il tuo benessere emotivo.

Diversità delle relazioni: Ricorda che le tue relazioni sociali possono assumere varie forme, come amici, familiari, colleghi e mentori. Ogni tipo di relazione offre diversi tipi di supporto ed arricchimento.

Impostazione di limiti sani: Ricorda che stabilire limiti sani nelle tue relazioni è essenziale. Questo implica assicurarti che anche le tue esigenze vengano soddisfatte e che le relazioni siano basate sul rispetto reciproco.

Coltivare le tue relazioni sociali e investire tempo ed energia in connessioni significative costruisce un sistema di supporto che può aiutare a rafforzare la tua resilienza emotiva. Avere persone di cui puoi fidarti con cui condividere le tue gioie e sfide rende il tuo percorso più gratificante e meno isolato.

Sviluppo personale

Lo sviluppo personale è un componente fondamentale dell'autocura completa, che ti consente di crescere, imparare ed evolverti come individuo. Investendo nel tuo sviluppo personale, non solo arricchisci te stesso, ma rafforzi anche la tua capacità di affrontare sfide e vivere appieno la vita. Ecco informazioni dettagliate su come coltivare lo sviluppo personale:

Definizione di obiettivi e sfide: Lo sviluppo personale implica la definizione di obiettivi sfidanti che siano in linea con i tuoi interessi e valori. Avendo obiettivi chiari, crei un senso di direzione e uno scopo nella tua vita, oltre a uno stimolo per superarti.

Apprendimento continuo: La ricerca dell'apprendimento continuo è uno dei pilastri dello sviluppo personale. Questo può includere la lettura di libri, la partecipazione a corsi, l'acquisizione di nuove competenze e l'esplorazione di argomenti che ti intrigano. L'apprendimento non solo allarga i tuoi orizzonti, ma mantiene anche la tua mente attiva e curiosa.

Esplorazione di hobby e interessi: Dedica del tempo a hobby e interessi che ti portano gioia e soddisfazione; è un prezioso modo di prenderti cura di te stesso. Questo può includere attività come la pittura, suonare uno strumento musicale, cucinare, scrivere o praticare sport. L'esplorazione di nuovi interessi arricchisce la tua vita e offre un'uscita creativa.

Autoconoscenza: Lo sviluppo personale coinvolge anche l'autoconoscenza. Dedica del tempo a comprenderti meglio, identificando i tuoi valori, punti di forza, debolezze e aree in cui desideri crescere. L'autoconoscenza ti aiuta a prendere decisioni in linea con le tue esigenze e aspirazioni.

Sfide positive: Cercando sfide positive, ti spingi fuori dalla zona di comfort e stimoli la crescita. Ciò non solo espande le tue abilità, ma aumenta anche la tua fiducia nella capacità di superare gli ostacoli.

Stabilire priorità: Dà priorità alle attività che contribuiscono al tuo sviluppo personale. Anche se la vita può essere impegnativa, dedicare tempo a questo aspetto è cruciale per la tua crescita continua.

Scoperta di sé e realizzazione: Lo sviluppo personale può portare a una maggiore scoperta di te stesso e realizzazione. Man mano che ti sfidi, impari e cresci, sperimenti una sensazione di soddisfazione personale e un aumento dell'autostima.

Comprendi che lo sviluppo personale è un viaggio continuo, e ogni passo che compi verso la crescita contribuisce a un senso più profondo di scopo e significato nella tua vita. Coltivando lo sviluppo personale, investi in te stesso, arricchisci la tua prospettiva e sei meglio preparato ad affrontare le sfide che si presenteranno.

Tempo libero e divertimento

Incorporare il tempo libero e momenti di divertimento nella tua vita è essenziale per promuovere un equilibrio sano tra le tue responsabilità e il tuo benessere. Il tempo libero non è solo un'indulgenza, ma una parte vitale dell'auto-cura completa. Modi per dare priorità al tempo libero e al divertimento nella tua routine:

Equilibrio e sollievo dallo stress: Il tempo libero svolge un ruolo importante nel bilanciare le richieste della vita quotidiana. Quando ti dedichi ad attività piacevoli e rilassanti, puoi alleviare lo stress accumulato e ricaricare le tue energie, contribuendo a una maggiore resilienza di fronte alle sfide.

Esplorazione di hobby: Qualunque sia il tuo interesse o passione, dedicare del tempo a un hobby che ami è un modo prezioso per incorporare il tempo libero nella tua vita. Può essere cucinare, fare sport, giardinaggio, arte, musica o qualsiasi altra attività che ti faccia sentire felice e realizzato.

Disconnessione digitale: Il tempo libero implica anche disconnettersi dalle distrazioni digitali e concedersi di essere presenti nel momento. Ciò può includere passeggiate all'aperto, la lettura di un libro fisico o godersi una conversazione faccia a faccia con amici e familiari.

Creazione di ricordi positivi: Riservando del tempo per attività divertenti e rilassanti, crei ricordi positivi che contribuiscono alla tua felicità a lungo termine. Queste esperienze possono portare un sorriso al tuo viso quando le ricorderai.

Momenti di ricarica: Il tempo libero offre momenti di ricarica, permettendoti di allontanarti dalle preoccupazioni quotidiane. Ciò ravviva la tua mente e aumenta la tua motivazione per affrontare le tue responsabilità con più energia.

Promozione della creatività: Le attività di tempo libero spesso stimolano la creatività, il che è benefico per la mente e il benessere emotivo. Impegnandoti in attività creative, puoi trovare una via d'uscita per esprimerti e liberare emozioni.

Gioia e soddisfazione: Il divertimento e il tempo libero offrono una sensazione di gioia e soddisfazione, aggiungendo un tocco di positività alla tua vita. Questi momenti possono essere un gradito intervallo nella tua routine, aiutandoti a godere dei piccoli piaceri della vita.

Incorporare il tempo libero e il divertimento nella tua vita non è solo un'indulgenza, ma una necessità per la tua salute e il tuo benessere generale. Dando priorità al tempo libero, ti prendi cura della tua mente, del tuo corpo e dello spirito, promuovendo uno stile di vita equilibrato e felice. Ricorda di dedicare regolarmente del tempo a attività che ti portano gioia e ti consentono di apprezzare la bellezza della vita.

Abbracciando tutte queste aree dell'auto-cura completa, crei una solida base per una vita equilibrata e sana. Comprendi che ogni persona è unica, quindi adatta queste pratiche alle tue esigenze individuali.

Incorporare la routine dell'auto-cura

Incorporare l'auto-cura nella tua routine quotidiana è un modo efficace per assicurarti di prenderti costantemente cura di tutti gli aspetti del tuo benessere. Creando una routine che includa pratiche salutari di auto-cura, stabilisci una base solida per il mantenimento del tuo equilibrio e benessere a lungo termine. Strategie per incorporare l'auto-cura nella tua vita:

Stabilisci priorità

Stabilire priorità è un passo cruciale nell'incorporare l'auto-cura nella tua vita. Identificando le aree più significative per te, crei una base solida su cui costruire abitudini salutari che promuovano il tuo benessere complessivo. Ecco come stabilire priorità nell'auto-cura e valutare le tue necessità e obiettivi:

Autovalutazione: Inizia riflettendo sulle tue necessità e obiettivi personali. Chiediti cosa è importante per te e cosa desideri raggiungere in termini di salute fisica, emotiva e mentale. Considera gli aspetti che vorresti migliorare o rafforzare nella tua vita.

Aree di auto-cura: L'auto-cura copre una vasta gamma di aree, tra cui salute fisica, emotiva, mentale, spirituale, relazionale e personale. Elenca queste aree e considera quali siano più rilevanti per le tue necessità e obiettivi attuali.

Priorità chiare: Una volta identificate le aree di auto-cura più significative per te, è il momento di stabilire priorità chiare. Chiediti quali aree sono più urgenti o necessitano di maggiore attenzione in questo momento. Questo ti aiuterà a concentrare i tuoi sforzi e risorse su tali aree specifiche.

Necessità e obiettivi personali: Considera le tue necessità e obiettivi personali nel definire le tue priorità. Ad esempio, se desideri migliorare la tua salute fisica, puoi dare priorità all'attività fisica regolare e a un'alimentazione equilibrata. Se stai cercando di migliorare la tua salute emotiva, puoi concentrarti su tecniche di gestione dello stress e pratiche di auto-cura emotiva.

Stabilire priorità chiare nell'auto-cura ti consente di concentrare la tua energia ed i tuoi sforzi sulle aree che sono più importanti per te. Questo aiuta a garantire che dedichi tempo e attenzione agli aspetti che contribuiscono in modo significativo al tuo benessere complessivo e alla tua felicità.

Creare una routine

Stabilire una routine di auto-cura è un passo essenziale per assicurarsi di dedicare del tempo regolarmente per prendersi cura di se stessi.

Creando una struttura coerente nella tua vita, rendi più facile incorporare abitudini salutari che promuovano il tuo benessere. Dettagli su come creare una routine di auto-cura efficace:

Identificare i momenti ideali: Inizia identificando i momenti del giorno in cui puoi dedicare del tempo all'auto-cura. Questo può variare da persona a persona, a seconda della tua routine e delle tue preferenze. Alcuni preferiscono iniziare la giornata con pratiche di auto-cura, mentre altri ritengono che sia meglio riservare del tempo alla sera.

Pianificare in anticipo: Pianifica il tuo tempo di auto-cura in anticipo. Fissa un periodo specifico nel tuo calendario in modo che tu abbia un impegno con te stesso. Ciò aiuta a evitare che altri impegni occupino quel tempo e dimostra che valorizzi il tuo benessere.

Varie attività: La tua routine di auto-cura può includere una varietà di attività, dall'esercizio fisico alle pratiche di rilassamento, dalla lettura alla meditazione, allo yoga, al tempo all'aperto e altro ancora. Prova diverse attività per scoprire quali sono le più efficaci per te.

Equilibrio tra le aree: Nel creare la tua routine di auto-cura, ricordati di includere pratiche che coprano vari aspetti del benessere, come la salute fisica, emotiva, mentale e spirituale. Ciò aiuta a mantenere un equilibrio globale nella tua vita.

Imposta promemoria: Se tendi a dimenticare i momenti di auto-cura, imposta dei promemoria sul tuo telefono o nel tuo calendario. Questi promemoria possono aiutarti a rimanere responsabile delle tue pratiche regolari.

Adattati ai cambiamenti: La tua routine di auto-cura potrebbe aver bisogno di regolazioni nel tempo a causa di cambiamenti nella tua routine o nelle circostanze. Sii aperto a fare adattamenti secondo necessità, ma fai sempre della cura di te stesso una priorità.

La coerenza è la chiave: La coerenza è fondamentale affinché la routine di auto-cura sia efficace. Anche nei giorni più frenetici, dedicati un po' di tempo, anche se breve, per praticare l'auto-cura. Questo aiuta a mantenere i benefici nel tempo.

Creando una routine di auto-cura, stai creando uno spazio dedicato a te stesso, dove puoi ricaricarti, rilassarti e promuovere il tuo benessere. Questa routine diventerà una parte essenziale della tua giornata, permettendoti di sentirti più equilibrato, sano e rivitalizzato.

Sii flessibile

Sebbene stabilire una routine di auto-cura sia importante, è altrettanto essenziale essere flessibili ed adattabili. La vita spesso presenta imprevisti, cambiamenti di piani e situazioni che possono interferire con la tua routine pianificata. Modi per coltivare la flessibilità nella tua routine di auto-cura:

Accettare la natura mutevole della vita: Comprendi che la vita è dinamica e non sempre seguirà un corso prevedibile. Ci saranno momenti in cui dovrai adattare la tua routine a causa di impegni improvvisati, cambiamenti di orari o circostanze impreviste. Invece di frustrarti per queste situazioni, considerale come opportunità per praticare l'adattamento.

Piano di contingenza: Tieni pronto un piano di contingenza. Ciò significa che puoi avere alternative o versioni più brevi delle tue pratiche di auto-cura che possono essere inserite quando il tempo è limitato. Ad esempio, se avevi pianificato una sessione di yoga di un'ora ma ti rendi conto di avere poco tempo, puoi optare per alcuni minuti di respirazione profonda e stretching veloci.

Sfrutta i piccoli momenti: Trova modi per incorporare le pratiche di auto-cura in brevi momenti del tuo giorno. Ciò può includere alcuni minuti di meditazione prima di una riunione, una breve passeggiata durante la pausa pranzo o persino un momento per apprezzare la natura mentre aspetti qualcosa.

Le modifiche non significano abbandono: È importante capire che apportare modifiche alla tua routine di auto-cura non significa che stai abbandonando o trascurando la tua salute. Al contrario, è un riconoscimento che la vita è mutevole e che ti impegni a trovare modi per continuare a prenderti cura di te stesso, anche quando cambiano le circostanze.

Adattati con gentilezza: Quando hai bisogno di apportare modifiche alla tua routine, fallo con gentilezza verso te stesso. Evita di incolparti per non aver seguito rigidamente il piano originale. Sappi che la flessibilità è una competenza preziosa e il tuo impegno per l'auto-cura rimane intatto, indipendentemente dalle modifiche che si verificano.

Cultivare la flessibilità nella tua routine di auto-cura ti permetterà di essere più resiliente di fronte ai cambiamenti e alle sfide della vita. Adattandoti con una mentalità positiva, mantieni la tua capacità di prenderti cura di te stesso, indipendentemente dalle circostanze.

Stabilisci dei limiti

Stabilire e mantenere limiti sani è una parte cruciale dell'autocura. Imporre questi limiti ti consente di proteggere la tua salute fisica, emotiva e mentale, evitando l'esaurimento e lo stress. L'importanza di stabilire dei limiti e come farlo:

Il valore dei limiti: Imporre limiti sani è un modo per dimostrare rispetto per te stesso e per le tue esigenze. Definendo chiaramente ciò che sei disposto a fare e fino a dove sei disposto a comprometterti, eviti di sovraccaricarti di obblighi e attività che non contribuiscono al tuo benessere.

L'importanza del "no": Imparare a dire "no" quando è necessario è una competenza vitale per l'autocura. Dire "no" non significa che sei egoista; significa che stai valorizzando le tue necessità e il tuo equilibrio. Accettando troppi impegni, puoi finire per esaurire le tue energie, danneggiare la tua salute e ridurre la tua capacità di prenderci cura di te stesso.

Identificazione dei tuoi limiti: Per impostare limiti efficaci, devi identificare le tue esigenze e le tue capacità. Valuta quanto tempo ed energia hai a disposizione per varie attività, tra cui lavoro, relazioni e autocura. Conoscendo i tuoi limiti, puoi fare scelte più consapevoli su come indirizzare la tua energia.

Mettere il benessere al primo posto: Quando imposti dei limiti, stai mettendo il tuo benessere al primo posto. Valuta se un'attività o un impegno è veramente benefico per te. Se qualcosa interfere significativamente con la tua autocura o genera uno stress eccessivo, considera di dire "no" o apporta delle modifiche per proteggere il tuo equilibrio.

Comunicare in modo rispettoso: Comunicare i tuoi limiti in modo rispettoso e assertivo è essenziale. Esprimiti chiaramente e direttamente, evitando di dover giustificare eccessivamente le tue scelte. Ricorda che è del tutto valido rifiutare un invito o un impegno se interferisce con la tua autocura.

Impara a dire "sì" a te stesso: Imporre dei limiti è un modo per dire "sì" alle tue esigenze. Impostando questi limiti, stai creando spazio per prenderti cura di te stesso, coltivare il benessere e prevenire il sovraccarico. Rendi conto che prendendoti cura di te stesso sarai meglio attrezzato per offrire supporto e presenza nelle aree importanti della tua vita.

Impostando dei limiti sani, stai investendo nel tuo benessere e mantenendo la capacità di prenderci cura di te stesso a lungo termine. Ciò non solo rafforza la tua salute fisica ed emotiva, ma contribuisce anche a relazioni più equilibrate e una vita più gratificante.

Pratica la consistenza

La consistenza svolge un ruolo fondamentale nel trasformare l'autocura in un'abitudine durevole ed efficace. Mantenere una pratica regolare di autocura, anche quando la vita diventa frenetica, è essenziale per assicurarsi di raccogliere i benefici nel lungo periodo. Informazioni su perché la consistenza è cruciale e come puoi praticarla:

La base delle abitudini salutari: La consistenza è alla base della formazione di abitudini salutari. Quando pratichi regolarmente l'autocura, essa diventa parte integrante della tua routine e del tuo stile di vita. Nel tempo, queste pratiche diventano automatiche, semplificando l'incorporazione dell'autocura nella tua quotidianità.

Mantenere l'equilibrio: La vita presenta spesso sfide e periodi frenetici, ma è in questi momenti che l'autocura diventa ancora più essenziale. La consistenza nell'autocura aiuta a mantenere l'equilibrio, riducendo gli effetti negativi dello stress e dell'esaurimento. Continuando a dare priorità al tuo benessere, sarai più preparato ad affrontare le sfide che si presentano.

Prevenzione dell'esaurimento: Essere consistenti nelle pratiche di autocura previene l'esaurimento e il burnout. Invece di aspettare che l'esaurimento ti costringa a fermarti e a prenderti cura di te stesso, la consistenza ti consente di ricaricare le tue energie regolarmente, mantenendoti in uno stato di salute più positivo.

Impegno verso te stesso: Praticando la consistenza nell'autocura, dimostri un impegno verso te stesso e la tua salute. Anche quando la vita diventa frenetica, prendersi del tempo per prendersi cura di te stesso rafforza il messaggio che il tuo benessere è una priorità non negoziabile. Questo impegno continuo rafforza la tua autostima e l'autostima.

Ricorda che la consistenza è un processo e potrebbero esserci momenti in cui potresti fare degli errori. L'importante è tornare alla pratica dell'autocura senza colpevolizzarti. Man mano che pratichi la consistenza, vedrai che l'autocura diventerà una parte naturale ed essenziale della tua vita, contribuendo alla tua salute e felicità continue.

Sperimenta diverse attività

La varietà di attività di auto-curain ti permette di scoprire quali pratiche risuonino di più con le tue esigenze e preferenze individuali. Sperimentare diverse attività è un modo per trovare quelle che portano i massimi benefici, piacere e sollievo nel tuo percorso di cura personale. Come esplorare diverse attività di auto-cura:

La scoperta dell'auto-cura personale: Ogni individuo è unico, e ciò che funziona come auto-cura per una persona potrebbe non essere la scelta ideale per un'altra. Sperimentando una varietà di attività, ti stai dando l'opportunità di scoprire quali pratiche risuonano con te a livello fisico, emotivo e mentale.

Variazione in base alle esigenze: Le esigenze di auto-cura possono variare nel tempo e a seconda delle circostanze. Ciò che è benefico in un giorno potrebbe non essere la scelta migliore in un altro. Sperimentare diverse attività ti consente di adattare la tua auto-cura alle tue esigenze e a ciò che sta accadendo nella tua vita.

Pratiche fisiche e mentali: Le attività di auto-cura variano ampiamente, spaziando dalle attività fisiche alle pratiche mentali ed emotive. Puoi esplorare attività come camminare, correre, nuotare, yoga, meditazione, pittura, scrittura, lettura, ascolto della musica, e molto altro. La chiave è scegliere ciò che si allinea con il tuo stato attuale e le tue esigenze.

Equilibrio tra sforzo e relax: Sperimentando diverse attività di auto-cura, considera la varietà di esperienze che offrono. Alcune attività possono essere più energiche e stimolanti, mentre altre possono essere rilassanti e tranquille. Trovare un equilibrio tra questi tipi di attività può essere utile per soddisfare diverse aspettative delle tue esigenze.

Sperimentazione continua: L'auto-cura non è statica; è un processo in costante evoluzione. Man mano che passi attraverso diverse fasi della vita, le tue preferenze e le tue esigenze di auto-cura possono anche cambiare. Quindi, mantieniti aperto alla sperimentazione continua. Questo potrebbe comportare il rivedere attività che non hai praticato per un po' di tempo, oltre a esplorare nuove pratiche che catturano la tua attenzione.

Ricordando che l'auto-cura è un viaggio individuale, l'esplorazione di diverse attività di auto-cura ti consente di creare un set di strumenti personalizzati per prenderti cura della tua salute fisica, mentale, emotiva e spirituale.

Adattamento nel tempo

La cura di sé è un processo dinamico che si evolve man mano che attraversi diverse fasi della vita, affronti nuove sfide ed esperienzi cambiamenti nelle tue circostanze. Adattare le tue pratiche di auto-curain nel tempo è fondamentale per garantire che tu stia prendendo cura di te stesso in modo efficace e pertinente. Modi per adattare l'auto-curain nel tempo:

L'importanza della valutazione continua: Valutare regolarmente le tue pratiche di auto-cura è essenziale per garantire che continuino a soddisfare le tue esigenze. Ciò che funziona per te in un momento della vita potrebbe non essere altrettanto efficace in un altro. La vita è in costante cambiamento, e le tue priorità e responsabilità possono modificarsi nel tempo.

Identificare cambiamenti e necessità: Sii attento ai cambiamenti nella tua vita, sia quelli positivi che quelli sfidanti. Che si tratti di un cambio di lavoro, una nuova relazione, l'arrivo di un figlio, la pensione o qualsiasi altra transizione, questi eventi possono influenzare le tue esigenze di auto-cura. Identifica come questi cambiamenti potrebbero starti influenzando e adatta le tue pratiche di conseguenza.

Flessibilità e adattamento: Essere flessibili riguardo alle tue pratiche di auto-cura è cruciale. Se noti che un'attività o un approccio non ti fornisce più gli stessi benefici, sii disposto a fare dei cambiamenti. Ciò può comportare l'introduzione di nuove pratiche, la modifica delle pratiche esistenti o addirittura l'eliminazione di quelle che non ti stanno più servendo.

Il ruolo della consapevolezza di sé: La consapevolezza di sé è fondamentale per capire quando è il momento di apportare modifiche alle tue pratiche di auto-cura. Fai attenzione alle tue emozioni, ai livelli di stress, all'energia e al benessere generale. Questi segnali possono indicare se le tue pratiche attuali stanno funzionando o se è necessario apportare modifiche.

Supporto esterno: Parlare con amici, familiari o professionisti della salute mentale può aiutarti a ottenere una prospettiva esterna sulle tue pratiche di auto-cura. Possono offrire intuizioni su aree che potresti non aver considerato o suggerimenti per modifiche che potrebbero essere benefiche.

Mantieni l'apertura: Sii aperto a sperimentare nuovi approcci di auto-cura man mano che ti sviluppi. Ciò che potrebbe sembrare al di fuori della tua zona di comfort inizialmente potrebbe essere esattamente ciò di cui hai bisogno in una nuova fase della vita. Consentiti di esplorare e crescere con le tue pratiche.

L'evoluzione continua dell'auto-cura: Ricordati che l'auto-cura è un processo in evoluzione che può alleviare la pressione nel cercare una formula perfetta. La capacità di adattare e modificare le tue pratiche di auto-cura dimostra un impegno continuo per la tua salute e il tuo benessere.

Incorporare l'auto-cura nella tua routine non beneficia solo te stesso, ma può anche avere un impatto positivo sulla tua salute, sulle relazioni e sulla qualità della vita in generale. Il percorso dell'auto-cura è un investimento costante nel tuo benessere, e l'adattamento è la chiave per assicurarti di prenderci sempre cura di te stesso nel modo migliore possibile.

Evitare l'esaurimento

La mancanza di auto-cura può portare all'esaurimento fisico ed emotivo, influenzando negativamente la tua salute e la qualità della vita. Riconoscere i segnali di sovraccarico è cruciale per prevenire l'esaurimento. Modi per evitare l'esaurimento e prenderti cura di te stesso in modo migliore:

Sii consapevole dei segnali

La vita moderna spesso richiede molto da noi ed è facile cadere nella trappola del sovraccarico. Riconoscere i segnali che ti stai avvicinando o sei già in uno stato di esaurimento è cruciale per evitare conseguenze più gravi per la tua salute fisica, mentale ed emotiva. Sii consapevole dei segnali di sovraccarico:

Fatica costante: Uno dei primi segnali che potresti essere sovraccarico è la fatica costante. Se ti senti esausto anche dopo una buona notte di sonno o hai l'impressione di non avere energia per svolgere compiti semplici, è un segnale che il tuo corpo sta chiedendo riposo.

Irritabilità e cambiamenti d'umore: Il sovraccarico può manifestarsi anche attraverso irritabilità, scatti emotivi o cambiamenti d'umore. Se noti che stai reagendo in modo esagerato a situazioni che normalmente non ti influenzerebbero così tanto, è un segnale che la tua capacità di gestire lo stress è compromessa.

Difficoltà di concentrazione e presa di decisioni: Quando siamo sovraccaricati, la nostra capacità di concentrazione e la presa di decisioni possono essere compromesse. Se ti trovi a lottare per concentrarti sul lavoro o sulle attività quotidiane e a prendere decisioni impulsivamente, ciò potrebbe indicare un livello di stress dannoso.

Mancanza di motivazione e interesse: Il sovraccarico può anche portare alla perdita di motivazione e interesse per le cose che normalmente ti portano gioia. Se ti senti apatico riguardo alle attività che solitamente ti entusiasmano, è importante prestare attenzione a questo segnale.

Problemi di sonno e salute fisica: L'esaurimento può influenzare il tuo sonno, portando a problemi come l'insonnia o il sonno frammentato. Inoltre, il sovraccarico prolungato può influire negativamente sulla tua salute fisica, aumentando la suscettibilità alle malattie e riducendo la funzione immunitaria.

Rispetta i tuoi limiti: La chiave per evitare l'esaurimento è rispettare i tuoi limiti personali. Sappi quando è il momento di rallentare, dire no a impegni aggiuntivi e dare priorità all'auto-cura. Ignorare i segnali di sovraccarico può portare all'esaurimento, al burnout e a problemi di salute più gravi.

L'importanza dell'auto-cura regolare: La pratica regolare dell'auto-cura è un modo efficace per prevenire il sovraccarico. Riservando del tempo per prenderti cura di te stesso, riempi le tue energie e costruisci la resilienza per affrontare le sfide della vita. Ricorda che prenderti cura di te stesso non è egoismo, ma un investimento nella tua salute e nel tuo benessere.

Sii consapevole dei segnali che il tuo corpo e la tua mente ti stanno inviando e non esitare a fare aggiustamenti nella tua routine per alleviare il sovraccarico. Se necessario, cerca assistenza professionale, come terapia o consulenza, per imparare strategie efficaci di gestione dello stress e prevenire problemi più gravi legati al sovraccarico.

Fai pause regolari

In un mondo sempre più frenetico e ricco di richieste, è essenziale dedicare momenti regolari nel corso della giornata per fare pause e ricaricare le energie. Le pause non sono solo un'indulgenza; sono una necessità per mantenere il tuo benessere fisico, mentale ed emotivo. L'importanza di fare pause regolari include:

Rinnovo delle energie: Fare pause nel corso della giornata ti consente di rinnovare le tue energie fisiche, mentali ed emotive. Anche una breve pausa può aiutare a rivitalizzare la mente e a ricaricare il corpo, rendendoti più sveglio e produttivo.

Miglioramento del focus e della produttività: Quando sei costantemente concentrato su un compito, è facile affaticare la mente e perdere chiarezza. Fare pause regolari migliora la tua concentrazione, consentendoti di tornare alle attività con una mente più lucida e produttiva.

Riduzione dello stress: Lo stress continuo senza pause può portare all'accumulo di tensione e ansia. Prendersi dei momenti per rilassarsi e respirare profondamente durante il giorno aiuta a ridurre lo stress e promuove una sensazione di calma.

Prevenzione della stanchezza mentale: La stanchezza mentale si verifica quando la mente è sovraccaricata ed esausta. Fare pause regolari aiuta a prevenire la stanchezza mentale, consentendo alla mente di riposare e riprendersi prima di affrontare nuovi compiti.

Ricorda che le pause non devono essere lunghe per essere efficaci. Trova un ritmo che funzioni per te e il tuo stile di lavoro. Riservare momenti per fare pause regolari dimostra autocompassione e un impegno per la tua salute e il tuo benessere generale. È una pratica semplice ma potente che può avere un impatto significativamente positivo sulla qualità della tua vita.

Pratica l'auto-riflessione

La pratica dell'auto-riflessione è uno strumento prezioso per mantenere un sano equilibrio tra le tue responsabilità e le tue esigenze personali. Coinvolge il prendersi del tempo regolarmente per connettersi con se stessi, valutare come ci si sente e assicurarsi di porre il proprio benessere al primo posto. Ecco alcuni modi per praticare l'auto-riflessione per un auto-cura sostenibile:

Connessione con te stesso: L'auto-riflessione è un momento di pausa nella frenesia della vita quotidiana. È uno spazio in cui puoi riconnetterti con te stesso, esplorare i tuoi sentimenti e pensieri, e ottenere una comprensione più profonda delle tue esigenze e desideri personali.

Valutazione dell'equilibrio: Durante l'auto-riflessione, puoi valutare come stai bilanciando le tue responsabilità con le tue esigenze personali. Chiediti: "Mi sto prendendo a sufficienza cura di me stesso? Sto dedicando del tempo a attività che mi portano gioia e rilassamento?" Questo ti aiuta a identificare le aree in cui potresti essere sovraccarico e dove puoi apportare delle correzioni.

Segnali d'allarme: L'auto-riflessione ti permette anche di riconoscere i segnali d'allarme che indicano uno squilibrio. Se ti senti costantemente stressato, esausto, irritato o emotivamente sopraffatto, questi possono essere segnali che è tempo di adeguare il tuo approccio e dedicare più tempo all'auto-cura.

Stabilire le priorità: L'auto-riflessione ti aiuta a stabilire priorità chiare. Valutando le tue responsabilità e le tue esigenze personali, puoi identificare ciò che è più importante per il tuo benessere e concentrarti su questi aspetti.

L'auto-riflessione non è solo un'attività occasionale, ma un impegno continuo con te stesso. Riservando del tempo per auto-riflettere regolarmente, stai investendo nella tua salute fisica, emotiva e mentale. Ciò ti consente di mantenere un sano equilibrio nella tua vita e apportare eventuali correzioni necessarie per un auto-cura sostenibile ed efficace.

Chiedi aiuto

Chiedere aiuto è un atto di coraggio e auto-compassione ed è essenziale per mantenere un'auto-cura efficace e sostenibile. Molte volte, il sovraccarico o l'esaurimento possono farci credere di dover affrontare tutto da soli, ma questo non è vero. Chiedendo supporto, rafforzi la tua rete di sostegno e permetti ad altri di condividere il peso delle tue responsabilità. Ecco modi per chiedere aiuto in modo sano ed efficace:

Riconoscere la necessità di aiuto: È importante essere consapevoli dei segnali che indicano che ti senti sopraffatto o incapace di gestire le tue responsabilità da solo. Questo può includere sentimenti di costante esaurimento, irritabilità, difficoltà di concentrazione e mancanza di motivazione. Se riconosci questi segnali, è un indicatore che è tempo di chiedere aiuto.

Evidenziare la tua rete di supporto: La tua rete di supporto include amici, familiari, colleghi e professionisti della salute. Queste persone sono lì per sostenerti e possono offrire prospettive, consigli e assistenza pratica. Non esitare a rivolgerti a loro quando hai bisogno di aiuto.

Abbattere lo stigma: Chiedere aiuto non è un segno di debolezza. In realtà, è un segno di autoconsapevolezza e rispetto per te stesso. L'auto-cura implica il riconoscimento dei propri limiti e l'adozione di misure per preservare il proprio benessere. Abbracciare l'idea di chiedere aiuto contribuirà a sfatare lo stigma associato alla necessità di supporto.

La forza nella vulnerabilità: Chiedere aiuto è un atto di vulnerabilità, ma è anche un atto di coraggio. Dimostra che sei disposto a riconoscere le tue necessità e a raggiungere le risorse disponibili per soddisfare queste esigenze. Accogliere il supporto degli altri rafforza i tuoi rapporti e favorisce un'auto-cura più efficace ed equilibrata. Sappi che non sei solo e che ci sono persone disposte a tenderti la mano quando ne hai bisogno.

Impara a dire di no

La capacità di dire no è fondamentale per la tua auto-cura e il tuo benessere. Anche se è naturale voler aiutare e accontentare gli altri, accettare troppe incombenze e impegni può portare a sovraccarico ed esaurimento. Imparare a dire no in modo assertivo e rispettoso è un potente modo di proteggere il tuo tempo, la tua energia e la tua salute mentale. Ecco modi per sviluppare questa abilità:

Riconoscere l'importanza di dire no: Dire "no" non significa essere egoisti o scortesi. Al contrario, è un modo per onorare i tuoi limiti e le tue esigenze. Accettare troppo può compromettere il tuo benessere e l'efficacia in altre aree della vita.

Valutare gli impegni: Prima di accettare nuovi compiti o impegni, prenditi un momento per valutare il tuo carico attuale. Chiediti se hai veramente il tempo e l'energia necessari per dedicarti a questa nuova responsabilità.

Comunicare con chiarezza: Quando dici no, sii chiaro e diretto. Non è necessario dare scuse elaborate o giustificarsi eccessivamente. Una risposta semplice e onesta, come "Al momento, non ho la capacità di assumere ulteriori compiti," è sufficiente.

Offrire alternative: Se possibile, offri alternative o suggerimenti. Ad esempio, puoi dire: "Non posso aiutare con questo ora, ma forse possiamo trovare qualcun altro che può" o "Sono un po' sovraccaricato al momento, ma posso aiutare dopo questa data."

Difendere il tuo tempo e la tua energia: Capisci che è perfettamente accettabile prioritizzare il tuo benessere. Dire "no" non è un segno di debolezza, ma di consapevolezza di sé e auto-compassione.

Pratica il no con gratitudine: A volte, dire no è un modo per preservare la tua capacità di dare il massimo quando conta davvero. Dicendo no a cose che non sono allineate con le tue priorità, stai liberando spazio ed energia per ciò che conta davvero.

Impara dalla tua esperienza: Tieni presente che imparare a dire no è un processo continuo. Può essere difficile all'inizio, specialmente se sei abituato a dire automaticamente di sì. Col tempo, però, questa abilità diventerà più naturale e ti porterà benefici duraturi.

Coltivare relazioni sane: Dire no implica anche stabilire limiti sani nelle tue relazioni. Le persone che valorizzano il tuo benessere rispetteranno le tue decisioni e comprenderanno quando avrai bisogno di dire no.

Sappi che dire no è un atto di auto-cura e un modo per proteggere la tua salute mentale ed emotiva. Stabilendo limiti ed equilibrando le tue responsabilità, ti stai dando la possibilità di condurre una vita più equilibrata e soddisfacente.

Adeguare le aspettative

Le aspettative sono una parte naturale della vita, ma quando non vengono gestite correttamente, possono portare a sentimenti di pressione, stress ed esaurimento. Adeguare le tue aspettative a un livello realistico è una strategia essenziale per proteggere il tuo benessere emotivo e mantenere un senso di equilibrio. Ecco modi per praticare l'adeguamento delle aspettative:

Riconoscere l'importanza dell'adeguamento: Le aspettative irrealistiche possono creare un ciclo di insoddisfazione e frustrazione. Accettare che non tutto può essere raggiunto o controllato in modo perfetto è un passo cruciale per ridurre lo stress e il sovraccarico.

Stabilire le priorità: Nel regolare le tue aspettative, è importante identificare le tue priorità. Chiediti quali sono gli obiettivi più importanti e realizzabili al momento. Concentrati su ciò che è essenziale per te e che può essere raggiunto con le risorse e il tempo a disposizione.

Evitare il perfezionismo: Il perfezionismo è una trappola comune che può portare a aspettative irrealisticamente alte. Riconosci che cercare la perfezione è spesso irraggiungibile e può causare più stress che benefici. Invece, cerca l'eccellenza entro un quadro realistico.

Praticare l'auto-compassione: Sii gentile con te stesso quando le cose non vanno come previsto. Ricorda che tutti affrontano sfide e momenti in cui le cose non vanno come previsto. Invece di autocritica, pratica l'auto-compassione e riconosci i tuoi sforzi.

Stabilire obiettivi realistici: Nella definizione degli obiettivi, assicurati che siano raggiungibili nelle circostanze attuali. Gli obiettivi realistici tengono conto delle tue risorse, del tempo e delle capacità. Suddividere obiettivi più ampi in passi più piccoli può renderli più accessibili.

Praticare la flessibilità: La vita è imprevedibile e non sempre va come pianificato. Sii disposto a regolare le tue aspettative man mano che le situazioni cambiano. La flessibilità ti consente di adattarti ai cambiamenti ed evitare frustrazioni inutili.

Celebrare i successi: Nell'adeguare le aspettative, è importante anche riconoscere e celebrare i tuoi successi, per quanto piccoli possano essere.

Apprezzare i progressi che fai verso i tuoi obiettivi aiuta a mantenere una prospettiva positiva.

Cercare aiuto e supporto: Se ti senti sopraffatto o fai fatica a regolare le tue aspettative, considera di cercare aiuto da amici, familiari o professionisti della salute mentale. Avere una prospettiva esterna può aiutare a valutare le tue aspettative in modo più obiettivo.

Praticando l'adeguamento delle aspettative, stai costruendo una solida base per una vita equilibrata e sana. Stabilendo obiettivi realistici, praticando l'auto-compassione e adottando un'approccio flessibile, puoi ridurre lo stress e il sovraccarico, consentendoti di concentrarti su ciò che è più importante per il tuo benessere.

Fai ciò che ti fa stare bene

Una parte fondamentale dell'autocura è quella di dare priorità alle attività che portano gioia, relax e soddisfazione personale. Fare ciò che ti fa stare bene non è solo un lusso, ma una necessità per mantenere un equilibrio sano nella vita. Ecco modi per scegliere e dedicare tempo a attività che contribuiscono al tuo benessere:

Identificare attività che ti fanno stare bene: Inizia identificando le attività che veramente ti portano gioia e soddisfazione. Pensa a hobby, interessi o passatempi che ti piacciono, così come alle interazioni sociali che ti rendono felice ed energico.

Creare spazio per il tempo libero: Il tempo libero svolge un ruolo fondamentale nel ridurre lo stress e migliorare il benessere. Riserva regolarmente del tempo nella tua agenda per dedicarti a attività ricreative, come guardare un film, leggere un libro, praticare uno sport o qualsiasi cosa tu trovi divertente.

Esplorare nuovi interessi: Sperimentare nuove attività può essere eccitante e arricchente. Sii aperto all'idea di esplorare interessi che hai sempre voluto provare. Questo potrebbe includere imparare a suonare uno strumento, cucinare una nuova ricetta o coinvolgerti in attività artistiche.

Valorizzare l'interazione sociale: Le relazioni sociali positive hanno un impatto significativo sul nostro benessere. Dedica del tempo ad essere con amici, familiari o colleghi che condividono interessi simili. Partecipare ad attività sociali può aiutare a rafforzare legami e creare ricordi felici.

Trova un equilibrio: Trovare un equilibrio tra gli impegni e le attività piacevoli è essenziale. Anche se è importante adempiere alle responsabilità, è vitale riservare del tempo per te stesso. L'equilibrio aiuta a prevenire il sovraccarico e l'esaurimento.

Adotta uno spirito giocoso: Mantieni uno spirito giocoso quando ti dedichi alle attività che ti fanno stare bene. Ridere, giocare e divertirsi sono modi potenti per alleviare lo stress e migliorare l'umore.

Pratica la mindfulness: Quando ti dedichi alle attività che ti portano gioia, pratica la mindfulness. Sii completamente presente nel momento, assorbendo i dettagli e gustando l'esperienza.

Focalizzati: A volte ci immergiamo così tanto nei nostri doveri che ci dimentichiamo di dedicarci a ciò che ci fa stare bene. Ricorda che dedicare del tempo a ciò che ti porta gioia è essenziale per un benessere sano.

L'autocura è una pratica continua che richiede attenzione costante alle tue necessità fisiche, emotive e mentali. Praticando l'autocura completa e incorporando abitudini salutari nella tua routine, crei una base solida per un benessere duraturo. Inoltre, essere consapevoli dei segnali di esaurimento e prevenire il sovraccarico è essenziale per garantire che ti prenda cura di te stesso in modo efficace. Rendi conto che investire nel proprio benessere è un prezioso investimento nella tua qualità di vita e felicità.

11

TROVARE SIGNIFICATO E GIOIA NELLA VITA QUOTIDIANA

Ogni momento, anche il più semplice, porta in sé il potenziale per riempire la nostra vita di significato e gioia.

In un mondo frenetico e carico di responsabilità, è facile perdersi nella routine e dimenticare di cercare momenti di significato e gioia. Tuttavia, trovare un senso nella tua vita di tutti i giorni e coltivare la gioia è essenziale per promuovere un benessere duraturo e un senso di realizzazione. In questo capitolo, esploreremo pratiche e strategie per incorporare significato e gioia nella tua vita quotidiana, consentendoti di vivere con più scopo e soddisfazione.

Praticare la consapevolezza: Coltivare la felicità nel momento presente

La consapevolezza, anche conosciuta come mindfulness, è una pratica che comporta essere completamente presenti nel momento attuale. Ciò significa dedicare una consapevole attenzione ad ogni azione, pensiero o sensazione, senza giudizio. La consapevolezza può essere uno strumento potente per trovare significato e gioia nella tua vita di tutti i giorni. Ecco modi per praticare la consapevolezza:

Attenzione alla respirazione

La pratica dell'attenzione alla respirazione è uno dei modi più semplici e potenti per connettersi con il momento presente e calmare la mente agitata. Riservando alcuni minuti al giorno per concentrarti sulla tua respirazione, puoi coltivare una sensazione di calma, chiarezza mentale e presenza. Ecco i passi per praticare l'attenzione alla respirazione:

Scegli un luogo tranquillo: Trova uno spazio in cui puoi essere comodo e non sarai interrotto. Potrebbe essere un angolo tranquillo della tua casa, un luogo all'aperto o qualsiasi ambiente che ti offra serenità.

Postura confortevole: Siediti o distenditi in una posizione che ti risulti comoda. Mantieni la schiena eretta in modo che l'aria possa fluire liberamente.

Chiudi gli occhi: Chiudi delicatamente gli occhi per ridurre le distrazioni visive. Questo aiuterà anche a concentrare la tua attenzione all'interno.

Concentrati sulla respirazione: Inizia a dirigere la tua attenzione verso la tua respirazione. Nota la sensazione dell'aria che entra ed esce dalle narici o il movimento del tuo addome mentre respiri.

Osserva senza giudicare: Permettiti di osservare la respirazione senza giudicare o cercare di cambiarla. Se la tua mente inizia a vagare, riporta gentilmente la tua attenzione alla respirazione.

Usa la respirazione come punto di ancoraggio: Usa la respirazione come punto di ancoraggio. Ogni volta che noti che la tua mente si è allontanata verso pensieri, preoccupazioni o distrazioni, torna alla sensazione della tua respirazione.

Accetta la natura della mente: È normale che la mente vaghi. Invece di diventare frustrato, riconosci che ciò fa parte dell'esperienza. Riporta semplicemente dolcemente la tua attenzione alla respirazione.

Pratica per alcuni minuti: Inizia con solo alcuni minuti e, man mano che diventi più familiare con la pratica, puoi estendere il tempo. Anche praticare per cinque o dieci minuti può portare benefici significativi.

La pratica dell'attenzione alla respirazione non riguarda il forzare la mente a svuotarsi di pensieri. Si tratta piuttosto di coltivare un rapporto più consapevole e gentile con la tua esperienza interna. Praticandola regolarmente, potresti notare che la mente inizia a calmarsi naturalmente, permettendoti di essere più presente e attento nella tua vita quotidiana.

Mangiare con consapevolezza

Nella nostra frenetica vita, spesso mangiamo in modo affrettato, distratto e automatico. La pratica del mangiare con consapevolezza è un modo potente per portare la mindfulness in un'attività quotidiana come il cibo. Ciò non solo ci aiuta a gustare veramente il cibo, ma anche a coltivare una relazione più sana con il nostro modo di alimentarci. Ecco i passi per praticare il mangiare con consapevolezza:

Scegli un momento tranquillo: Scegli un pasto o uno spuntino per praticare il mangiare con consapevolezza. Trova un luogo tranquillo in cui puoi mangiare senza distrazioni come dispositivi elettronici o la televisione.

Osserva il tuo pasto: Prima di iniziare a mangiare, prenditi un momento per osservare il tuo pasto. Nota i colori, le texture e l'aspetto del cibo nel piatto. Senti una sensazione di gratitudine per avere un pasto davanti a te.

Mastica lentamente: Mentre mangi, mastica ogni boccone lentamente e con attenzione. Senti la texture e il sapore del cibo mentre si scioglie in bocca. Ciò non solo migliora la digestione, ma ti consente anche di apprezzare appieno ciò che stai mangiando.

Percepisci le sensazioni fisiche: Prendi nota delle sensazioni fisiche mentre mangi. Senti la sensazione del cibo che viene inghiottito, il movimento della tua mandibola e la sensazione di sazietà mentre mangi.

Goditi i sapori: Concentrati sui sapori del cibo. Percepisci i diversi gusti, il dolce, il salato, l'aspro e l'amaro. Senti la ricchezza di ogni sapore e apprezzala appieno.

Evita il giudizio: Pratica il mangiare con consapevolezza senza giudizio. Non etichettare il cibo come "buono" o "cattivo". Invece, osserva le tue reazioni e preferenze senza critiche.

Senti la gratitudine: Mentre mangi, senti gratitudine per ogni alimento che sta nutrendo il tuo corpo e fornendo energia. Coltiva un atteggiamento di apprezzamento verso il cibo e l'opportunità di nutrirti.

Sii presente: Se la tua mente inizia a vagare verso pensieri o preoccupazioni, riporta gentilmente la tua attenzione al pasto. Sii completamente presente nell'atto di mangiare.

La pratica del mangiare con consapevolezza non solo trasforma un'attività quotidiana in un momento significativo, ma aiuta anche a sviluppare una relazione più sana con il cibo e la nutrizione. Man mano che diventi più consapevole delle tue abitudini alimentari e delle sensazioni fisiche, puoi prendere decisioni alimentari più consapevoli e in linea con le tue esigenze. Inoltre, il mangiare con consapevolezza può aumentare la tua gratitudine per il cibo e per la vita in generale, nutrendo sia il corpo che la mente.

Attenzione ai sensi

La pratica dell'attenzione ai sensi è un modo efficace per riconnettersi con il momento presente, allontanandosi dalle distrazioni mentali e immergendosi nelle esperienze sensoriali che ci circondano. La nostra vita quotidiana è piena di stimoli sensoriali, ma spesso passiamo attraverso di essi senza realmente notarli. Ecco modi per praticare l'attenzione ai sensi e coltivare una connessione più profonda con il mondo che ti circonda:

Osservare i suoni: Trova un luogo tranquillo dove puoi sederti o stare in piedi. Chiudi gli occhi e inizia ad osservare i suoni che ti circondano. Ascolta attentamente i suoni più vicini e quelli più lontani. Mettiti in sintonia con i dettagli sonori, come i diversi toni e ritmi. Facendo ciò, stai portando la tua attenzione al momento presente, lasciando da parte le preoccupazioni passate o future.

Esplorare colori e forme: Guarda intorno a te con un atteggiamento di curiosità. Osserva i colori, le forme e i modelli che ti circondano. Nota come la luce interagisce con gli oggetti, creando ombre e riflessi. Osservando i colori vividi, i dettagli sottili e le diverse texture, stai ancorando la tua attenzione a ciò che sta accadendo in questo momento.

Sintonizzati sul tatto: Scegli un oggetto vicino a te e toccalo con consapevolezza. Senti la sua texture, temperatura e forma. Concentrati su come si sente toccare l'oggetto, esplorandolo con le punte delle dita. Questa pratica aiuta a dirigere la mente verso le sensazioni fisiche presenti, allontanandola dalle preoccupazioni mentali.

Percezione olfattiva: Presta attenzione agli odori che ti circondano. Respira profondamente e identifica i diversi profumi che percepisci. Potrebbe essere l'odore dei fiori, del cibo, della terra bagnata o persino dell'aria fresca. Questa pratica non solo ti connette al momento presente, ma può anche evocare ricordi e sensazioni piacevoli.

Rallenta e apprezza: Man mano che pratichi l'attenzione ai sensi, ricorda di rallentare e apprezzare veramente ogni esperienza. Sentiti libero di esplorare diversi sensi in momenti diversi. Ad esempio, puoi iniziare osservando i suoni intorno a te e poi passare all'osservazione dei colori e delle forme. L'idea è essere completamente presente in ciascuna esperienza sensoriale.

Senza giudizio: Pratica l'attenzione ai sensi senza giudizio. Non etichettare i suoni come "buoni" o "cattivi", i colori come "piacevoli" o "sgradevoli", o le sensazioni come "giuste" o "sbagliate". Osserva e senti semplicemente, senza il bisogno di giudicare o valutare.

La pratica dell'attenzione ai sensi è uno strumento potente per uscire dalla modalità automatica e coltivare una connessione più profonda con il momento presente. Mentre ti sintonizzi sulle sensazioni che ti circondano, stai coltivando un rinnovato senso di apprezzamento per la vita e per il mondo che ti circonda. Inoltre, questa pratica può contribuire a ridurre lo stress, l'ansia e le ruminazioni mentali, creando uno spazio per farti sentire più calmo e centrato.

Mindfulness nelle attività quotidiane

Una delle meraviglie della mindfulness è la sua capacità di trasformare compiti apparentemente comuni in momenti significativi e arricchenti. Praticando la mindfulness nelle attività quotidiane, puoi sperimentare una nuova profondità di connessione con il presente, indipendentemente da ciò che stai facendo. Ecco modi per portare la mindfulness nelle tue attività quotidiane:

Camminare con presenza: Anche durante attività semplici come camminare, è possibile coltivare la mindfulness. Senti il contatto dei tuoi piedi con il suolo ad ogni passo. Osserva come il tuo corpo si muove e come il tuo respiro si sincronizza con il movimento. Sii consapevole dell'ambiente circostante, assorbendo le visioni e i suoni intorno a te.

Bagno con gratitudine: Il bagno può essere un momento rilassante e rivitalizzante quando lo affronti con mindfulness. Senti l'acqua scorrere sul tuo corpo, percepi la temperatura e il tocco dell'acqua sulla pelle. Respira profondamente e vivi questo momento di auto-cura con gratitudine. Lascia che l'acqua porti via qualsiasi tensione o preoccupazione.

Pasti consapevoli: Rendere i pasti una pratica consapevole può migliorare il tuo rapporto con il cibo e aumentare la tua gratitudine per i sapori. Prima di iniziare a mangiare, prenditi un momento per osservare l'aspetto e l'odore del tuo cibo. Mentre mangi, mastica lentamente, assaporando ogni boccone. Sii consapevole delle sensazioni di sazietà che il cibo porta al tuo corpo.

Momenti di attesa: Anche momenti di attesa, come fare la fila o aspettare qualcuno, possono diventare opportunità per la mindfulness. Osserva il tuo respiro durante questi momenti. Senti il flusso d'aria che entra ed esce dai polmoni. Questo può aiutare a mantenere la tua mente calma e rilassata.

Crea spazi mentali: Portando la mindfulness nelle attività quotidiane, stai creando spazi mentali per la tranquillità e la soddisfazione. Lascia perdere l'abitudine di perdersi nei pensieri sul passato o sul futuro. Concentrando la tua attenzione sui compiti a portata di mano, stai addestrando la tua mente a essere più presente ed impegnata.

La pratica della mindfulness nelle attività quotidiane può trasformare la tua routine in una serie di momenti arricchenti. Ogni compito che esegui con mindfulness ti aiuta a coltivare la capacità di essere più consapevole, più connesso con te stesso e più presente nel mondo circostante. Indipendentemente da ciò che stai facendo, ricorda che la vita sta accadendo qui e ora, ed è in questi momenti che puoi trovare vero significato e gioia.

Sviluppa la gratitudine

La gratitudine è una pratica trasformatrice che può aprire gli occhi all'abbondanza presente nelle nostre vite. Quando pratichi la gratitudine regolarmente, inizi a notare e apprezzare le piccole e grandi benedizioni che ti circondano. Ecco modi per sviluppare la gratitudine e coltivare la gioia nella tua vita quotidiana:

Momento di gratitudine quotidiano: Scegli un momento del tuo giorno per connetterti con la gratitudine. Può essere al mattino, appena sveglio, o alla sera, prima di dormire. Dedica alcuni minuti a riflettere su ciò per cui sei grato. Ciò può aiutarti a impostare un tono positivo per la tua giornata o concludere la giornata con un senso di contentezza.

Elenco di gratitudine: Tieni un diario della gratitudine in cui annoti regolarmente le cose per cui sei grato. Può essere un quaderno fisico o una nota sul tuo dispositivo elettronico. Annota almeno tre cose che apprezzi nella tua vita, che siano cose semplici come un sorriso gentile o qualcosa di più significativo come un traguardo personale.

Gratitudine per il presente: Pratica la gratitudine per le cose presenti in quel momento. Mentre svolgi le tue attività quotidiane, fermati per osservare e ringraziare. Può essere il pasto nutriente che stai consumando, l'aria fresca che stai respirando o la bellezza della natura intorno a te.

Cultiva l'apprezzamento: Man mano che pratichi la gratitudine, coltivi anche un profondo senso di apprezzamento. La gratitudine ti permette di vedere la bellezza nelle piccole cose e di valorizzare le relazioni umane, i momenti di gioia e persino le sfide che ti aiutano a crescere.

Condividi la gratitudine: Esprimere la gratitudine non solo internamente ma anche esternamente può rafforzare i legami con gli altri. Ringrazia qualcuno che ha fatto qualcosa di gentile per te. Mostra apprezzamento per coloro che ti sostengono e fanno parte della tua vita.

Allarga la prospettiva: Man mano che pratichi la gratitudine, potresti notare che la tua prospettiva inizia ad espandersi. Inizi a guardare oltre le difficoltà momentanee e a concentrarti sulle cose positive che riempiono la tua vita.

La gratitudine è uno strumento potente per la mindfulness, poiché dirige la tua attenzione su ciò che è presente e positivo nel momento. Riconoscendo le benedizioni nella tua vita, sperimenti naturalmente una sensazione di gioia e contentezza. Ricorda che la pratica della gratitudine non richiede grandi gesti; è il sincero riconoscimento di ciò che hai già che fa la differenza.

Praticare la mindfulness è un regalo che fai a te stesso. Ogni momento di consapevolezza è un'opportunità per riconnetterti con te stesso e con il mondo intorno a te. Man mano che ti immergi in questa pratica, scoprirai che la felicità risiede non in un luogo lontano, ma proprio nel momento presente. La mindfulness ci aiuta ad accogliere ogni istante a cuore aperto, coltivando una profonda gratitudine per ciò che è veramente importante nelle nostre vite.

Alla ricerca di attività piacevoli: Riscoprire interessi che portano gioia

La ricerca della gioia è intrinsecamente legata a scoprire e dedicare del tempo a attività che ci portano piacere genuino e soddisfazione. Spesso, nel vortice delle responsabilità quotidiane, trascuriamo questi interessi che possono essere fonti preziose di felicità. Riscoprendo e incorporando attività piacevoli nella tua vita, aggiungi colori vivaci alle tue giornate e crei momenti che sono veramente significativi. Modi per cercare attività piacevoli:

Riconnettersi con gli hobby

Ricordare e riconnettersi con gli hobby e gli interessi che hanno portato gioia in passato è un modo potente per ravvivare il tuo spirito e creare momenti di felicità genuina. Molte volte, invecchiando e assumendo più responsabilità, questi interessi possono essere stati trascurati. Tuttavia, riportare queste passioni nella tua vita può portare non solo gioia, ma anche un profondo senso di realizzazione personale. Modi per riconnettersi con i tuoi vecchi hobby e interessi:

Riflettere sulle tue passioni passate: Prenditi del tempo per riflettere sugli hobby e gli interessi che ti hanno portato gioia e soddisfazione in passato. Potrebbe essere la sensazione di suonare uno strumento musicale, la gioia di dipingere un quadro, la creatività in cucina, l'espressione nella scrittura, la libertà nella danza o la pace nell'esplorare la natura. Ricorda le esperienze positive ed emozionanti che hai vissuto coinvolgendoti in queste attività.

Priorità per il tempo libero: A volte la vita frenetica può farci pensare che non abbiamo tempo per i nostri hobby. Tuttavia, è importante dare priorità a queste attività che ti portano gioia e soddisfazione. Riserva un momento specifico nella tua agenda per dedicarti al tuo hobby scelto. Potrebbero essere alcune ore a settimana o persino alcuni minuti ogni giorno. Creare spazio per le tue passioni dimostra che apprezzi la tua felicità.

Adattamento ai cambiamenti: A volte i tuoi interessi possono essere cambiati un po' dall'ultima volta che ti sei dedicato a un hobby specifico. Sii aperto a abbracciare questi cambiamenti. Forse desideri esplorare diversi aspetti dello stesso hobby o provare qualcosa di completamente nuovo. L'adattamento ti consente di mantenere l'entusiasmo e la sensazione di scoperta.

Creazione di uno spazio ispiratore: Crea uno spazio nella tua casa o altrove in cui puoi dedicarti al tuo hobby. Avere un ambiente dedicato può aiutare a creare uno stato mentale favorevole alla creatività e all'immersione nell'attività. Se stai tornando alla musica, ad esempio, crea uno spazio in cui puoi suonare senza distrazioni.

Condivisione con gli altri: Condividere i tuoi hobby e interessi con amici e familiari può essere un'esperienza arricchente. Ciò ti consente non solo di connetterti con gli altri attraverso interessi comuni, ma può anche motivarti a rimanere coinvolto. Inoltre, potresti considerare di partecipare a gruppi o comunità online legati al tuo hobby per incontrare altre persone che condividono la tua passione.

Ricollegarsi agli hobby è un modo per ringiovanire il tuo spirito e portare una vera gioia nella tua vita quotidiana. Oltre a fornire momenti di soddisfazione, queste attività possono aiutare a alleviare lo stress, migliorare l'umore e promuovere un senso di realizzazione personale.

Quindi, prenditi del tempo per immergerti nelle passioni del passato e scoprire come possono illuminare il tuo presente.

Esplorare nuove passioni

La vita è piena di opportunità per imparare, crescere e sperimentare cose nuove. Quando ci apriamo all'esplorazione di nuove attività e interessi, ci diamo la possibilità di scoprire nuove fonti di gioia, sfidare i nostri limiti e nutrire la nostra innata curiosità. L'esplorazione di nuove passioni non solo allarga i nostri orizzonti, ma ci aiuta anche a trovare una freschezza rinnovata nelle nostre vite. Modi per avventurarsi in nuove attività e interessi:

Crescere la curiosità: Sii attento alle cose che suscitano la tua curiosità. Chiediti cosa hai sempre voluto imparare o sperimentare. Potrebbe essere qualcosa che hai visto in un documentario, sentito in una conversazione o semplicemente un'idea che ha scatenato il tuo interesse. Lasciati guidare da questa curiosità e considera l'idea di immergerti in nuovi campi.

Abbattere le barriere della paura: A volte, l'idea di provare qualcosa di nuovo può essere intimidatoria. La paura dell'ignoto può impedirci di fare il primo passo. Tuttavia, ricorda che l'esplorazione di nuove passioni riguarda la crescita e l'esperienza. Non preoccuparti della perfezione o del risultato finale; concentrati sul goderti il processo.

Stabilire obiettivi di esplorazione: Stabilire obiettivi per esplorare nuove passioni può essere un modo efficace per motivarsi. Decidi cosa desideri raggiungere in relazione a questa nuova attività. Potrebbe essere qualcosa di semplice come frequentare alcune lezioni di pittura o completare finalmente un sentiero escursionistico impegnativo. Stabilire obiettivi tangibili può dare direzione al tuo processo di esplorazione.

Apprendimento costante: Nell'esplorare una nuova passione, sii pronto a imparare e crescere lungo il percorso. Se stai iniziando qualcosa di completamente nuovo, potrebbe esserci un periodo di apprendimento e adattamento. Questo è normale e fa parte del percorso. Celebra ogni piccolo progresso e goditi la sensazione di scoperta.

Condivisione di esperienze: Condividere il tuo percorso di esplorazione con amici, familiari o colleghi può essere un'esperienza arricchente. Possono offrire supporto, incoraggiamento e persino unirsi a te nelle tue nuove avventure. Inoltre, ascoltare le esperienze di altre persone che sono già coinvolte nell'attività può essere fonte di ispirazione.

Mantenere una mente aperta: Tieni presente che l'esplorazione di nuove passioni può portare a sorprese inaspettate. Potresti scoprire abilità o interessi che non avresti mai immaginato di avere. Sii aperto a tutte le possibilità e permetti a te stesso di essere guidato dal cuore e dall'intuizione.

Esplorare nuove passioni è un modo emozionante per aggiungere colore e vitalità alla tua vita. Attraverso sperimentazione e la volontà di uscire dalla zona di comfort, puoi trovare nuove fonti di gioia, soddisfazione e realizzazione. Comprendi che il viaggio di esplorazione è tanto prezioso quanto la destinazione, quindi goditi ogni momento di questo percorso di auto-scoperta.

Tempo libero pianificato

Nella nostra vita frenetica, è facile cadere nella trappola di dedicare tutto il nostro tempo agli obblighi e alle responsabilità, lasciando poco spazio per il piacere e la gioia. Tuttavia, è fondamentale riconoscere l'importanza del tempo libero pianificato come un modo per nutrire la nostra anima, ricaricare le energie e trovare l'equilibrio. Pianificando momenti specifici per dedicarsi a attività che portano gioia, si sta dimostrando un impegno attivo per il proprio benessere emotivo e mentale. Modi per incorporare il tempo libero pianificato nella tua vita:

Pianifica in anticipo: Proprio come pianificheresti impegni di lavoro o riunioni importanti, prenota del tempo nel tuo calendario per le attività di svago. Potrebbe essere un'ora ogni sera per leggere un libro, un sabato pomeriggio per esplorare la natura o anche alcuni minuti ogni mattina per meditare. Pianificando in anticipo, stai dando priorità al tuo benessere.

Scegli attività che portano gioia: Il tempo libero pianificato dovrebbe essere riempito con attività che ti portano gioia e relax. Chiediti: "Cosa mi rende felice?" Potrebbe essere un hobby che ami, un'attività creativa, uno sport che ti piace o anche fare assolutamente nulla, semplicemente godendoti la calma del momento.

Disconnettiti dalle distrazioni: Quando ti dedichi al tuo tempo libero pianificato, cerca di disconnetterti dalle distrazioni tecnologiche e dalle preoccupazioni quotidiane. Riserva questo momento come uno spazio sacro per riconnetterti con te stesso e goderti il presente.

Variazione ed esplorazione: Sebbene sia meraviglioso avere attività preferite per il tempo libero, è anche benefico variare le tue scelte. Prova cose nuove ed esplora interessi diversi per mantenere l'esperienza fresca ed emozionante.

Pratica la consapevolezza: Mentre ti godi il tuo tempo libero pianificato, pratica la consapevolezza essendo completamente presente nell'attività. Lascia da parte preoccupazioni e distrazioni e concentrati sull'esperienza. Ciò amplifica i benefici del tuo tempo libero, consentendoti di godere appieno di ogni momento.

Impegno verso te stesso: Sii consapevole che pianificare il tempo libero non è un lusso, ma una necessità. È un atto di auto-cura che rafforza la tua salute mentale, emotiva e fisica. Impegnandoti in questa pratica, stai dando priorità alla tua felicità e al tuo benessere.

Flessibilità e adattamento: La vita può essere imprevedibile e non sempre sarà possibile seguire un programma rigoroso. Se si verifica qualcosa che interferisce con il tuo tempo libero pianificato, sii flessibile e adatta di conseguenza. L'obiettivo è creare un sano equilibrio tra obblighi e piacere, e ciò potrebbe richiedere un po' di adattamento.

Comprendi che il tempo libero pianificato non è un lusso egoista, ma una parte essenziale della cura di te stesso. Pianificando del tempo per impegnarti in attività che ti portano gioia e relax, stai investendo nel tuo benessere e stai costruendo una vita più equilibrata e appagante.

Socializzazione positiva

Le connessioni che condividiamo con amici e familiari svolgono un ruolo significativo nella nostra felicità e nel nostro benessere. La socializzazione positiva implica trascorrere del tempo con persone che condividono i nostri interessi e valori, moltiplicando la gioia e creando ricordi che durano per tutta la vita. Organizzando incontri sociali che coinvolgono attività piacevoli, non solo rafforzi i tuoi legami, ma costruisci anche una rete di supporto emotivo che contribuisce alla tua salute mentale ed emotiva. Ecco modi per godere della socializzazione positiva:

Incontri con uno scopo: Quando pianifichi incontri sociali, considera attività che tutti possono apprezzare e che siano in linea con gli interessi e i valori del gruppo. Questo può includere attività all'aperto come picnic o escursioni, o attività più rilassanti come serate cinematografiche casalinghe.

Attività ludiche: Introduci giochi da tavolo, carte o altre attività ludiche nei tuoi incontri sociali. Questi giochi non solo offrono divertimento e risate, ma stimolano anche l'interazione e la connessione tra i partecipanti.

Esplorazione creativa: Incorpora elementi creativi nei tuoi incontri, come serate di arte e artigianato, sessioni di pittura o addirittura serate culinarie. Queste attività non solo stimolano la creatività, ma offrono anche opportunità per condividere esperienze uniche.

Esperienze culturali: Esplora attività che offrano un'esperienza culturale unica, come cenare in un ristorante etnico o assistere a uno spettacolo dal vivo. Queste esperienze arricchiscono l'incontro e offrono conversazioni interessanti.

Momenti di riflessione: Oltre alle attività vivaci, dedica del tempo a momenti di riflessione più profonda. Può essere una conversazione su obiettivi, aspirazioni o semplicemente condivisione di storie di vita. Questi momenti intimi possono rafforzare i legami e approfondire le connessioni.

Costruzione di ricordi duraturi: La socializzazione positiva crea opportunità per creare ricordi duraturi e significativi. Le risate condivise, le conversazioni profonde e i momenti di connessione diventano le storie che ti accompagneranno nel tempo.

Pratica dell'ascolto attivo: Durante gli incontri, pratica l'ascolto attivo, mostrando un interesse genuino per le esperienze e i sentimenti degli altri. Ciò crea uno spazio sicuro per la condivisione e rafforza le relazioni.

Incorporando la socializzazione positiva nella tua vita, arricchirai le tue relazioni e costruirai una rete di supporto emotivo che contribuisce alla tua felicità e al tuo benessere. Le connessioni che coltivi durante questi momenti di gioia e interazione possono diventare una fonte inestimabile di supporto nei momenti difficili e una fonte costante di gioia lungo tutta la vita.

Tieni un diario di gioia

Nel trambusto della vita quotidiana, spesso lasciamo sfuggire i momenti di gioia e soddisfazione che sperimentiamo. Tenere un diario di gioia è una pratica potente che ci consente di catturare e celebrare questi momenti speciali, coltivando un continuo senso di gratitudine e apprezzamento per la vita. Un diario di gioia non solo ci aiuta a riconoscere le cose che ci rendono felici, ma funge anche da rifugio di ispirazione e conforto nei momenti in cui affrontiamo sfide. Modi per incorporare un diario di gioia nella tua vita:

Inizia con un diario speciale: Scegli un diario o un quaderno che riservi esclusivamente per le tue annotazioni di gioia. Può essere tanto semplice o elaborato quanto desideri, riflettendo la tua personalità e il tuo stile.

Cattura i momenti: Dedica del tempo ogni giorno a riflettere sulle attività, momenti o esperienze che ti hanno portato gioia. Questo può variare da una piacevole conversazione con un amico a contemplare un tramonto.

Dettagli vividi: Quando registri questi momenti di gioia, sii specifico nei dettagli. Descrivi le sensazioni, le emozioni e i pensieri che accompagnano ciascuna esperienza. Questo ti consente di rivivere questi momenti quando rileggi le tue annotazioni.

Esprimi gratitudine: Oltre a descrivere i momenti, esprimi gratitudine per essi. Riconosci l'impatto positivo che queste esperienze hanno sulla tua vita e pratica la gratitudine per averle vissute.

Rivedi e rivivi: Periodicamente, sfoglia il tuo diario di gioia e ricorda i momenti che hai annotato. Questa pratica non solo fa emergere sentimenti positivi, ma ravviva anche la gioia che hai provato inizialmente.

Ispirazione nei momenti difficili: Quando affronti sfide o momenti difficili, il tuo diario di gioia diventa un rifugio di ispirazione. Leggere le tue annotazioni passate può ricordarti che ci sono momenti di luce anche nei periodi più bui.

Condividi con gli altri: Se lo desideri, condividi le tue annotazioni di gioia con amici o familiari. Questo rafforza non solo i legami, ma può anche ispirare gli altri a coltivare la propria pratica di gratitudine.

Crea un rituale quotidiano: Incorpora la scrittura nella tua giornata creando un rituale quotidiano per annotare un momento di gioia. Può essere al mattino appena sveglio o alla sera prima di dormire.

Cercando attività piacevoli, stai essenzialmente investendo nel tuo benessere emotivo. Questi momenti di gioia possono fungere da ancoraggi, ricordandoti che la vita è piena di esperienze positive. Rendendo queste attività una parte regolare della tua vita, stai coltivando un ambiente che nutre la tua felicità e contribuisce a una sensazione duratura di soddisfazione.

Creare un ambiente positivo: Circondarsi di elementi che ispirano positività

L'ambiente circostante gioca un ruolo importante nella tua prospettiva e nel tuo benessere. Creare un ambiente positivo che rifletta i tuoi valori e ispiri positività può aumentare il tuo senso di significato e gioia. Modi per creare un ambiente che contribuisca al tuo benessere:

Organizzazione e pulizia

L'ambiente che ci circonda gioca un ruolo significativo nella nostra salute emotiva e mentale. Uno spazio organizzato e pulito non solo contribuisce a un senso di tranquillità, ma può anche migliorare il nostro umore, la produttività e il benessere generale. Creare un ambiente positivo è un modo tangibile di investire nella propria cura e felicità. Modi per incorporare l'organizzazione e la pulizia nella tua vita per creare un ambiente che sia un rifugio di positività:

Pulizia regolare: Pianifica momenti regolari per pulire e mettere in ordine la tua casa o il tuo spazio di lavoro. Ciò non solo migliora l'aspetto, ma aiuta anche a creare una sensazione di ordine e calma.

Semplicità ed essenzialità: Quando organizzi, considera di cosa hai davvero bisogno e cosa usi. Liberarti degli oggetti inutilizzati o superflui non solo libera spazio, ma libera anche energia emotiva.

Crea zone funzionali: Organizza il tuo spazio in base alla sua funzionalità. Crea aree specifiche per diverse attività, come il lavoro, il relax e la creatività. Questo aiuta a mantenere chiarezza e scopo in ogni spazio.

Tocchi personali: Aggiungi elementi personali che ti fanno sentire bene nel tuo ambiente. Ciò può avvenire attraverso colori, decorazioni, foto di momenti felici o oggetti che hanno un significato speciale.

Luce e ventilazione: Mantieni il tuo ambiente ben illuminato e ben areato. La luce naturale e l'aria fresca hanno un impatto positivo sul nostro umore e sulla salute.

Riduci il disordine: Il disordine può causare sensazioni di stress e disorganizzazione. Prenditi il tempo per organizzare carte, materiali e oggetti, assicurandoti che ognuno abbia un posto designato.

Crea spazi di riposo: Dedica aree specifiche al riposo e al relax, dove puoi ritirarti per ricaricarti e rigenerarti.

Raggruppamento e organizzazione visiva: Tieni oggetti simili raggruppati per creare un senso di ordine visivo. Usa scatole, mensole e organizzatori per mantenere tutto in ordine.

Prenditi cura delle piante: Se hai piante, prenditi cura di loro. Le piante non solo aggiungono bellezza all'ambiente, ma possono anche migliorare la qualità dell'aria e portare una sensazione di vita nello spazio.

Celebra il processo: L'organizzazione e la pulizia non devono essere compiti faticosi. Affrontali come opportunità di auto-cura e celebra il progresso che fai. Metti la tua musica preferita mentre organizzi o prenditi un momento per ammirare il tuo spazio dopo la pulizia.

Investire tempo nell'organizzazione e nella pulizia del tuo ambiente è un modo tangibile per nutrire la propria felicità e il proprio benessere. Creando un ambiente che rifletta positività e armonia, ti stai fornendo uno spazio in cui la gioia può fiorire e prosperare.

Elementi ispiratori

Il modo in cui decoriamo il nostro spazio può avere un impatto profondo sul nostro stato emotivo e mentale. Gli elementi ispiratori non solo rendono il nostro ambiente visivamente attraente, ma possono anche stimolare la creatività, evocare sentimenti positivi e portare gioia. Aggiungendo tocchi di ispirazione al tuo ambiente, stai coltivando uno spazio in cui puoi sentirti motivato e rinfrancato. Modi per incorporare elementi ispiratori nel tuo ambiente:

Opere d'arte e fotografie: Scegli opere d'arte o fotografie che risuonino emotivamente con te. Potrebbe essere un dipinto colorato, un'immagine della natura o una foto di un momento speciale. Questi elementi visivi possono fungere da costanti promemoria delle cose che ami e apprezzi.

Citazioni motivazionali: Colloca citazioni ispiratrici o sagge parole in luoghi visibili. Questi messaggi possono servire da potenti promemoria dei tuoi obiettivi, dei tuoi valori e delle tue aspirazioni.

Piante ed elementi naturali: Introduci piante ed elementi naturali nel tuo spazio. Le piante non solo aggiungono un tocco di bellezza, ma portano anche una sensazione di calma e connessione con la natura.

Spazio creativo: Crea uno spazio dedicato alla creatività. Potrebbe essere un angolo per scrivere, dipingere, disegnare, fare artigianato o qualsiasi altra attività che stimoli la tua espressione creativa.

Oggetti con significato: Colloca oggetti che hanno un significato speciale per te. Questo potrebbe includere ricordi di viaggi, regali da cari o oggetti che rappresentano le tue passioni e interessi.

Colori e texture: Scegli colori e texture che evocano sentimenti di gioia e benessere. Colori vivaci e tonalità morbide possono avere un impatto positivo sul tuo stato d'animo.

Organizzazione ispirata: Mantieni il tuo spazio organizzato in modo che ti ispiri. Utilizza organizzatori, mensole e scatole decorative per mantenere tutto in ordine ed accessibile.

Spazio per la riflessione: Crea un piccolo spazio per la riflessione e la meditazione. Potrebbe essere un angolo tranquillo con cuscini, candele ed elementi che promuovono la tranquillità.

Ridefinizione dello spazio: A volte, basta cambiare la disposizione dei mobili o aggiungere nuovi elementi decorativi per rivitalizzare l'ambiente e portare nuova energia.

Rituale quotidiano: Crea un rituale quotidiano per apprezzare gli elementi ispiratori nel tuo spazio. Potrebbe essere un momento di silenzio per contemplare l'arte, leggere una citazione o semplicemente ammirare la bellezza intorno a te.

Riempire il tuo ambiente con elementi che ispirano ed elevano il tuo spirito significa creare un rifugio di gioia e positività. Il tuo spazio diventa più di un luogo fisico: diventa un santuario che riflette la tua essenza e supporta il tuo benessere emotivo.

Colori e illuminazione

La scelta dei colori e la qualità dell'illuminazione in un ambiente possono avere un impatto significativo sul tuo stato d'animo e sul tuo benessere generale. Questi elementi non solo decorano lo spazio, ma hanno anche la capacità di creare un'atmosfera che influisce sulle tue emozioni, energia e sensazione di comfort. Considerando colori e illuminazione, puoi creare un ambiente che promuova positività e armonia. Ecco come questi fattori possono influenzare il tuo spazio:

Psicologia dei colori: I colori hanno la capacità di evocare emozioni e sentimenti specifici. Ad esempio, le sfumature di blu possono trasmettere calma e tranquillità, mentre i toni del giallo possono rappresentare gioia e ottimismo.

Scelta consapevole: Quando scegli i colori per il tuo ambiente, rifletti sul clima emotivo che desideri creare. Colori più tenui e toni pastello possono portare una sensazione di serenità, mentre colori vibranti possono aggiungere energia e vitalità.

Combinazioni armoniose: Nel combinare i colori, considera l'armonia e l'equilibrio. Colori complementari, analoghi o monocromatici possono creare una sensazione di coesione e comfort visivo.

Illuminazione con luce naturale: La luce naturale è una delle forme più salutari e benefiche di illuminazione. Aiuta a regolare l'orologio biologico, migliora l'umore e porta una sensazione di connessione con l'ambiente esterno.

Illuminazione artificiale: Scegli con cura l'illuminazione artificiale. L'illuminazione generale può creare un'atmosfera accogliente, mentre l'illuminazione direzionale può mettere in evidenza elementi specifici dello spazio.

Temperatura del colore: Anche la temperatura del colore dell'illuminazione è importante. Luci più calde, simili alla luce del sole del mattino, possono creare un'atmosfera rilassante, mentre luci più fredde possono stimolare la concentrazione.

Riflessione della tua personalità: Scegli colori e illuminazione che riflettano la tua personalità e il tuo stile di vita. Questo ti aiuterà a sentirti più connesso all'ambiente.

Creazione di ambienti: Tieni presente che ambienti diversi possono richiedere approcci diversi. Uno spazio di relax può beneficiare di colori e illuminazione tenui, mentre un'area di lavoro potrebbe richiedere illuminazione più brillante per favorire la produttività.

Nel considerare colori e illuminazione nel tuo ambiente, pensa non solo all'aspetto estetico, ma anche a come questi elementi possano influenzare positivamente la tua esperienza quotidiana. Creare uno spazio equilibrato che risuoni con te e promuova sentimenti di comfort e gioia è un passo importante per coltivare un ambiente che contribuisca al tuo benessere emotivo e mentale.

Ridurre l'eccesso

Un modo efficace per promuovere un ambiente positivo e favorevole al benessere è ridurre l'eccesso di oggetti e oggetti che possono causare disordine e distrazione. Facendo ciò, non solo crei uno spazio fisico più organizzato, ma liberi anche spazio mentale per concentrarti su ciò che è veramente importante e significativo. Considerazioni per aiutarti a ridurre l'eccesso nella tua vita:

Valuta ciò che è necessario: Dedica del tempo a valutare gli oggetti nel tuo spazio. Interrogati sull'utilità e il valore di ciascun oggetto. Liberati delle cose che non contribuiscono più alla tua vita o che occupano solo spazio.

Lascia andare con intenzione: Quando decidi di liberarti di qualcosa, fallo con intenzione. Chiediti se l'oggetto ha ancora utilità o se porta gioia nella tua vita. Ad esempio, l'approccio del metodo KonMari prevede di tenere solo ciò che "suscita gioia".

Organizzazione funzionale: Organizza i tuoi oggetti in modo funzionale. Ciò significa assegnare un luogo specifico a ogni cosa e tenere insieme oggetti simili. Avere un sistema organizzato facilita la ricerca delle cose e mantiene lo spazio in ordine.

Riduci il consumismo: Evita di accumulare più cose di quanto tu realmente hai bisogno. Pratica il consumo consapevole, valutando se un oggetto è davvero necessario prima di acquistarlo.

Promuovi lo spazio positivo: Riducendo l'eccesso, crei un ambiente che consente alle tue priorità e ai tuoi interessi autentici di emergere. Liberati di distrazioni visive superflue in modo da poterti concentrare sulle attività che portano gioia e significato.

Meno è più: Ricorda che meno può significare di più. Uno spazio meno affollato può portare a una maggiore chiarezza mentale, tranquillità e una sensazione di spazio aperto.

Rivaluta regolarmente: La riduzione dell'eccesso è un processo continuo. Riserva periodicamente del tempo per rivalutare i tuoi averi e apportare eventuali modifiche necessarie. Ciò ti aiuterà a mantenere il tuo spazio organizzato e allineato alle tue attuali esigenze e obiettivi.

La riduzione dell'eccesso non riguarda solo la creazione di uno spazio più organizzato, ma anche la coltivazione di una mentalità di semplicità e concentrazione. Liberandoti di oggetti superflui, apri spazio per ciò che conta davvero, promuovendo un ambiente che supporta il tuo benessere emotivo, mentale e spirituale.

Spazi rilassanti

Avere spazi dedicati al relax e alla riflessione in casa è fondamentale per coltivare momenti di tranquillità nel mezzo dell'agitazione quotidiana. Questi spazi offrono rifugi in cui puoi staccare la spina, ricaricare le energie e riconnetterti con te stesso. Ecco come creare spazi rilassanti in casa:

Scegli un luogo tranquillo: Identifica un luogo in casa dove puoi creare uno spazio rilassante. Potrebbe essere un angolo silenzioso in camera da letto, un balcone soleggiato o persino un piccolo spazio in soggiorno.

Arredamento accogliente: Decora lo spazio con elementi che trasmettano comfort e accoglienza. Aggiungi cuscini morbidi, coperte avvolgenti e mobili comodi per creare un'atmosfera invitante.

Illuminazione soffusa: Opta per un'illuminazione soffusa e indiretta in questo spazio. Lampade da terra, abat-jour o candele possono creare un'atmosfera serena. L'illuminazione soffusa contribuisce a creare un'atmosfera rilassante.

Incorpora la natura: Se possibile, posiziona lo spazio vicino a una finestra con vista sulla natura. La presenza di piante può anche portare una sensazione di tranquillità e connessione con la natura.

Elementi di riflessione: Aggiungi elementi che promuovano la riflessione e la pratica della mindfulness, come un cuscino da meditazione, un piccolo altare con oggetti significativi o un'area per la lettura.

Limitare la tecnologia: Mantieni la tecnologia lontana da questo spazio. Evita la presenza di dispositivi elettronici che possono distrarti. Questo è un luogo per staccare la spina e concentrarti su te stesso.

Routine di relax: Incorpora questo spazio nella tua routine quotidiana di relax. Dedica alcuni minuti ogni giorno per meditare, leggere, scrivere o semplicemente sederti in pace. Ciò contribuisce a creare un'associazione positiva con lo spazio.

Personalizzazione: Personalizza lo spazio in base alle tue preferenze e interessi. Aggiungi elementi che ti connettono e ti fanno sentire a tuo agio.

Senza pressioni: Ricorda che questo spazio è per disconnettersi e rilassarsi, non per sentirti sotto pressione a fare qualcosa di specifico. Lascia che sia un luogo di libertà e sollievo.

Creare spazi rilassanti in casa è un modo efficace per prendersi cura del proprio benessere emotivo e mentale. Questi angoli speciali offrono una pausa dalla frenesia della vita e regalano momenti di calma e serenità.

Musica e suoni piacevoli

La musica e i suoni hanno il potere di creare un'atmosfera unica in qualsiasi ambiente. Scegliendo attentamente i tipi di musica e suoni da incorporare nel tuo spazio, è possibile trasformarlo in un rifugio di serenità e gioia. Ecco modi per godere della musica e dei suoni piacevoli per migliorare il tuo ambiente:

Scegli il giusto ritmo e tono: La musica ha una varietà di ritmi e toni, ognuno in grado di evocare diverse emozioni. Scegli brani musicali che corrispondano all'atmosfera che desideri creare. Ad esempio, musica dolce e melodica può promuovere la calma, mentre brani più vivaci possono portare energia.

Crea playlist rilassanti: Crea playlist con brani musicali che hanno un effetto rilassante su di te. Può essere musica classica, musica strumentale, suoni della natura o brani che ti ricordano momenti felici. Suona queste playlist quando sei nel tuo spazio di relax.

Suoni della natura: Oltre alla musica, i suoni naturali, come il canto degli uccelli, il rumore delle onde del mare o il mormorio di un ruscello, possono creare una sensazione di connessione con la natura e favorire il rilassamento.

Momenti di meditazione sonora: Usa musica o suoni rilassanti come sottofondo per pratiche di meditazione o momenti di consapevolezza. La musica dolce può aiutare a calmare la mente e creare un'atmosfera favorevole al rilassamento profondo.

Suoni che sollevano l'umore: Oltre ai suoni rilassanti, considera l'idea di includere brani musicali che sollevino l'umore e promuovano sentimenti di felicità e gioia. Brani con ritmi contagiosi o testi ispiratori possono trasformare il tuo spazio in un luogo di positività.

Personalizzazione: La scelta della musica e dei suoni è personale. Scegli ciò che risuona con te e che porta emozioni positive. Ricorda che l'obiettivo è creare un ambiente che rifletta le tue preferenze e promuova il benessere.

Equilibrio e moderazione: Mantieni un equilibrio tra momenti con la musica e momenti di silenzio. A volte il silenzio è necessario per rilassarsi completamente e ascoltare i propri pensieri.

Adattamento alle situazioni: Adatta la selezione musicale in base all'attività che stai svolgendo. La musica vivace può essere ideale per svolgere compiti, mentre la musica tranquilla è più adatta per il relax.

Incorporare musica e suoni piacevoli nel tuo ambiente è un modo efficace per influenzare positivamente il tuo stato d'animo e creare un'atmosfera che contribuisca al tuo benessere emotivo. Crea una colonna sonora per la tua vita ricca di armonia e gioia. Trovare significato e gioia nella vita di tutti i giorni è un impegno costante con te stesso. Praticare la consapevolezza, cercare attività piacevoli e creare un ambiente positivo sono potenti modi per nutrire la tua anima e coltivare una sensazione duratura di benessere. Abbracciando queste pratiche nella tua vita, crei uno spazio in cui la felicità è una scelta consapevole e ogni momento può essere vissuto con significato e gioia. Ricorda che è possibile trovare bellezza e contentezza nelle piccole cose e che ogni giorno offre l'opportunità di creare momenti significativi.

12

IL VIAGGIO DELL'AUTO-RIFLESSIONE

L'auto-riflessione ci guida nel labirinto delle nostre emozioni, rivelando profonde intuizioni su chi siamo.

Il viaggio dell'auto-riflessione è un'esperienza di crescita personale e auto-conoscenza. In questo capitolo, esploreremo l'importanza di superare le ricadute e riconoscere che il percorso di crescita personale è un processo continuo.

Superare le ricadute: Strategie per affrontare i momenti difficili senza arrendersi

Nel corso del viaggio dell'auto-riflessione e della crescita personale, è naturale affrontare sfide e ricadute. L'importante è non arrendersi e trovare modi per superare questi ostacoli. Ecco alcune strategie per gestire i momenti difficili:

Praticare la compassione per se stessi

Affrontare le ricadute è una parte naturale dell'esperienza di crescita personale e auto-riflessione. Invece di incolparsi o sentirsi scoraggiati quando si verificano, è fondamentale adottare un'approccio di auto-compassione. L'auto-compassione comporta il trattare se stessi con la stessa gentilezza, comprensione ed empatia che si offrirebbe a un caro amico. Ecco alcuni modi per praticare l'auto-compassione durante i momenti di ricaduta:

Riconoscere l'umanità condivisa: Comprendi che tutti gli esseri umani affrontano sfide e momenti difficili nella loro vita. La ricaduta non è un segno di debolezza, ma un'esperienza condivisa da tutti.

Eliminare l'autocritica: Evita di cadere nella trappola dell'autocritica e dell'autodeprecazione. Invece di incolparti, ricorda che nessuno è perfetto e tutti commettono errori.

Trattarsi con gentilezza: Quando senti di essere troppo severo con te stesso, fermati e chiediti: "Come trattarei un amico che sta passando attraverso questo?" Offri a te stesso parole gentili e incoraggianti.

Praticare l'auto-compassione con le parole: Parla con te stesso in modo gentile e incoraggiante. Evita l'uso di linguaggio negativo o autocritica.

Accettare le tue emozioni: Invece di cercare di sopprimere o negare le tue emozioni durante una ricaduta, permetti loro di fluire. Riconosci che è normale provare sentimenti di frustrazione o delusione.

Ricorda il tuo progresso: Ripensa alle conquiste e ai progressi che hai fatto finora nel tuo viaggio. Questo può aiutarti a mettere la ricaduta in prospettiva e ricordarti che sei in grado di superare le sfide.

Coltivare una prospettiva di apprendimento: Affronta ogni ricaduta come un'opportunità di apprendimento. Chiediti cosa puoi imparare dalla situazione e come puoi applicare questo apprendimento in futuro.

Visualizza il sostegno di un amico: Immagina che un caro amico stia affrontando la stessa situazione. Come offriresti supporto ed incoraggiamento a quest'amico? Applica queste stesse attitudini a te stesso.

Respira e pratica l'autocura: Nei momenti di ricaduta, pratica tecniche di respirazione profonda e altre attività di autocura che ti portano comfort e sollievo.

Permettiti di ricominciare: Sappi che ogni giorno è una nuova opportunità per ricominciare. Una ricaduta non definisce il tuo percorso di crescita personale, e puoi continuare a costruire verso i tuoi obiettivi.

L'auto-compassione è una competenza che può essere sviluppata nel tempo. Più la pratichi, più diventa naturale nei momenti difficili. Trattando te stesso con gentilezza e compassione, costruisci una solida base di resilienza emotiva, che ti aiuta ad affrontare le ricadute con una mentalità positiva e costruttiva.

Analisi della situazione

Quando affronti una ricaduta o un momento difficile nel tuo percorso di auto-riflessione e crescita personale, è prezioso prendersi del tempo per analizzare la situazione in profondità. L'analisi della situazione implica riflettere su cosa ha portato alla ricaduta, identificando i trigger, le emozioni e le circostanze che hanno contribuito all'accaduto. Questa analisi può fornire preziose intuizioni sulle tue vulnerabilità e consentirti di sviluppare strategie per evitare tali schemi in futuro. Passaggi da considerare durante l'analisi della situazione:

Autoconsapevolezza profonda: Prenditi del tempo per allontanarti dalla situazione immediata e concediti il lusso di riflettere con calma e onestà. Ciò implica esplorare le tue emozioni, pensieri e comportamenti che sono stati coinvolti nella ricaduta.

Identificazione dei trigger: Chiediti quali sono stati i trigger che hanno scatenato la ricaduta. Un trigger può essere una situazione stressante, un'emozione intensa, un ambiente sfidante o persino una specifica interazione sociale. Riconoscere questi trigger è il primo passo per evitare situazioni simili in futuro.

Esplorazione delle emozioni: Analizza le emozioni che provavi prima e durante la ricaduta. Potrebbero essere state ansia, tristezza, rabbia o altre emozioni. Comprendere come queste emozioni hanno influenzato le tue azioni può aiutarti a sviluppare strategie di coping più sane.

Circostanze rilevanti: Considera le circostanze che circondavano la ricaduta. Questo potrebbe includere fattori esterni come eventi stressanti o fattori interni come livelli di energia, salute fisica o relazioni.

Identificare queste circostanze può aiutarti a essere più consapevole di quando possono influenzare il tuo benessere.

Modelli comportamentali: Analizza i tuoi comportamenti e le azioni che hanno portato alla ricaduta. Chiediti se ci sono stati modelli comportamentali precedenti che hanno contribuito alla situazione. Identificare questi modelli può aiutarti a intraprendere misure proattive per interromperli in futuro.

Riflessione imparziale: Cerca di osservare la situazione in modo imparziale, come se stessi osservando un amico. Questo può aiutare a evitare l'autogiudizio e consentirti di vedere la situazione in modo più obiettivo.

Lezioni e strategie: Dopo aver identificato i trigger, le emozioni e i modelli, rifletti su quali lezioni puoi imparare dalla situazione. Considera quali strategie di coping potrebbero essere utili per evitare ricadute simili in futuro. Questo potrebbe comportare lo sviluppo di nuove abilità di coping, la ricerca di supporto o la creazione di un piano d'azione per situazioni sfidanti.

Tieni presente che l'analisi della situazione non si tratta di colpevolizzarti, ma piuttosto di ottenere preziose intuizioni per la tua crescita personale. Comprendendo meglio le dinamiche che hanno contribuito alla ricaduta, sei meglio attrezzato per intraprendere misure proattive per evitare situazioni simili in futuro e continuare a progredire nel tuo percorso di auto-riflessione e benessere.

Impara dalle ricadute

Anche se le ricadute possono essere scoraggianti, è fondamentale capire che ognuna di esse porta con sé un potenziale prezioso per l'apprendimento. Ogni volta che affronti una ricaduta nel tuo percorso di auto-riflessione e crescita personale, hai l'opportunità di guadagnare profonde intuizioni su te stesso e sviluppare strategie più efficaci per il futuro. Imparare dalle ricadute è un approccio costruttivo che può spingere la tua crescita e il tuo rafforzamento emotivo. Ecco modi per ottenere il massimo da questa opportunità di apprendimento:

Auto-esplorazione: Invece di concentrarti solo sulla ricaduta stessa, prenditi del tempo per esplorare le ragioni sottostanti che l'hanno causata. Chiediti quali emozioni, pensieri o situazioni hanno scatenato la ricaduta. Questa esplorazione può aiutarti a scoprire schemi e vulnerabilità.

Identificazione di modelli: Analizzando varie ricadute, puoi iniziare a identificare modelli ricorrenti. Questo potrebbe includere trigger comuni, emozioni specifiche o circostanze simili. Identificare questi modelli ti consente di essere più consapevole e di adottare misure preventive.

Sviluppo di strategie: Basandoti sulle lezioni apprese dalle ricadute, inizia a sviluppare strategie di coping più efficaci. Ciò potrebbe comportare l'apprendimento di nuove abilità per gestire lo stress, la creazione di un piano d'azione per situazioni impegnative o il ricorso al supporto quando necessario.

Resilienza e autocompassione: Imparare dalle ricadute può aumentare la tua resilienza emotiva. Mentre sviluppi la capacità di riprenderti dopo un contraccolpo, stai anche praticando l'autocompassione. Ricorda che tutti affrontano sfide, e trattarti con gentilezza e comprensione è essenziale.

Coltivare cambiamenti graduati: Analizzando i modelli e i trigger che hanno portato alla ricaduta, puoi iniziare a introdurre cambiamenti graduati nella tua vita. Ciò potrebbe comportare la regolazione della tua routine, l'adozione di nuove pratiche di self-care o l'assunzione di misure per ridurre l'esposizione a trigger specifici.

Valutazione del progresso: Imparare dalle ricadute ti consente anche di valutare il tuo progresso nel tempo. Osservando come le tue risposte ed emozioni evolvono, puoi vedere prove tangibili di crescita e sviluppo personale.

Accettazione e progresso continuo: Accetta che le ricadute siano parte del percorso di crescita personale. Invece di sentirti sconfitto, vedi ogni ricaduta come un'opportunità per andare avanti. Il progresso è continuo, e ogni volta che impari e ti adatti, ti avvicini ai tuoi obiettivi.

Ricordati che imparare dalle ricadute richiede pazienza e autocompassione. Si tratta di abilitarti a prendere misure più consapevoli e positive in futuro anziché rimanere intrappolato nel passato. Ogni ricaduta è un'occasione per crescere, e questo approccio all'apprendimento può arricchire il tuo percorso di auto-riflessione e benessere emotivo.

Chiedi supporto

Nei momenti di difficoltà e ricaduta, cercare il supporto delle persone in cui hai fiducia può essere un passo fondamentale per affrontare le sfide e superarle. Amici, familiari e professionisti della salute mentale possono offrire uno spazio sicuro per esprimere le tue emozioni, condividere le tue preoccupazioni e ricevere il sostegno necessario. Ecco modi per cercare e ricevere supporto in questi momenti:

Comunicare apertamente: Non avere paura di condividere ciò che stai passando con le persone a te vicine. Parlare delle tue lotte può alleviare la pressione emotiva e fornire un'uscita per i tuoi sentimenti.

Scegliere confidenti: Identifica le persone nella tua vita che sono solidali ed empatiche. Scegli individui che possono ascoltare senza giudicare e offrire parole di conforto.

Professionisti della salute mentale: Se stai affrontando sfide emotive più intense, considera la possibilità di cercare il supporto di un terapeuta, psicologo o psichiatra. Hanno l'esperienza e gli strumenti per aiutarti a navigare in momenti difficili.

Gruppi di supporto: Partecipare a gruppi di supporto può offrire una rete di persone che affrontano sfide simili. Questo fornisce un senso di appartenenza, comprensione e scambio di esperienze.

Ascolto attivo: Quando ti aprì per ricevere supporto, permettiti di essere ascoltato e capito. L'ascolto attivo è una parte vitale della connessione emotiva e aiuta a rafforzare i legami con gli altri.

Prospettive esterne: A volte, amici e familiari possono offrire prospettive che potresti non aver considerato. Le loro osservazioni e consigli possono aiutarti a vedere le situazioni in modo diverso.

Apprendimento condiviso: Condividendo le tue lotte, potresti scoprire che non sei da solo nelle tue esperienze. Questo può essere confortante e ricordarti che anche altre persone affrontano sfide simili.

Rispetta il tuo spazio: Cercare supporto non significa che devi condividere tutto con tutti. Rispetta i tuoi limiti e scegli le persone con cui ti senti più a tuo agio a condividere.

Espressione emotiva: Il supporto implica anche permetterti di esprimere le tue emozioni. Parlare di ciò che stai vivendo può alleviare la tensione emotiva e offrire un senso di sollievo.

Auto-validazione: Ricorda che, anche cercando supporto esterno, la tua validazione interna è cruciale. La tua esperienza e i tuoi sentimenti sono validi, indipendentemente da come gli altri rispondono.

Cercare supporto nei momenti difficili è un segno di coraggio e autocompassione. Connettersi con gli altri può aiutarti a sentirti meno isolato e più forte nell'affrontare le sfide che si presentano nel tuo percorso di auto-riflessione e crescita personale.

Riconnettiti ai tuoi obiettivi

Durante il percorso di crescita personale, è naturale incontrare momenti in cui la tua motivazione e la tua concentrazione possono deviare. In queste situazioni, riconnettersi con i tuoi obiettivi iniziali può essere un modo potente per ravvivare la tua motivazione e indirizzare i tuoi sforzi verso ciò che è importante per te. Ecco modi per riconnetterti con i tuoi obiettivi:

Rifletti sui tuoi motivi: Dedica del tempo a ricordare i motivi per cui hai deciso di intraprendere questo percorso di crescita personale. Ciò può includere il miglioramento della tua salute mentale, lo sviluppo di relazioni più sane o il raggiungimento di un senso più profondo di scopo.

Visualizzazione creativa: Chiudi gli occhi e immagina di raggiungere i tuoi obiettivi. Visualizza come sarà la tua vita quando otterrai ciò che desideri. Questa tecnica può aiutarti a creare un'immagine mentale positiva e motivante.

Annota i tuoi obiettivi: Scrivere i tuoi obiettivi su carta può renderli più tangibili e concreti. Metti questo foglio in un posto dove puoi vederlo regolarmente come un promemoria costante.

Spezza gli obiettivi in passaggi più piccoli: Se i tuoi obiettivi sembrano troppo distanti o impegnativi, suddividili in passaggi più piccoli e raggiungibili. Ogni passo completato rappresenterà un progresso verso l'obiettivo finale.

Sviluppa un mantra: Crea un'affermazione positiva che risuoni con i tuoi obiettivi. Ripeti questo mantra regolarmente per mantenere i tuoi obiettivi presenti nella tua mente.

Crea una bacheca dei sogni: Realizza una bacheca visiva che rappresenti i tuoi obiettivi e aspirazioni. Aggiungi immagini, parole e citazioni che ti ispirino a continuare a progredire.

Imposta obiettivi piccoli e misurabili: Definisci obiettivi specifici e misurabili legati ai tuoi obiettivi. Man mano che li raggiungi, sentirai un senso di realizzazione e progresso.

Ricorda i benefici: Pensa ai benefici che otterrai raggiungendo i tuoi obiettivi. Ciò può includere maggiore fiducia in te stesso, maggiore benessere emotivo o relazioni più profonde.

Valuta il tuo progresso: Valuta regolarmente il progresso che hai compiuto verso i tuoi obiettivi. Ciò può aiutarti a vedere quanto sei arrivato lontano e motivarti a continuare a progredire.

Flessibilità e adattamento: Ricorda che i tuoi obiettivi possono evolversi man mano che cresci e impari. Se necessario, aggiustali per riflettere meglio le tue attuali aspirazioni.

Ricollegandoti ai tuoi obiettivi, riaffermi il tuo impegno verso te stesso e il tuo percorso di crescita personale. Questo può essere una potente fonte di motivazione, aiutandoti a superare le sfide e a continuare a progredire, anche quando il percorso diventa più difficile.

Prendi piccole azioni positive

Durante i momenti di ricaduta o difficoltà nel tuo percorso di crescita personale, è essenziale ricordare che piccole azioni positive possono avere un impatto significativo sulla tua ripresa e resilienza. Anche quando le cose sembrano difficili, impegnarsi in azioni di auto-cura e abitudini salutari può gradualmente aiutarti a riprendere il percorso del benessere. Ecco modi per intraprendere piccole azioni positive:

Pratica l'auto-cura: Anche se sembra difficile, dedica del tempo a prenderti cura di te stesso. Questo può includere prendere un rilassante bagno, fare una tranquilla passeggiata o meditare per alcuni minuti.

Riconosci i tuoi successi: Ricorda le conquiste che hai già ottenuto nella tua storia. Anche se sembra che tu abbia fatto un passo indietro, i tuoi successi precedenti sono comunque validi e degni di riconoscimento.

Imposta obiettivi piccoli: Stabilisci obiettivi piccoli e raggiungibili che puoi realizzare anche durante i momenti difficili. Questo può creare un senso di realizzazione e progresso.

Concentrati sul presente: Invece di preoccuparti del passato o del futuro, concentra la tua attenzione sul vivere il momento presente. La pratica della mindfulness può aiutarti a sentirti più centrato e tranquillo.

Nutriti in modo sano: Dai la priorità a cibi nutrienti che contribuiscano alla tua energia e al tuo benessere generale. Mangiare bene può avere un impatto positivo sul tuo umore e sui tuoi livelli di energia.

Parla con qualcuno: Condividi i tuoi sentimenti e preoccupazioni con un amico di fiducia, un membro della famiglia o un professionista della salute mentale. A volte, condividere ciò che stai attraversando può alleviare il peso emotivo.

Svolgi attività che ti piacciono: Impegnati in attività che di solito ti portano gioia e soddisfazione. Questo può includere leggere, ascoltare musica, fare arte o qualsiasi altra cosa tu ami.

Pratica la gratitudine: Dedica un momento per riflettere su ciò per cui sei grato. Questo può aiutarti a concentrarti sulle cose positive nella tua vita, anche durante i momenti sfidanti.

Stabilisci una routine: Mantenere una routine regolare può fornire un senso di struttura e normalità, anche quando stai affrontando difficoltà.

Celebra piccole vittorie: Riconosci e celebra ogni piccola azione positiva che intraprendi. Questo può rafforzare la tua fiducia e motivarti a continuare a progredire.

Ricorda che ogni piccola azione positiva che intraprendi è un passo verso la tua ripresa e il tuo benessere. Non sottovalutare il potere di queste azioni nel creare cambiamenti positivi nella tua vita, anche quando stai affrontando ricadute o momenti difficili. Il percorso di crescita personale si basa sulla resilienza e sulla capacità di continuare a progredire, un passo alla volta.

Il viaggio in corso: Capire che la crescita personale è un processo costante

La crescita personale è un viaggio in corso, e l'auto-riflessione è uno strumento che ti accompagnerà lungo il cammino. È importante riconoscere che il percorso di crescita personale non ha una fine definitiva, ma è piuttosto un processo che si evolve nel tempo. Ecco alcune prospettive da considerare:

Accetta la fluidità

La vita è un percorso dinamico in costante evoluzione. Proprio come le stagioni cambiano e i fiumi scorrono, la tua storia personale è permeata da fluidità e trasformazione. Abbracciando la natura fluida della vita, puoi coltivare un approccio più flessibile alla tua crescita personale. Ecco modi per accettare la fluidità e adattarsi ai cambiamenti nel tuo percorso:

Apriti al cambiamento: Riconosci che i cambiamenti sono naturali e inevitabili. Invece di resistere, adotta una mentalità di curiosità e apertura verso i cambiamenti che possono emergere.

Rivalutazione continua: Di tanto in tanto, prenditi del tempo per rivalutare i tuoi obiettivi, interessi e necessità. Ciò che era importante per te in un momento della tua vita potrebbe non esserlo più in un altro.

Flessibilità nei obiettivi: Sii disposto a regolare i tuoi obiettivi man mano che il tuo percorso avanza. L'istituzione di obiettivi realistici e flessibili ti consente di adattarti ai cambiamenti delle circostanze.

Praticare l'accettazione: Piuttosto che resistere alle situazioni al di fuori del tuo controllo, pratica l'accettazione. Ciò non implica che tu non possa cercare miglioramenti, ma che sei disposto a gestire le circostanze in modo più equilibrato.

Apprendimento dai cambiamenti: Ogni cambiamento nel tuo percorso porta opportunità di apprendimento. Affrontando nuove sfide o transizioni, chiediti cosa puoi imparare dalla situazione.

Coltivare la resilienza: Accettare la fluidità richiede resilienza emotiva. Sviluppa abilità per affrontare incertezze e sfide in modo da poterti adattare più facilmente.

Vivi il momento presente: Concentrarti sul presente aiuta ad abbracciare la fluidità della vita. La pratica della mindfulness ti aiuta a essere più presente e ad apprezzare ogni momento, indipendentemente dalle circostanze.

Trova opportunità nei cambiamenti: Considera i cambiamenti come opportunità di crescita. Anche quando un cambiamento può sembrare una sfida, può portare a nuove esperienze e prospettive.

Supporto nei momenti di cambiamento: Cerca supporto da amici, familiari o professionisti della salute mentale durante i periodi di cambiamento. Possono offrire intuizioni e supporto emotivo durante transizioni difficili.

Coltiva l'auto-compassione: Sii gentile con te stesso affrontando i cambiamenti. Ricorda che stai facendo del tuo meglio e meriti un trattamento compassionevole.

Accettare la fluidità della vita è un passo importante per navigare tra i cambiamenti e le sfide nel tuo viaggio di crescita personale. Abbracciando una mentalità di adattamento e apprendimento continuo, puoi affrontare i cambiamenti con maggiore fiducia e resilienza. Ogni cambiamento, per quanto piccolo, è un'opportunità di crescita e auto-scoperta.

Imparare dalle sfide

Le sfide che incontri lungo il tuo percorso di crescita personale sono molto più di semplici ostacoli da superare. Sono preziose opportunità per la crescita, l'apprendimento e il perfezionamento personale. Invece di evitare o temere le sfide, considerale come trampolini di lancio per il tuo sviluppo. Ecco modi per imparare dalle sfide e trasformarle in opportunità:

Ridefinisci la tua prospettiva: Invece di vedere le sfide come avversari, considerale come insegnanti. Ogni sfida porta con sé lezioni e intuizioni che possono aiutarti a crescere.

Sviluppa la resilienza: Affrontare le sfide aiuta a costruire la tua resilienza emotiva. La resilienza ti consente di riprenderti più rapidamente dopo le avversità e di continuare a progredire.

Sviluppa abilità di coping: Ogni sfida richiede lo sviluppo di modi sani per affrontarla. Affrontando le sfide, impari a gestire lo stress, l'ansia e le emozioni negative.

Autoconsapevolezza: Le sfide spesso rivelano aspetti di te stesso che potrebbero non essere così evidenti in tempi di comfort. Affrontando le sfide, acquisisci una comprensione più profonda delle tue forze e delle aree in cui puoi crescere.

Trasformazione personale: Attraverso l'affrontare delle sfide, puoi sperimentare una significativa trasformazione personale. Queste esperienze plasmano chi sei e come affronti la vita.

Impara ad adattarti: Le sfide spesso richiedono che tu ti adatti a nuove situazioni e circostanze. Imparare a adattarti è una preziosa abilità in tutti gli aspetti della vita.

Costruisci la fiducia: Man mano che superi le sfide, la tua fiducia aumenta. Ogni volta che affronti e superi una sfida, dimostri a te stesso di essere in grado di gestire situazioni difficili.

Imposta obiettivi più alti: Superare una sfida può spingerti a stabilire obiettivi più alti e ambiziosi. Il superamento di una sfida può darti la fiducia necessaria per avventurarti in nuovi settori.

Celebra piccole vittorie: Affrontando le sfide, celebra ogni piccola vittoria lungo il percorso. Ciò aiuta a mantenere la tua motivazione e a riconoscere il progresso che stai compiendo.

Cultiva la persistenza: Le sfide possono mettere alla prova la tua determinazione e perseveranza. Coltivare la persistenza ti aiuta a continuare anche quando gli ostacoli sembrano insormontabili.

Ricordando che le sfide sono opportunità di crescita, puoi affrontarle con una mentalità più positiva e proattiva. Invece di temere l'ignoto, abbraccialo come un'occasione per imparare, crescere e diventare una versione migliore di te stesso. Ogni sfida che superi ti avvicina di più ai tuoi obiettivi e contribuisce alla tua crescita personale continua.

Coltiva la pazienza

Il percorso di crescita personale è una strada che si estende davanti a te, piena di possibilità, sfide e apprendimenti. Coltivare la pazienza in questo viaggio è essenziale, poiché la crescita personale non avviene da un giorno all'altro. È un processo graduale che richiede tempo, sforzo e dedizione continua. Ecco modi per coltivare la pazienza mentre avanzate nel vostro percorso di auto-scoperta e sviluppo:

Stabilisci aspettative realistiche: È importante stabilire aspettative realistiche per il processo di crescita personale. Riconoscete che i cambiamenti significativi richiedono tempo e che i risultati non sono immediati.

Celebrate le piccole vittorie: Lungo il percorso, celebrate ogni piccola vittoria, per quanto piccola possa essere. Riconoscere e celebrare le vostre conquiste aiuta a mantenere la vostra motivazione e a ricordarvi che state facendo progressi.

Apprezzate il processo: Invece di concentrarvi solo sui risultati finali, imparate ad apprezzare il processo di crescita. Ogni fase, ogni apprendimento e ogni sfida fanno parte del viaggio.

Imparate dalla fretta: Quando sorge l'impazienza, vedetela come un'opportunità di apprendimento. Chiedetevi perché vi sentite impazienti e come potete lavorarci su. Questo aiuta a sviluppare l'autoconsapevolezza.

Praticate la mindfulness: La pratica della mindfulness può aiutare a coltivare la pazienza. La mindfulness vi aiuta a vivere nel momento presente e ad accettare le cose così come sono, senza fretta di ottenere risultati immediati.

Comprendete la natura della crescita: Proprio come una pianta cresce gradualmente, anche la vostra crescita personale è un processo continuo. Capite che ogni passo che fate sta contribuendo al vostro sviluppo.

Visualizzate il progresso: Prendetevi del tempo per visualizzare il progresso che desiderate raggiungere. Questo può aiutarvi a rimanere concentrati e motivati, anche quando i risultati non sono immediati.

Imparate a gestire la frustrazione: Spesso l'impazienza porta alla frustrazione. Imparate a gestire la frustrazione in modo sano, anziché permettere che danneggi il vostro progresso.

Sviluppate l'auto-compassione: Siate gentili con voi stessi lungo il percorso. Riconoscete che è normale sentirsi impazienti, ma ricordatevi anche che state facendo del vostro meglio.

Celebrate il processo: Invece di aspettare di raggiungere i vostri obiettivi finali per sentirvi realizzati, celebrate ogni fase del processo. La storia stessa è piena di momenti di apprendimento e crescita.

Coltivare la pazienza è una competenza che beneficia in tutti gli aspetti della vostra vita. Comprendete che ogni passo che fate, anche se piccolo, vi avvicina ai vostri obiettivi. La pazienza non solo aiuta a sopportare le sfide, ma vi consente anche di sfruttare al massimo ogni momento del vostro percorso di crescita personale.

Celebrate il progresso continuo

Nel percorso di crescita personale e auto-scoperta, è fondamentale celebrare il progresso continuo che realizzi, anziché concentrarti solo sugli obiettivi finali. Ogni giorno in cui ti dedichi all'auto-riflessione, all'autocura e alla ricerca di una comprensione più profonda di te stesso è un giorno in cui stai investendo nel tuo percorso di benessere ed evoluzione. Ecco modi per celebrare e valorizzare il progresso continuo:

Riconosci le piccole vittorie: Invece di aspettare grandi realizzazioni, riconosci le piccole vittorie che si verificano lungo il percorso. Ogni piccolo passo è un successo che ti avvicina al tuo obiettivo più grande.

Tieni un diario di progresso: Mantieni un diario in cui registri i passi compiuti, le lezioni apprese e i cambiamenti osservati in te stesso. Questo ti consente di riflettere sul progresso nel tempo.

Celebra i momenti di autocura: Ogni volta che dedichi un momento a prenderti cura di te stesso, stai facendo un passo verso il tuo benessere. Celebra questi momenti, poiché dimostrano il tuo impegno per la tua salute mentale ed emotiva.

Apprezza le lezioni apprese: Ogni sfida che affronti porta con sé una preziosa lezione. Invece di lamentarti delle difficoltà, celebra le lezioni che stai imparando e la saggezza che stai accumulando.

Visualizza il tuo progresso: Dedica un momento per visualizzare il progresso che hai compiuto dall'inizio del tuo percorso. Questo può darti una prospettiva più chiara su come sei cresciuto nel tempo.

Condividi con gli altri: Condividere le tue esperienze e le tue conquiste con amici, familiari o mentori può amplificare il tuo senso di realizzazione. Possono fornire supporto e riconoscimento, ricordandoti quanto sei giunto lontano.

Crea un rituale di celebrazione: Crea un rituale personale per celebrare il tuo progresso. Potrebbe essere accendere una candela, scrivere una lettera a te stesso o fare qualcosa che ti faccia sentire speciale.

Pratica la gratitudine: Ad ogni passo del progresso, pratica la gratitudine. Ringrazia per l'opportunità di crescere, imparare e diventare una versione più completa di te stesso.

Concentrati sul presente: Invece di preoccuparti eccessivamente per il futuro o fissarti sugli obiettivi lontani, concentrati su ogni giorno presente. Celebra ciò che stai facendo ora per diventare la persona che desideri essere.

Ricorda il tuo percorso: Quando sorgono momenti di dubbio o frustrazione, ricorda tutti i passi che hai già compiuto e i cambiamenti positivi che hai realizzato. Questo può rinnovare la tua motivazione e la tua prospettiva.

Celebrare il progresso continuo è un modo per alimentare la tua motivazione, l'autostima e il senso di realizzazione. Ogni passo che fai è un contributo significativo alla costruzione di una vita più autentica e significativa.

Coltiva la curiosità

Il percorso di crescita personale e autoriflessione è un'opportunità continua per esplorare, imparare e crescere. Mantenere un'attitudine di curiosità e apertura è essenziale per trarre il massimo da questo percorso di auto-scoperta. Ecco modi per coltivare la curiosità e impegnarsi appieno nel tuo percorso di crescita personale:

Interrogati: Fatti domande su te stesso, sulle tue convinzioni, i tuoi desideri e i tuoi valori. Essere disposti a interrogarsi e a esaminare le proprie prospettive può portare a intuizioni profonde e trasformative.

Esplora nuovi settori: Sii aperto a esplorare nuovi settori di interesse e conoscenza. Prova attività che non hai mai considerato prima e sii disposto a uscire dalla tua zona di comfort.

Impara dalla diversità: Cerca esperienze e prospettive diverse dalle tue. Interagire con persone di diverse origini, leggere libri variati e partecipare a eventi diversificati può espandere la tua comprensione del mondo e di te stesso.

Accetta l'incertezza: La curiosità spesso porta a nuove scoperte, ma può anche comportare incertezza. Sii disposto ad accettare l'ignoto e a esplorare territori inesplorati nel tuo percorso.

Osserva senza giudizio: Pratica l'osservazione delle tue esperienze e emozioni senza giudizio. Ciò ti permette di comprendere le tue reazioni in modo più obiettivo e comprensivo.

Tieni un diario riflessivo: Mantieni un diario in cui annoti i tuoi pensieri, le domande e le intuizioni lungo il percorso. Questo può aiutarti a tracciare il tuo sviluppo e a catturare momenti di apprendimento.

Adattati ai cambiamenti: La curiosità implica la volontà di adattarsi ai cambiamenti. Man mano che scopri di più su te stesso, potrebbe essere necessario adattare i tuoi obiettivi, interessi e prospettive.

Cultiva l'umiltà: Riconosci che c'è sempre qualcosa di nuovo da imparare e che nessuno ha tutte le risposte. Coltivare l'umiltà ti permette di essere aperto a nuove idee e approcci.

Sperimenta senza paura: Sii coraggioso nel provare cose nuove, anche se c'è la possibilità di fallire. Ogni esperienza, positiva o negativa, contribuisce alla tua crescita.

Celebra la scoperta: Celebra ogni nuova scoperta su te stesso e ogni momento di apprendimento. Riconosci che il percorso di auto-scoperta è prezioso di per sé, indipendentemente dalle conclusioni.

Mantenendo una mente curiosa e aperta, puoi trasformare il tuo percorso di crescita personale in un'esperienza arricchente ed emozionante. La curiosità è la chiave per svelare i misteri di chi sei e del potenziale infinito che esiste dentro di te.

Ringrazia per il viaggio

La pratica della gratitudine svolge un ruolo fondamentale nel percorso di autoriflessione e crescita personale. Anche quando affronti sfide e momenti difficili, coltivare la gratitudine può portare una nuova prospettiva e significato alla tua storia. Ecco modi per incorporare la gratitudine nel tuo percorso di autoscoperta:

Trova lezioni nelle difficoltà: Invece di concentrarti solo sugli aspetti negativi delle sfide che incontri, cerca le preziose lezioni che possono offrire. Ogni difficoltà è un'opportunità di apprendimento e crescita.

Ringrazia le opportunità di crescita: Riconosci che ogni momento di difficoltà, disagio o incertezza è un'opportunità per rafforzarti ed evolverti. Il percorso di autoriflessione porta con sé il potenziale di sviluppo personale duraturo.

Celebra il progresso: Esprimi gratitudine per le piccole vittorie e i progressi che raggiungi lungo il percorso. Ogni passo verso il tuo benessere emotivo e mentale merita riconoscimento e gratitudine.

Apprezza l'autoconoscenza: Valorizza la profondità dell'autoconoscenza che acquisisci attraverso l'autoriflessione. Conoscersi è un dono prezioso che può avere un impatto positivo in tutte le aree della tua vita.

Ringrazia per il viaggio stesso: Ricorda che il percorso di autoscoperta è un'esperienza unica e personale. Ringrazia per l'opportunità di esplorare chi sei, mettere in discussione le tue convinzioni e crescere come individuo.

Guarda le realizzazioni con gratitudine: Quando raggiungi obiettivi e traguardi nel tuo percorso, riconosci queste realizzazioni con gratitudine. Ogni successo è il riflesso dello sforzo e dell'impegno che hai dedicato a te stesso.

Pratica la gratitudine quotidianamente: Dedica un momento ogni giorno per riflettere sulle cose per cui sei grato nella tua esperienza di crescita personale. Questo può aiutarti a mantenere una prospettiva positiva, anche nei momenti più impegnativi.

Ringrazia chi ti supporta: Riconosci e ringrazia le persone che ti sostengono nel tuo percorso, che siano attraverso parole di incoraggiamento, l'ascolto delle tue preoccupazioni o l'offerta di orientamento. Giocano un ruolo significativo nella tua crescita.

Apprezza l'autenticità: Sii grato per ogni passo che fai verso una maggiore autenticità con te stesso. Il percorso di autoriflessione è una ricerca per vivere in armonia con i tuoi valori e le tue vere passioni.

Apprezza il presente: Trova gratitudine per il momento presente, ovunque tu sia nel tuo percorso. Ogni istante è un'opportunità di apprendimento e crescita, anche se potrebbe non sembrare immediatamente evidente.

La pratica della gratitudine ti consente di trovare significato e valore in ogni fase del tuo percorso di crescita personale. Coltivare la gratitudine arricchisce non solo la tua prospettiva, ma contribuisce anche a una mentalità positiva e resiliente, permettendoti di abbracciare pienamente l'esperienza dell'autoscoperta.

Abbracciando una mentalità di crescita continua e abbracciando la pratica dell'autoriflessione come compagna costante, ti metti sulla strada dell'autoscoperta e dello sviluppo personale. Il percorso è costellato di sfide, apprendimento e momenti di realizzazione. Ogni giorno è un'opportunità per diventare una versione più autentica e completa di te stesso, costruendo una base solida per una vita di significato e benessere duraturo.

Completare il viaggio dell'autoriflessione non significa raggiungere una destinazione finale, ma abbracciare il processo continuo di crescita, apprendimento e autoconoscenza. Affrontando le ricadute e abbracciando il processo continuo di crescita personale, costruisci una vita più significativa e in sintonia con il tuo vero io. Ricorda che il percorso dell'autoriflessione è un cammino per tutta la vita, ricco di opportunità per diventare la migliore versione di te stesso.

13

RICERCA DI AIUTO PROFESSIONALE

*Con il supporto professionale, troviamo il sostegno
e gli strumenti per trasformare le sfide in opportunità.*

Il percorso di autotrattamento e crescita personale può essere gratificante, ma anche impegnativo. In alcuni momenti, può emergere la necessità di cercare aiuto professionale per affrontare questioni più complesse o per ricevere consulenza specializzata. In questo capitolo, esploreremo il processo di riconoscere quando è necessario l'aiuto professionale, le efficaci approcci terapeutici disponibili e come massimizzare i benefici del trattamento collaborando con un terapeuta.

Riconoscere quando è necessario aiuto professionale

Il percorso di autotrattamento e crescita personale è un'esperienza unica e personale. Tuttavia, in certi momenti, può diventare evidente che la guida e il supporto di un professionista della salute mentale sono necessari per affrontare sfide più complesse. Riconoscere questi momenti e cercare aiuto professionale è un passo coraggioso e fondamentale per prendersi cura della propria salute mentale. Segnali che indicano che è ora di cercare aiuto professionale:

Sintomi persistenti

Se stai affrontando sintomi emotivi, mentali o comportamentali che persistono nel tempo, è fondamentale riconoscere che l'assistenza di un terapeuta potrebbe essere necessaria. I sintomi persistenti possono variare in intensità e natura, ma tutti hanno il potenziale di influenzare significativamente la qualità della tua vita e il funzionamento quotidiano. Riconoscere l'importanza di cercare aiuto professionale è un passo vitale per prendersi cura della propria salute mentale ed emotiva. Ecco modi per identificare e affrontare i sintomi persistenti:

Ansia costante: Se stai vivendo una costante sensazione di preoccupazione, paura o apprensione che interferisce con le tue attività quotidiane, è un segnale che la tua ansia potrebbe essere fuori controllo. La terapia può aiutarti a imparare strategie di gestione dell'ansia, individuare gli stimoli e lavorare per ridurre l'intensità di questi sentimenti.

Tristezza profonda: Sentirti persistentemente triste, vuoto o disperato può indicare un quadro di depressione. La terapia può aiutarti a comprendere le radici di questa tristezza e a sviluppare strumenti per affrontarla. Inoltre, un terapeuta può aiutarti a sviluppare modi per cercare gioia e significato anche durante i momenti difficili.

Irritabilità estrema: Se sei costantemente irritato, impulsivo o hai una breve miccia, potrebbe essere un segno che le tue emozioni non vengono gestite in modo sano. La terapia può aiutarti a capire l'origine di questa irritabilità e a sviluppare abilità per gestire le emozioni in modo più equilibrato.

Insonnia ricorrente: L'insonnia persistente, che sia difficoltà ad addormentarti, svegliarsi di notte o svegliarsi molto presto, può danneggiare gravemente il tuo benessere fisico ed emotivo. La terapia può insegnare tecniche di igiene del sonno e strategie di rilassamento per migliorare la qualità del sonno.

Cambiamenti drastici di umore: Fluttuazioni estreme di umore, come passare da momenti di euforia a periodi di profonda tristezza, potrebbero essere indicative di disturbi dell'umore, come il disturbo bipolare. Un terapeuta può aiutare a stabilizzare questi stati d'animo e a sviluppare strategie di autocontrollo.

Impatto sulla qualità della vita: I sintomi persistenti non influenzano solo le tue emozioni, ma possono anche compromettere la tua capacità di svolgere le attività quotidiane, mantenere relazioni sane e godere delle cose che amavi in passato. Se noti che questi sintomi interferiscono in modo significativo sulla qualità della tua vita, è un forte segnale che è ora di cercare aiuto professionale.

Ricorda che non è necessario affrontare queste sfide da soli. Un terapeuta qualificato può aiutarti a identificare i fattori sottostanti ai sintomi persistenti, fornire strumenti per gestirli e offrire uno spazio sicuro per esprimere le tue preoccupazioni. Riconoscere la necessità di aiuto professionale è un passo coraggioso verso l'autotrattamento e il benessere mentale.

Difficoltà nel gestire le situazioni

A volte, la vita ci pone di fronte a situazioni che possono diventare travolgenti, sfidanti o difficili da affrontare da soli. Se stai affrontando momenti in cui le situazioni quotidiane si trasformano in fonti di stress intenso o se eventi significativi della vita stanno influenzando la tua capacità di funzionare, cercare l'orientamento di uno psicoterapeuta può essere una strategia efficace per sviluppare modi sani di affrontare le sfide. Riconoscere quando è il momento di cercare aiuto professionale è un passo importante per preservare la tua salute mentale ed emotiva. Ecco modi per gestire le difficoltà in queste situazioni:

Sovraccarico quotidiano: A volte, le richieste quotidiane possono accumularsi e diventare opprimenti. Se ti senti costantemente stressato, ansioso o incapace di gestire le responsabilità giornaliere, uno psicoterapeuta può aiutarti a sviluppare strategie per gestire lo stress e mettere in primo piano le tue esigenze.

Eventi significativi: Grandi eventi di vita, come perdite, separazioni, cambi di lavoro, divorzi o transizioni, possono scatenare emozioni intense e sfide emotive. Uno psicoterapeuta può offrire supporto emotivo, aiutarti a elaborare le tue emozioni e sviluppare modi per adattarti ai cambiamenti.

Sviluppo di strategie di coping: Uno psicoterapeuta qualificato può insegnarti tecniche efficaci di coping per affrontare situazioni stressanti. Questo può includere tecniche di rilassamento, abilità di risoluzione dei problemi, comunicazione assertiva e strategie di auto-regolazione emotiva.

Costruzione di resilienza: La terapia può anche aiutarti a costruire la resilienza, che è la capacità di riprendersi e adattarsi di fronte all'avversità. Imparando a affrontare le sfide in modo costruttivo, puoi diventare più capace di gestire situazioni difficili in futuro.

Esplorazione delle risorse interne: Uno psicoterapeuta può aiutarti a scoprire le tue risorse interne, come punti di forza personali, abilità di coping esistenti e modi sani per affrontare lo stress. Questo può darti maggiore fiducia nell'affrontare le difficoltà che sorgono.

Autoconsapevolezza: Attraverso la terapia, puoi sviluppare una maggiore consapevolezza di te stesso, delle tue reazioni emotive e dei tuoi modelli di comportamento in diverse situazioni. Ciò ti permette di prendere decisioni più informate e consapevoli su come affrontare le sfide.

Affrontare situazioni difficili non deve essere un peso che porti da solo. L'orientamento di uno psicoterapeuta può fornire supporto, prospettive e strumenti che ti aiuteranno a gestire le sfide in modo sano e costruttivo. Riconoscere la necessità di aiuto e cercare l'orientamento di un professionista è un passo coraggioso verso il rafforzamento del tuo benessere emotivo.

Impatto sulle relazioni

Le relazioni personali, professionali e sociali giocano un ruolo fondamentale nella nostra vita e nel benessere. Quando problemi emotivi o mentali iniziano a interferire negativamente in queste relazioni, è un chiaro segnale che è il momento di cercare l'aiuto di un professionista per garantire relazioni più sane e una migliore qualità della vita. Riconoscere quando le tue sfide personali stanno influenzando le tue interazioni con gli altri e cercare l'intervento di uno psicoterapeuta è un passo importante per coltivare relazioni più positive e gratificanti. Ecco modi per cercare aiuto terapeutico quando i problemi emotivi influenzano le tue relazioni:

Conflitti frequenti: Se stai affrontando frequenti conflitti e disaccordi nelle tue relazioni, che siano con partner, familiari, amici o colleghi, ciò può indicare che questioni emotive irrisolte stanno contribuendo ai problemi. La terapia può aiutare a individuare le cause sottostanti dei conflitti e fornire strumenti per risolverli in modo sano.

Isolamento sociale: Quando problemi emotivi o mentali causano l'isolamento sociale, portandoti a allontanarti da amici, familiari e attività sociali, ciò può peggiorare la situazione e danneggiare la tua salute mentale. Uno psicoterapeuta può aiutarti a esplorare le ragioni di questo isolamento e sviluppare strategie per riconnetterti con gli altri.

Difficoltà di comunicazione: I problemi emotivi possono influenzare il modo in cui ti relazioni con gli altri. Difficoltà nell'esprimere le tue emozioni, nell'ascoltare le esigenze degli altri o nel mantenere un dialogo sano possono creare ostacoli nelle relazioni. La terapia può migliorare le tue abilità di comunicazione e insegnare strategie per affrontare le sfide della comunicazione.

Sentimenti di estraneità: Se ti senti estraneo, disconnesso o incompriso nelle tue relazioni, ciò può avere un impatto significativo sul tuo benessere emotivo. Uno psicoterapeuta può aiutarti a esplorare questi sentimenti e lavorare per costruire relazioni più empatiche e autentiche.

Focalizzazione sull'auto-miglioramento: Cercando aiuto professionale per affrontare problemi emotivi che influenzano le tue relazioni, dimostri un impegno verso la crescita personale e il miglioramento delle interazioni interpersonali. La terapia ti aiuta non solo ad affrontare le sfide attuali, ma anche a sviluppare abilità per mantenere relazioni sane nel tempo.

Comprensione dei modelli relazionali: Uno psicoterapeuta può aiutarti a identificare modelli comportamentali e comunicativi ripetitivi che potrebbero contribuire ai problemi nelle relazioni. Comprendendo questi modelli, puoi intraprendere azioni per spezzarli e stabilire nuovi modi di interagire con gli altri.

Cercare aiuto terapeutico quando i problemi emotivi o mentali influenzano le tue relazioni è un investimento prezioso nella tua salute mentale e nelle connessioni significative nella tua vita. Uno psicoterapeuta può fornire supporto, strumenti e prospettive per migliorare la qualità delle tue relazioni e promuovere un ambiente emotivamente sano per te e per coloro che ti circondano.

Isolamento sociale e perdita di interesse

L'isolamento sociale e la perdita di interesse per attività che un tempo procuravano piacere sono sintomi che spesso indicano la presenza di problemi emotivi o mentali. Quando ti ritrovi a evitare interazioni sociali e a perdere la motivazione per partecipare a attività che un tempo amavi, è importante riconoscere questi segnali come possibili indicatori che qualcosa sta influenzando la tua salute mentale. In questo contesto, la ricerca di aiuto terapeutico può essere un modo efficace per esplorare questi sentimenti e le loro cause sottostanti, oltre a recuperare il benessere e l'entusiasmo per la vita. Ecco come uno psicoterapeuta può aiutare quando ti trovi di fronte all'isolamento sociale e alla perdita di interesse:

Esplorazione dei sentimenti: Uno psicoterapeuta può fornire uno spazio sicuro e accogliente per esplorare i sentimenti di isolamento e perdita di interesse. Ti aiuteranno a esaminare quando questi sentimenti hanno avuto inizio, se ci sono trigger specifici e come influenzano diverse aree della tua vita.

Identificazione delle cause sottostanti: L'isolamento sociale e la perdita di interesse possono avere molte cause sottostanti, come depressione, ansia, stress cronico, traumi passati o importanti cambiamenti nella vita. Uno psicoterapeuta qualificato può aiutarti a identificare queste cause, consentendo una comprensione più profonda di ciò che contribuisce a questi sentimenti.

Sviluppo di strategie: Uno psicoterapeuta può lavorare con te per sviluppare strategie efficaci per affrontare l'isolamento e recuperare l'interesse per le attività. Ciò può comportare l'individuazione di attività che amavi in passato e l'esplorazione di modi per reintrodurle gradualmente nella tua vita.

Concentrazione sull'autoconsapevolezza: La terapia è un'opportunità per esplorare la tua vita emotiva e mentale in modo più approfondito. Questo può aiutarti a comprendere meglio le tue esigenze, desideri e motivazioni, il che a sua volta può portare a una maggiore chiarezza su ciò che causa l'isolamento e la perdita di interesse.

Sviluppo di abilità sociali: Se l'isolamento sociale è legato all'ansia sociale o a difficoltà di interazione, uno psicoterapeuta può aiutarti a sviluppare abilità sociali sane. Ciò include imparare a gestire l'ansia sociale, migliorare la comunicazione e costruire relazioni significative.

Impostazione di piccoli obiettivi: Uno psicoterapeuta può aiutarti a stabilire piccoli obiettivi realizzabili per reintegrarti gradualmente in attività sociali e hobby che amavi in passato. Ciò può aiutare a ridurre la sensazione di sovraccarico e facilitare il processo di recupero dell'interesse.

Supporto durante la transizione: Se stai attraversando cambiamenti significativi nella vita, come un cambio di carriera, una perdita o una transizione verso una nuova fase, uno psicoterapeuta può fornire supporto emotivo durante questa transizione e aiutarti a trovare modi sani per affrontare le sfide associate.

L'isolamento sociale e la perdita di interesse sono sfide che molte persone affrontano in qualche momento della loro vita. La ricerca di aiuto terapeutico non solo offre supporto in questi momenti difficili, ma può anche aiutare a identificare soluzioni e strategie per recuperare il benessere emotivo e la gioia di vivere.

Comportamenti distruttivi

L'essere coinvolti in comportamenti distruttivi, come l'abuso di sostanze, l'autolesionismo o altri comportamenti autodistruttivi, è un segnale allarmante che richiede assistenza immediata. Comportamenti di questo tipo possono avere serie conseguenze per la salute mentale, emotiva e fisica, e l'orientamento di uno psicoterapeuta è cruciale per affrontare le radici di questi comportamenti e sviluppare strategie sane per farvi fronte. Ecco come uno psicoterapeuta può aiutare quando ti trovi ad affrontare comportamenti distruttivi:

Valutazione e comprensione: Uno psicoterapeuta qualificato valuterà l'estensione dei comportamenti distruttivi e cercherà di comprendere le cause sottostanti. Questo può comportare l'esplorazione di eventi traumatici passati, sfide emotive irrisolte e fattori di stress che potrebbero contribuire a questi comportamenti.

Identificazione dei trigger: Comprendere i trigger che portano ai comportamenti distruttivi è fondamentale per sviluppare strategie di affrontamento efficaci. Uno psicoterapeuta può aiutarti a identificare i momenti, le emozioni o le situazioni che scatenano questi comportamenti, consentendo maggiore autocontrollo.

Esplorazione del coping inadeguato: I comportamenti distruttivi spesso emergono come forme inadeguate di affrontare il dolore emotivo, lo stress o i traumi. Uno psicoterapeuta può aiutarti a esplorare alternative sane per farvi fronte e sviluppare abilità per affrontare le sfide in modo più adattivo.

Sviluppo di strategie alternative: Uno psicoterapeuta lavorerà con te per sviluppare strategie alternative di affrontamento che siano sane ed efficaci. Ciò può comportare l'apprendimento di tecniche di rilassamento, comunicazione assertiva, gestione dello stress e la costruzione di una rete di supporto.

Lavoro sulle credenze limitanti: Spesso i comportamenti distruttivi sono radicati in credenze negative su se stessi, bassa autostima o pensieri autocritici. Uno psicoterapeuta può aiutarti a sfidare queste credenze limitanti e sviluppare una prospettiva più sana e positiva.

Approccio all'autostima e all'immagine di sé: Lavorare per migliorare l'autostima e l'immagine di sé è fondamentale per superare i comportamenti autodistruttivi. Uno psicoterapeuta può aiutarti a sviluppare un rapporto più positivo con te stesso e a coltivare l'amore per te stesso.

Attuazione di strategie preventive: Oltre allo sviluppo di strategie di affrontamento, uno psicoterapeuta può aiutarti a creare un piano di prevenzione delle ricadute. Ciò implica l'anticipazione delle situazioni a rischio, lo sviluppo di strategie per farvi fronte e l'istituzione di un sistema di supporto che ti aiuti a mantenere un percorso sano.

Lavoro in team multidisciplinare: A seconda della gravità dei comportamenti distruttivi, uno psicoterapeuta può collaborare con altri professionisti della salute mentale, come psichiatri e assistenti sociali, per assicurare che tu riceva il supporto completo di cui hai bisogno.

La ricerca di aiuto terapeutico quando affronti comportamenti distruttivi è un passo coraggioso verso il recupero e il benessere. Uno psicoterapeuta qualificato può offrire un ambiente sicuro per esplorare le cause di questi comportamenti, sviluppare strategie sane di affrontamento e aiutarti a costruire una vita più equilibrata e positiva.

Pensieri suicidi

I pensieri di autolesionismo o suicidio sono un segno di profonda angoscia emotiva e richiedono immediata attenzione e intervento professionale. Se stai affrontando pensieri suicidi, è essenziale cercare assistenza professionale per garantire la tua sicurezza e il tuo benessere. Modi per cercare aiuto e trovare speranza quando si affrontano pensieri suicidi:

Comprendere i pensieri suicidi: I pensieri suicidi possono sorgere come risposta a un'intollerabile sofferenza emotiva, sentimenti di disperazione, intensa solitudine o altre difficoltà. Non devono essere ignorati, minimizzati o affrontati da soli.

Cerca aiuto immediatamente: Quando ti trovi di fronte a pensieri suicidi, è fondamentale cercare aiuto immediatamente. Contatta uno psicoterapeuta, un professionista della salute mentale, una linea di assistenza al suicidio o un medico. Non esitare a condividere i tuoi sentimenti con amici o familiari di fiducia.

Linea di assistenza al suicidio: Le linee di assistenza al suicidio sono disponibili per offrire supporto emotivo, ascoltare i tuoi sentimenti e aiutarti a superare i momenti di crisi.

Intervento professionale: Uno psicoterapeuta qualificato ha l'esperienza necessaria per valutare la gravità dei pensieri suicidi e sviluppare un piano di sicurezza. Lavoreranno con te per comprendere le cause sottostanti, sviluppare strategie di affrontamento e fornire supporto continuo.

Stabilimento di un piano di sicurezza: Uno psicoterapeuta può aiutarti a sviluppare un piano di sicurezza che include strategie per affrontare i pensieri suicidi, contatti di emergenza e passi da seguire in caso di crisi. Questo piano è uno strumento prezioso per mantenerti al sicuro nei momenti difficili.

Supporto emotivo: Oltre a cercare aiuto professionale, condividere i tuoi sentimenti con amici e familiari di fiducia può essere anch'esso benefico. Il supporto emotivo può farti sentire meno solo e più compreso.

Lavoro in un team multidisciplinare: A seconda della gravità dei pensieri suicidi, potrebbe essere necessario che uno psicoterapeuta lavori in collaborazione con uno psichiatra o altri professionisti della salute mentale per garantire una cura completa.

Trova speranza: Anche se i pensieri suicidi possono sembrare travolgenti, è importante ricordare che l'aiuto è disponibile e la guarigione è possibile. La terapia può aiutarti a comprendere le cause sottostanti dei pensieri suicidi, sviluppare strategie per affrontare il dolore emotivo e trovare speranza per il futuro.

Non lottare da solo: Quando si tratta di pensieri suicidi, non è necessario affrontare la situazione da soli. Chiedere aiuto è un passo coraggioso verso la guarigione e il benessere emotivo. Ricorda che meriti supporto e cura, e ci sono persone disposte ad aiutarti a superare questo momento difficile.

Difficoltà sul lavoro o nello studio

I problemi emotivi o mentali che influenzano negativamente le tue prestazioni sul lavoro o nello studio possono essere sfide che impattano diversi aspetti della tua vita. Fortunatamente, la terapia può essere uno strumento prezioso per sviluppare abilità di gestione dello stress, affrontare la situazione e migliorare il benessere emotivo. Ecco come la terapia può aiutarti a superare queste difficoltà:

Comprendere l'impatto sulle responsabilità professionali e accademiche: La pressione sul lavoro e nello studio può essere intensa, e i problemi emotivi o mentali possono rendere ancora più difficile affrontare queste responsabilità. Difficoltà a concentrarti, mancanza di motivazione, relazioni tese con colleghi o insegnanti e la sensazione di essere sopraffatto possono essere segnali che è necessario aiuto.

Identificare le cause sottostanti: Uno psicoterapeuta lavorerà con te per identificare le cause sottostanti delle difficoltà che stai affrontando. Questo può includere problemi legati all'autostima, ansia, depressione, traumi passati o altre preoccupazioni emotive che stanno influenzando le tue prestazioni.

Sviluppo di strategie di gestione dello stress: La terapia può aiutarti a sviluppare strategie efficaci per gestire lo stress legato al lavoro o allo studio. Ciò può includere tecniche di rilassamento, pratiche di mindfulness, una gestione efficace del tempo e metodi per affrontare la pressione.

Miglioramento delle abilità di comunicazione: Se le difficoltà nelle interazioni con colleghi di lavoro, superiori o compagni di studio stanno causando problemi, uno psicoterapeuta può aiutarti a sviluppare abilità di comunicazione sane e assertive. Ciò può migliorare le tue relazioni e promuovere un ambiente più positivo.

Promozione del benessere emotivo: La terapia si concentra anche sul miglioramento del tuo benessere emotivo generale. Affrontando le preoccupazioni sottostanti, potresti sperimentare una riduzione dello stress e dell'ansia, il che a sua volta può influire positivamente sulla tua capacità di concentrarti e svolgere i compiti.

Sviluppo di strategie di affrontamento: Uno psicoterapeuta può aiutarti a sviluppare strategie sane per affrontare le sfide specifiche sul luogo di lavoro o accademiche. Ciò può includere la risoluzione dei conflitti, metodi per gestire la pressione e strategie per bilanciare lavoro, studio e vita personale.

Riconoscimento di limiti salutari: La terapia può aiutarti a stabilire limiti sani tra lavoro, studio e tempo personale. Imparare a dare priorità all'autocura e a separare il lavoro dai momenti di riposo può essere fondamentale per migliorare il tuo benessere complessivo.

Lavorare verso il successo: La terapia non solo aiuta a superare le difficoltà attuali, ma anche a costruire una base solida per il successo continuo sul lavoro e nello studio. Imparando a gestire le sfide emotive e mentali, sarai meglio preparato ad affrontare gli ostacoli futuri.

Non esitare a cercare aiuto: Se i problemi emotivi o mentali stanno influenzando negativamente le tue prestazioni sul lavoro o nello studio, non esitare a cercare aiuto. Uno psicoterapeuta qualificato può offrire orientamento, supporto e strumenti pratici per aiutarti a superare le difficoltà e raggiungere i tuoi obiettivi professionali e accademici.

L'autovalutazione onesta è un aspetto vitale per riconoscere quando è necessario il supporto professionale. Chiediti come ti sei sentito di recente, come i tuoi pensieri hanno influenzato il tuo benessere, come le tue emozioni hanno influenzato le tue azioni e come ti stai rapportando agli altri. L'autoconsapevolezza ti permette di identificare schemi, tendenze e cambiamenti significativi nella tua salute mentale.

Inoltre, presta attenzione ai feedback da amici stretti e familiari. A volte, coloro che ti circondano possono notare cambiamenti sottili o comportamenti preoccupanti che potresti non vedere chiaramente.

Riconoscere quando è necessario cercare aiuto professionale è un atto di autoconsapevolezza e autotrattamento. È essenziale ricordare che cercare aiuto non è un segno di debolezza, ma piuttosto una dimostrazione di forza e coraggio. Quando riconosci che la tua salute mentale ed emotiva è messa alla prova, compiere questo passo può fare la differenza tra affrontare queste sfide in modo sano ed efficace o permettere che si aggravino.

Approcci terapeutici efficaci

Riconoscere la necessità di aiuto professionale è importante per comprendere le diverse approcci terapeutiche disponibili e scegliere quella che meglio si adatta alle tue esigenze e preferenze. Ogni approccio terapeutico ha le proprie tecniche e metodologie per affrontare problemi emotivi e mentali. Ecco gli approcci terapeutici più comuni:

Terapia Cognitivo-Comportamentale (CBT)

La terapia cognitivo-comportamentale è un approccio terapeutico ampiamente utilizzato, riconosciuto per la sua efficacia nel trattamento di una varietà di sfide emotive e mentali. Si concentra sul lavoro con schemi di pensiero e comportamenti che possono contribuire a problemi come ansia, depressione, fobie e disturbi alimentari. La CBT si basa su principi fondamentali volti a promuovere cambiamenti pratici e tangibili nella vita dell'individuo.

Identificazione di schemi di pensiero distorti: Uno dei pilastri della CBT è l'identificazione di schemi di pensiero distorti, noti come "distorsioni cognitive". Questi sono modi di pensare che possono portare a interpretazioni negative ed esagerate della realtà. Il terapeuta ti aiuta a riconoscere questi schemi e a mettere in discussione la loro validità, consentendo una rivalutazione più realistica delle situazioni.

Sviluppo di strategie di ristrutturazione cognitiva: Una volta identificate le distorsioni cognitive, il terapeuta lavora con te per sviluppare strategie di ristrutturazione cognitiva. Ciò comporta la sostituzione di schemi di pensiero negativi con pensieri più realistici e positivi. Questo cambiamento nel modo di pensare aiuta a ridurre sintomi come ansia e depressione, promuovendo una prospettiva più equilibrata.

Esposizione graduale e desensibilizzazione: La CBT impiega anche tecniche di esposizione graduale e desensibilizzazione per trattare fobie e ansie specifiche. Queste tecniche comportano l'esposizione controllata e graduale agli stimoli che scatenano l'ansia, consentendo di sviluppare una maggiore tolleranza e controllo sulle reazioni emotive.

Addestramento alle abilità di coping: Oltre a lavorare con i modelli di pensiero, la CBT si concentra anche sullo sviluppo di abilità di coping efficaci. Ciò comporta l'apprendimento di strategie pratiche per affrontare situazioni stressanti o scatenanti di ansia. Praticando queste abilità, diventi più sicuro nella tua capacità di affrontare le sfide e gestire emozioni difficili.

Focalizzazione sul presente e orientata alle soluzioni: La CBT è un approccio orientato al presente e alla risoluzione dei problemi. Anche se le esperienze passate possono essere esplorate, l'attenzione principale è su sviluppare strategie per affrontare le sfide attuali. Il terapeuta lavora con te per definire obiettivi realizzabili e creare un piano d'azione concreto per raggiungerli.

Collaborazione attiva tra terapeuta e cliente: La CBT coinvolge una collaborazione attiva tra il terapeuta e il cliente. Il terapeuta funge da guida e partner nel percorso di autoconsapevolezza e cambiamento. Insieme, identificate gli obiettivi, monitorate i progressi e regolate le strategie secondo necessità.

La CBT è un approccio altamente strutturato e orientato ai risultati. I suoi principi pratici e strumenti specifici la rendono una scelta popolare per molte persone che desiderano superare sfide emotive e comportamentali. Il terapeuta lavorerà con te per sviluppare le abilità necessarie per affrontare i problemi in modo efficace, promuovendo una migliore qualità della vita e benessere mentale.

Terapia psicodinamica

La terapia psicodinamica è un approccio terapeutico che si concentra sull'esplorazione delle influenze del passato, delle esperienze di vita e dell'inconscio sul comportamento e i sentimenti attuali. Questo approccio si basa sulla premessa che le esperienze vissute lungo l'arco della vita, soprattutto durante l'infanzia, abbiano un impatto duraturo sulle emozioni, i pensieri e i comportamenti di un individuo. La terapia psicodinamica cerca di portare alla luce queste influenze nascoste per promuovere l'autoconsapevolezza e la risoluzione dei conflitti interni.

Esplorazione dell'inconscio: Una delle caratteristiche distintive della terapia psicodinamica è l'esplorazione dell'inconscio. Si crede che molti aspetti della nostra mente, tra cui desideri, traumi e ricordi soppressi, siano presenti a livello inconscio. Il terapeuta lavora con te per riportare in superficie questi elementi nascosti, consentendo una comprensione più profonda delle motivazioni e dei modelli di comportamento.

Modelli di relazione e conflitti interni: La terapia psicodinamica si concentra anche sull'esame dei modelli di relazione, sia passati che presenti. Relazioni significative, come quelle con i genitori o i caregiver durante l'infanzia, possono avere un impatto duraturo sulle interazioni sociali e sulle relazioni adulte. Il terapeuta ti aiuta a identificare modelli di relazione ripetitivi e a esplorare come questi modelli possano essere legati a conflitti interni irrisolti.

Risoluzione di traumi e conflitti irrisolti: Eventi traumatici o conflitti irrisolti del passato possono influenzare negativamente la salute mentale ed emotiva di un individuo. Nella terapia psicodinamica, il terapeuta offre uno spazio sicuro per esplorare questi eventi e i sentimenti ad essi associati. La risoluzione di traumi e conflitti irrisolti può portare a un significativo sollievo dai sintomi emotivi e comportamentali.

Autoconsapevolezza e cambiamento personale: La terapia psicodinamica valorizza il processo di autoconsapevolezza come mezzo per promuovere il cambiamento personale. Comprendendo le motivazioni sottostanti ai comportamenti e alle emozioni, puoi sviluppare una maggiore consapevolezza di te stesso e delle tue reazioni. Questa consapevolezza può aprire la strada all'adozione di nuove prospettive e comportamenti più sani.

Durata e intensità della terapia: La terapia psicodinamica è spesso di durata più lunga rispetto ad alcuni altri approcci terapeutici. Ciò è dovuto al fatto che coinvolge l'esplorazione di strati più profondi della psiche e alla costruzione di una solida relazione terapeutica nel corso del tempo. Le sessioni possono essere più intensive, consentendo un'approfondita esplorazione di questioni complesse.

La terapia psicodinamica è un approccio che mira non solo a trattare i sintomi, ma anche a approfondire la comprensione di sé e delle influenze che hanno plasmato la tua vita. Esplorando il passato e i processi interni, puoi trovare chiarezza, risoluzione e un rinnovato senso di autoconsapevolezza e autoaccettazione.

Terapia di Accettazione e Impegno (ACT)

La terapia di accettazione e impegno è un approccio terapeutico che si distingue per il suo enfasi sull'accettazione dei pensieri e delle emozioni difficili, mentre guida le azioni verso valori personali e significativi. Questo approccio riconosce che combattere i pensieri negativi o cercare di controllare emozioni scomode spesso porta a ulteriore sofferenza. Invece, l'ACT incoraggia ad accettare questi pensieri e sentimenti come parte naturale dell'esperienza umana.

Accettazione e mindfulness: La base dell'ACT è la pratica dell'accettazione e del mindfulness. Ciò implica imparare a osservare i pensieri e le emozioni senza giudizio, permettendo loro di venire e andare senza reagire intensamente. Invece di cercare di sopprimere o evitare i pensieri negativi, impari a relazionarti con essi in modo più compassionevole e non reattivo.

Impegno nei confronti dei valori: Oltre all'accettazione, l'ACT sottolinea l'importanza di impegnarsi in azioni che siano in linea con i tuoi valori personali. Ciò significa identificare quali sono i tuoi valori centrali e stabilire obiettivi e azioni che siano in accordo con questi valori. L'impegno in azioni basate sui valori è un modo per creare una vita significativa e profonda, anche di fronte a sfide emotive.

Defusione cognitiva: Un altro componente centrale dell'ACT è la defusione cognitiva, che implica distaccarsi dai pensieri e osservarli come eventi mentali, invece di fatti concreti. Ciò ti consente di allontanarti dalle storie e dai modelli di pensiero negativi che possono contribuire alla sofferenza. La defusione cognitiva aiuta a creare un rapporto più sano con i tuoi pensieri, consentendo loro di avere meno potere sulle tue emozioni e azioni.

L'io osservatore: L'ACT introduce anche il concetto di "io osservatore", che è la parte di te che può osservare i tuoi pensieri, emozioni e sensazioni fisiche da una prospettiva imparziale. Questa parte di te non è coinvolta nella lotta contro i pensieri, ma osserva semplicemente. Questa separazione tra l'osservatore e il pensiero aiuta a coltivare un rapporto più flessibile e compassionevole con la tua esperienza interna.

Vivere nel momento presente: La pratica del mindfulness nell'ACT implica anche vivere appieno nel momento presente, invece di preoccuparsi del passato o del futuro. Ciò aiuta a ridurre la ruminazione e l'ansia, consentendoti di coinvolgerti pienamente nelle attività quotidiane.

La terapia di accettazione e impegno è un approccio innovativo che mira ad aumentare la flessibilità psicologica e promuovere una vita ricca e significativa, anche in mezzo a pensieri ed emozioni difficili.

Accettando la tua esperienza e impegnandoti in azioni che sono importanti per te, puoi costruire una solida base per affrontare le sfide della vita in modo più sano e costruttivo.

Terapia Interpersonale (ITP)

La terapia interpersonale è un approccio terapeutico incentrato sulle relazioni interpersonali e sull'incremento delle abilità comunicative e sociali. Riconosce l'influenza profonda che le relazioni hanno sulla nostra salute mentale ed emotiva, cercando di aiutare gli individui a comprendere e risolvere le sfide che possono emergere nelle interazioni con gli altri. La ITP è particolarmente utile per affrontare conflitti nelle relazioni, migliorare la qualità delle interazioni sociali e sviluppare relazioni sane e soddisfacenti.

Obiettivi della terapia interpersonale: La terapia interpersonale mira ad affrontare problemi specifici legati alle relazioni e alla comunicazione, con un focus su quattro aree principali:

Lutto: La ITP può essere utilizzata per aiutare le persone che stanno affrontando la perdita di cari. Può aiutare a comprendere le emozioni legate al lutto e ad adattarsi a questa nuova realtà.

Ruolo e transizioni di vita: I cambiamenti di ruolo o le transizioni importanti nella vita, come il matrimonio, il divorzio, il pensionamento o i cambiamenti di lavoro, possono generare stress e sfide interpersonali. La ITP aiuta a navigare queste transizioni in modo salutare.

Conflitti interpersonali: Problemi di comunicazione, malintesi e conflitti nelle relazioni possono avere un impatto significativo sul benessere emotivo. La ITP fornisce strumenti per risolvere questi conflitti in modo costruttivo.

Isolamento sociale: Sentimenti di isolamento e solitudine possono avere un impatto negativo sulla salute mentale. La ITP aiuta a sviluppare abilità sociali e strategie per migliorare le connessioni interpersonali.

Processo terapeutico: Durante le sessioni di Terapia Interpersonale, il terapeuta lavora in stretta collaborazione con l'individuo per identificare i modelli relazionali, di comunicazione e conflitto. Il terapeuta assiste il cliente nell'esplorare come questi modelli possano contribuire allo stress emotivo o alle difficoltà nel relazionarsi in modo sano.

Abilità di comunicazione: La terapia si concentra sull'incremento delle abilità di comunicazione dell'individuo, aiutandolo a esprimere le proprie emozioni e necessità in modo chiaro e assertivo. Ciò può coinvolgere lo sviluppo di strategie per gestire malintesi, disaccordi e situazioni difficili in modo costruttivo.

Risoluzione dei conflitti: La ITP insegna strategie efficaci per risolvere i conflitti, che includono l'ascolto attivo, la comprensione delle prospettive degli altri e il lavoro insieme per trovare soluzioni che siano vantaggiose per tutti gli interessati.

Costruzione di relazioni sane: Oltre a risolvere problemi specifici, la Terapia Interpersonale mira anche ad aiutare gli individui a costruire relazioni sane e soddisfacenti. Ciò implica lo sviluppo dell'empatia, della comprensione e del rispetto reciproco, nonché la creazione di legami emotivi forti.

La terapia interpersonale è un approccio efficace per coloro che desiderano migliorare le proprie abilità di comunicazione, risolvere i conflitti e creare relazioni più soddisfacenti. Comprendendo come le interazioni sociali influenzino la propria salute mentale, è possibile acquisire gli strumenti necessari per costruire connessioni significative e positive con gli altri.

Terapia familiare

La terapia familiare è un approccio terapeutico che coinvolge i membri della famiglia in sessioni terapeutiche con l'obiettivo di migliorare la comunicazione, risolvere conflitti e promuovere relazioni sane. Essa riconosce che le dinamiche familiari hanno un impatto profondo sulla salute mentale di ciascun individuo e cerca di lavorare insieme a tutti i membri della famiglia per creare un ambiente più armonioso e funzionale.

Obiettivi della terapia familiare: La terapia familiare ha una serie di obiettivi importanti, tra cui:

Miglioramento della comunicazione: La terapia si concentra sul miglioramento della comunicazione tra i membri della famiglia. Ciò comporta l'apprendimento dell'ascolto attivo, l'espressione delle emozioni in modo sano e il rispetto delle prospettive degli altri.

Risoluzione dei conflitti: La terapia familiare fornisce uno spazio sicuro per affrontare e risolvere i conflitti che possono sorgere all'interno della famiglia. Gli psicoterapeuti aiutano i membri a comprendere le origini dei conflitti e a lavorare insieme per trovare soluzioni costruttive.

Promozione di relazioni sane: La terapia mira a promuovere relazioni sane e supporto reciproco tra i membri della famiglia. Ciò comporta lo sviluppo di empatia, comprensione e rispetto reciproco.

Adattamento ai cambiamenti: I cambiamenti nella dinamica familiare, come la nascita di un figlio, il matrimonio, il divorzio o la perdita di un caro, possono essere sfidanti. La terapia familiare aiuta la famiglia a adattarsi a questi cambiamenti in modo salutare.

Riconoscimento dei modelli familiari: La terapia aiuta i membri della famiglia a riconoscere i modelli di comportamento e interazione che possono contribuire a conflitti o disfunzioni. Ciò consente loro di identificare modi per interrompere questi schemi negativi.

Processo terapeutico: Durante le sessioni di terapia familiare, ai membri della famiglia viene incoraggiato a condividere i propri pensieri, sentimenti e prospettive. Il terapeuta facilita la comunicazione tra i membri e aiuta a identificare aree di conflitto e punti di tensione.

L'attenzione è posta sulla collaborazione e sul rispetto, creando un ambiente in cui tutti si sentono ascoltati e valorizzati.

Approcci terapeutici nella terapia familiare: Ci sono diverse approcci terapeutici che possono essere utilizzati nella terapia familiare, tra cui:

Terapia sistemica: Questo approccio si concentra sulle interazioni e le dinamiche familiari come un sistema complesso. Esplora come le azioni di un membro della famiglia influenzano gli altri e come i cambiamenti in un membro possono influenzare l'intero sistema.

Terapia strutturale: Questo approccio mira a riorganizzare la struttura familiare per promuovere relazioni sane e funzionali. Aiuta a definire ruoli e limiti chiari all'interno della famiglia.

Terapia narrativa: Questo approccio esplora le storie individuali e collettive della famiglia, aiutando a riscrivere narrazioni negative e promuovere una visione più positiva e abilitante.

La terapia familiare è uno strumento potente per risolvere conflitti, migliorare la comunicazione e promuovere relazioni sane all'interno della famiglia. Fornisce uno spazio sicuro per esplorare questioni complesse e lavorare insieme per costruire un ambiente di sostegno e comprensione reciproca.

Terapia di gruppo

La terapia di gruppo è un approccio terapeutico che coinvolge la partecipazione di diverse persone che stanno affrontando sfide emotive e mentali simili. Sotto la guida di un terapeuta esperto, i partecipanti si riuniscono regolarmente per condividere esperienze, discutere i loro problemi e fornirsi mutuo sostegno nel processo di auto-guarigione e crescita personale. Questo approccio offre una serie di benefici unici che possono essere particolarmente efficaci nel trattare questioni specifiche.

Benefici della terapia di gruppo: La terapia di gruppo offre una serie di benefici preziosi:

Condivisione di esperienze: Partecipare a un gruppo terapeutico offre l'opportunità di condividere le proprie esperienze e ascoltare le storie degli altri. Questo aiuta a normalizzare sentimenti e sfide poiché spesso le persone si rendono conto che non sono sole nelle loro lotte.

Supporto tra pari: Il gruppo fornisce un ambiente di supporto in cui i membri possono relazionarsi e sostenersi reciprocamente. Il supporto di persone che stanno affrontando situazioni simili può essere estremamente confortante e rafforzante.

Diversità di prospettive: La terapia di gruppo riunisce persone con diverse origini, esperienze e prospettive. Ciò arricchisce la discussione e consente ai membri di vedere i propri problemi in nuovi modi, offrendo visioni uniche e potenziali soluzioni.

Apprendimento sociale: Osservando come gli altri affrontano i propri problemi, è possibile imparare nuove strategie di affronto, abilità di comunicazione e modi sani per gestire le sfide.

Sviluppo di abilità sociali: Per coloro che lottano con l'ansia sociale, la terapia di gruppo fornisce un ambiente sicuro per praticare e sviluppare abilità sociali.

Risparmio di tempo e denaro: La terapia di gruppo è generalmente più accessibile dal punto di vista finanziario rispetto alla terapia individuale, rendendola un'opzione conveniente per molte persone. Inoltre, risparmia anche tempo poiché più persone possono essere assistite contemporaneamente.

Efficacia della terapia di gruppo: La terapia di gruppo è stata dimostrata efficace per una varietà di questioni, tra cui depressione, ansia, disturbi alimentari, abuso di sostanze, disturbo da stress post-traumatico e molto altro. Tuttavia, l'efficacia dipende dalla dinamica del gruppo, dalla guida del terapeuta e dall'impegno dei membri nel condividere e partecipare attivamente.

Confidenzialità e rispetto: La terapia di gruppo si svolge in un ambiente confidenziale e sicuro, in cui i membri sono incoraggiati a rispettare la privacy degli altri e a mantenere ciò che viene condiviso nelle sessioni. Ciò crea uno spazio di fiducia che consente ai membri di aprirsi senza paura di giudizio.

Scelta della terapia di gruppo: Quando si sceglie di partecipare a una terapia di gruppo, è importante cercare un terapeuta esperto e preparato che possa facilitare le sessioni in modo efficace. È anche fondamentale trovare un gruppo che affronti questioni specifiche che si stanno affrontando e che sia composto da persone con cui ci si sente a proprio agio.

La terapia di gruppo offre un'opportunità unica per la crescita personale, il supporto reciproco e l'apprendimento sociale. Condividendo esperienze e imparando dagli altri, i partecipanti possono sviluppare abilità per affrontare sfide emotive e mentali in modo sano ed efficace.

Terapia olistica

La terapia olistica è un approccio terapeutico che riconosce l'interconnessione tra il corpo, la mente, le emozioni e lo spirito come un tutto integrato. In contrasto con gli approcci terapeutici tradizionali che si concentrano principalmente sulla mente, la terapia olistica cerca di bilanciare tutti gli aspetti dell'essere umano per promuovere il benessere generale. Questo approccio incorpora pratiche creative ed espressive, come l'arte terapia, la musicoterapia e la terapia della danza, per facilitare l'espressione di sé, la consapevolezza di sé e l'esplorazione emotiva.

Principi della terapia olistica: La terapia olistica si basa su diversi principi fondamentali:

Visione integrata: Riconosce che il corpo, la mente, le emozioni e lo spirito sono interconnessi e si influenzano reciprocamente. Uno squilibrio in una zona può influenzare l'intero essere.

Approccio personalizzato: Ogni individuo è unico, e la terapia olistica si adatta alle esigenze e alle preferenze di ciascuna persona. Non esiste un approccio unico che funzioni per tutti.

Focus sulla causa radice: Piuttosto che trattare solo i sintomi superficiali, la terapia olistica cerca di identificare e trattare le cause sottostanti dei problemi emotivi e mentali.

Auto-guarigione e auto-scoperta: Crede che ogni persona abbia una capacità innata di auto-guarigione e che la terapia sia un mezzo per facilitare questo processo, promuovendo l'auto-scoperta e la consapevolezza di sé.

Enfasi sulla prevenzione: Oltre a trattare i problemi esistenti, la terapia olistica enfatizza la prevenzione, promuovendo uno stile di vita sano e pratiche che sostengono il benessere a lungo termine.

Terapia artistica: La terapia artistica è una forma di terapia olistica che utilizza diverse forme di espressione artistica, come la pittura, il disegno, la scultura e il collage, per aiutare gli individui a esprimere se stessi ed esplorare le loro emozioni e pensieri interni. Coinvolgendosi in processi creativi, i partecipanti possono accedere a sentimenti che possono essere difficili da esprimere verbalmente. La terapia artistica offre un mezzo sicuro per liberare emozioni, risolvere conflitti interni e promuovere la consapevolezza di sé.

Musicoterapia: La musicoterapia è un'altra pratica olistica che utilizza la musica, i suoni e i ritmi come strumenti terapeutici. La musica ha il potere di evocare emozioni profonde e può essere utilizzata per esprimere sentimenti, alleviare lo stress, migliorare l'umore e promuovere la connessione con il proprio io interiore. La musicoterapia può coinvolgere suonare strumenti, cantare, comporre musica o semplicemente ascoltare musica selezionata dal terapeuta.

Terapia della danza: La terapia della danza coinvolge il movimento espressivo come forma di terapia. Danzare consente alle persone di esprimere le proprie emozioni, liberare tensioni fisiche ed emotive e sviluppare una maggiore consapevolezza del corpo. La terapia della danza può essere particolarmente efficace per le persone che hanno difficoltà a comunicare verbalmente o che cercano un modo più dinamico per esplorare le proprie emozioni.

Benefici della terapia olistica: La terapia olistica offre una serie di benefici:

Espressione di sé: Le pratiche creative consentono alle persone di esprimersi in modi non verbali, spesso accedendo a emozioni profonde.

Autoconsapevolezza: Esplorando la creatività, i partecipanti possono ottenere una migliore comprensione dei propri pensieri, sentimenti e schemi comportamentali.

Rilascio emotivo: La terapia olistica offre una via d'uscita sicura per liberare emozioni represse o intense.

Benessere generale: Affrontando tutte le dimensioni dell'essere, la terapia olistica promuove una sensazione generale di benessere ed equilibrio.

Crescita personale: Facilitando l'auto-guarigione, la terapia olistica supporta la crescita personale e la trasformazione.

La terapia olistica è un potente approccio per coloro che desiderano esplorare la propria creatività, promuovere l'autoconsapevolezza e lavorare verso uno stato più profondo di equilibrio e benessere.

Nella scelta di un approccio terapeutico, è importante considerare le proprie esigenze individuali, preferenze e obiettivi. Qualunque sia l'approccio che si scelga, la terapia offre uno spazio sicuro per esplorare i propri sentimenti, sviluppare abilità di coping e lavorare verso il proprio benessere mentale ed emotivo.

Lavorare in collaborazione con un terapeuta

Cercare aiuto professionale è un passo coraggioso e positivo verso il proprio benessere. Collaborando con un terapeuta, è possibile massimizzare i benefici del trattamento e fare progressi significativi. Ecco alcuni modi per lavorare in collaborazione con un terapeuta:

Stabilire una relazione di fiducia

La relazione tra il paziente e il terapeuta è uno degli aspetti più importanti della terapia. Una relazione basata su fiducia, rispetto ed empatia è fondamentale per il successo del trattamento. Ecco alcuni punti chiave da considerare nel stabilire questa relazione:

Scegliere il terapeuta giusto: La scelta del terapeuta giusto è un passo cruciale per garantire un'esperienza terapeutica positiva ed efficace. La relazione terapeutica è una collaborazione che può avere un impatto significativo sul tuo percorso di auto-cura e crescita personale. Aspetti importanti da considerare nella scelta del terapeuta giusto includono:

Compatibilità: È fondamentale scegliere un terapeuta con cui ti senti a tuo agio. L'empatia e la sensazione di connessione sono fondamentali per creare un ambiente terapeutico sicuro.

Specializzazione: Considera le aree di specializzazione del terapeuta. A seconda delle tue esigenze, potrebbe essere vantaggioso scegliere un terapeuta con esperienza nel trattare problemi specifici, come ansia, depressione, traumi, relazioni, tra gli altri.

Stile terapeutico: Diversi terapeuti hanno approcci e stili terapeutici diversi. Alcuni sono più diretti, mentre altri preferiscono un approccio più riflessivo. Fai delle ricerche sugli stili e gli approcci per trovare quello che risuona con te.

Costruzione della relazione: La relazione terapeutica è uno dei pilastri più importanti per il successo della terapia. Si tratta di un legame speciale basato su fiducia, empatia e collaborazione tra te e il terapeuta. La costruzione di questa solida relazione è essenziale per creare un ambiente sicuro in cui puoi esplorare i tuoi sentimenti, le tue sfide e i tuoi obiettivi. Ecco gli aspetti chiave nella costruzione della relazione terapeutica:

Comunicazione aperta: Fin dall'inizio, è importante stabilire una comunicazione aperta e onesta con il terapeuta. Ciò implica la condivisione dei tuoi sentimenti, pensieri e aspettative riguardo alla terapia.

Fiducia progressiva: La fiducia si costruisce nel tempo. Man mano che tu e il terapeuta sviluppate una relazione più solida, è più probabile che ti senta a tuo agio nel condividere questioni più profonde.

Rispetto reciproco: Il paziente e il terapeuta devono mostrare rispetto reciproco. Ciò implica ascoltare attentamente, dimostrare empatia e onorare le prospettive individuali.

Limiti chiari: Stabilire limiti chiari su ciò che ti senti a tuo agio a condividere e discutere durante le sedute. Ciò aiuta a creare uno spazio sicuro e prevedibile.

L'importanza dell'empatia: L'empatia è una qualità fondamentale che svolge un ruolo cruciale nella relazione terapeutica. Avere un terapeuta empatico può fare la differenza nel processo di auto-cura e crescita personale. L'empatia è la capacità di comprendere e connettersi emotivamente con i sentimenti e le esperienze del paziente. Ecco l'importanza dell'empatia nella terapia:

Dimostrazione di empatia: Un terapeuta empatico dimostra comprensione e autentica considerazione per le emozioni e le esperienze del paziente. L'empatia crea un ambiente in cui il paziente si sente ascoltato e compreso.

Convalida delle emozioni: L'empatia implica anche la convalida delle emozioni del paziente, anche se possono sembrare difficili o scomode. Ciò aiuta il paziente a sentirsi accettato e compreso.

L'evoluzione della relazione terapeutica: La relazione terapeutica non è statica, ma un processo dinamico che evolve nel tempo. Mentre lavori con il tuo terapeuta per affrontare sfide emotive e cercare la crescita personale, la relazione terapeutica attraversa anche cambiamenti e sviluppi. Aspetti importanti dell'evoluzione della relazione terapeutica includono:

Feedback costante: Durante il processo terapeutico, è utile fornire feedback al terapeuta su come ti senti riguardo al trattamento e alla relazione. Ciò aiuta a regolare l'approccio, se necessario.

Cambiamenti e sfide: Man mano che la terapia avanza, è possibile affrontare sfide emotive. Una solida relazione di fiducia consente di esplorare queste sfide in modo sicuro.

Una relazione terapeutica sana e positiva è una collaborazione tra il paziente e il terapeuta. Quando c'è fiducia, rispetto ed empatia reciproci, il processo terapeutico può diventare un potente viaggio verso l'autoconoscenza, la crescita personale e il benessere emotivo. Se in qualsiasi momento senti che la relazione terapeutica non sta funzionando, è importante discuterne con il terapeuta o considerare la possibilità di cercare un altro professionista che meglio soddisfi le tue esigenze.

Definire obiettivi chiari

Definire obiettivi chiari è un passo fondamentale nel processo terapeutico. Discutendo e stabilendo i tuoi obiettivi e le tue aspettative con il tuo terapeuta, non solo guidi il trattamento, ma crei anche un percorso tangibile per raggiungere la crescita personale e il miglioramento del benessere. Ecco alcuni modi per definire obiettivi chiari nella terapia:

L'importanza degli obiettivi: Stabilire obiettivi nella terapia offre una direzione chiara per il processo. Questo aiuta sia te che il terapeuta a capire cosa desideri raggiungere e cosa è significativo per te. Gli obiettivi forniscono un focus per le sessioni terapeutiche e guidano le discussioni e le attività che avvengono durante il trattamento.

Tipi di obiettivi: Gli obiettivi terapeutici possono variare ampiamente, a seconda delle tue esigenze e degli obiettivi. Possono mirare alla riduzione di sintomi specifici, al miglioramento delle relazioni, allo sviluppo di abilità di coping, al raggiungimento di fiducia in se stessi o all'esplorazione di aree di autoconoscenza. L'importante è che gli obiettivi siano personali e rilevanti per te.

Obiettivi realistici e misurabili: È importante stabilire obiettivi realistici e misurabili. Ciò significa che gli obiettivi devono essere raggiungibili entro il periodo di trattamento e devono essere formulati in modo che sia possibile valutare il tuo progresso. Gli obiettivi misurabili possono essere quantificati, ad esempio "ridurre la frequenza degli attacchi d'ansia del 50% entro tre mesi".

Discussione con il terapeuta: Quando si stabiliscono gli obiettivi, è essenziale discuterne con il proprio terapeuta. Possono aiutarti a raffinare gli obiettivi, rendendoli più specifici e raggiungibili. Inoltre, il terapeuta può offrire intuizioni su come gli obiettivi si collegano alle sfide che stai affrontando e può collaborare alla creazione di un piano di trattamento che meglio soddisfi le tue esigenze.

Valutazione e aggiustamenti: Man mano che il trattamento avanza, è importante valutare regolarmente il progresso rispetto agli obiettivi stabiliti. Il terapeuta e tu potete rivedere insieme quanto hai progredito verso i tuoi obiettivi e discutere eventuali aggiustamenti necessari nel piano di trattamento. Questa valutazione continua garantisce che il trattamento sia allineato con le tue esigenze in evoluzione.

Celebrazione dei successi: Raggiungendo i tuoi obiettivi nel corso del trattamento, celebra i tuoi successi, anche se sono piccoli. Il percorso terapeutico può essere impegnativo, e riconoscere il progresso che hai compiuto aiuta a mantenere la tua motivazione e fiducia in te stesso. La celebrazione rafforza anche l'importanza di stabilire obiettivi chiari e lavorare per raggiungerli.

In sintesi, stabilire obiettivi chiari nella terapia è un approccio strategico che può aumentare l'efficacia del trattamento. Condividendo i tuoi obiettivi e le tue aspettative con il tuo terapeuta, crei una partnership collaborativa per promuovere la crescita personale, il benessere emotivo e il raggiungimento di obiettivi significativi.

Comunicare apertamente

La comunicazione aperta svolge un ruolo fondamentale nel processo terapeutico. Essere aperti e onesti riguardo ai propri pensieri, sentimenti ed esperienze crea un ambiente di fiducia e collaborazione con il proprio terapeuta. Ciò facilita la comprensione reciproca, l'esplorazione delle sfide e lo sviluppo di strategie di coping sane. Ecco modi per comunicare apertamente nella terapia:

L'importanza della comunicazione: La terapia è uno spazio sicuro per esprimere i propri pensieri e sentimenti senza giudizio. Comunicando apertamente, permetti al tuo terapeuta di comprendere appieno le tue esperienze, il che a sua volta li aiuta a offrire una guida più efficace. La comunicazione aperta ti aiuta anche a esplorare a fondo le tue emozioni, identificare modelli di pensiero e comportamento e lavorare verso un cambiamento positivo.

Condivisione di esperienze e sfide: Sii onesto riguardo alle tue esperienze e sfide. Non esitare a discutere dei tuoi sentimenti, anche se sembrano difficili da esprimere. Ciò consente al terapeuta di avere una chiara visione della tua situazione e di offrire spunti pertinenti. Quando condividi apertamente le tue esperienze, stai fornendo al terapeuta le informazioni necessarie per aiutarti nel miglior modo possibile.

Esplorare emozioni e pensieri: La comunicazione aperta è particolarmente preziosa nell'esplorazione di emozioni e pensieri profondi. Parlando dei tuoi sentimenti più complessi, puoi comprendere meglio le loro cause e i modelli che potrebbero influenzare la tua vita. Questo apre spazio per l'autoconsapevolezza e la comprensione di come le tue emozioni influenzino le tue azioni e decisioni.

Sviluppo di strategie di coping: Comunicando apertamente riguardo alle tue preoccupazioni e sfide, permetti al terapeuta di collaborare con te nella creazione di strategie di coping sane. Queste strategie possono includere tecniche di gestione dello stress, modi per affrontare l'ansia, lo sviluppo di abilità comunicative e altro ancora. Sulla base delle informazioni che condividi, il terapeuta può personalizzare le approccio terapeutico per soddisfare le tue esigenze.

Superare le barriere nella comunicazione: È normale incontrare ostacoli nella comunicazione aperta. Potrebbero esserci sentimenti di vergogna, paura di essere giudicati o difficoltà nell'esprimere emozioni. È importante ricordare che il terapeuta è lì per supportarti e comprendere le tue difficoltà. Man mano che ti senti più a tuo agio, la comunicazione tende a fluire in modo più naturale.

Costruzione del rapporto terapeutico: La comunicazione aperta contribuisce anche alla costruzione di un solido rapporto terapeutico. Più condividi, più il terapeuta comprende le tue esigenze e preoccupazioni, consentendo loro di adattare il trattamento di conseguenza. Questo rapporto di fiducia facilita l'esplorazione profonda e lo sviluppo di cambiamenti positivi.

In sintesi, la comunicazione aperta è un pilastro essenziale della terapia. Condividendo i tuoi pensieri, sentimenti ed esperienze, sfrutti al massimo il processo terapeutico, collaborando con il tuo terapeuta per favorire la comprensione, la crescita personale e lo sviluppo delle abilità per affrontare le sfide della vita.

Partecipa attivamente

Partecipare attivamente alle sessioni terapeutiche è fondamentale per ottenere i migliori risultati dalla terapia. Ciò comporta impegno, coinvolgimento e azione continua per applicare ciò che viene appreso durante le sessioni. L'importanza della partecipazione attiva nella terapia:

Impegno nel processo: L'impegno nel processo terapeutico è il primo passo per una partecipazione attiva. Questo significa essere disposti a dedicare tempo ed energia alla terapia, partecipando regolarmente alle sessioni e ponendo la propria crescita personale come priorità. Maggiore è il tuo impegno nel processo, maggiori saranno i benefici che potrai raccogliere.

Coinvolgimento nelle sessioni: Partecipare attivamente alle sessioni implica coinvolgersi in modo significativo durante le interazioni con il terapeuta. Ciò comporta la condivisione aperta e onesta delle tue esperienze, emozioni e pensieri. Non esitare a fare domande, esprimere dubbi o cercare chiarimenti. Maggiore è il tuo coinvolgimento, più pertinenti e personalizzate potranno essere le indicazioni del terapeuta.

Completare compiti tra le sessioni: Spesso, i terapeuti assegnano compiti ed esercizi da svolgere tra le sessioni. Questo aiuta ad applicare quanto appreso durante la terapia nella vita di tutti i giorni. Completare questi compiti è un modo efficace per interiorizzare nuove abilità e pratiche, consentendoti di osservare progressi concreti nel tempo.

Mettere in pratica le strategie apprese: La terapia spesso comporta l'apprendimento di strategie e abilità per affrontare sfide emotive e mentali. La partecipazione attiva include mettere in pratica queste strategie nella vita reale. Che si tratti di tecniche di rilassamento, abilità comunicative o esercizi di gestione dello stress, l'applicazione pratica di tali strategie contribuisce a consolidare l'apprendimento.

Esplorazione approfondita e auto-scoperta: Partecipare attivamente alla terapia consente un'approfondita esplorazione e auto-scoperta. Coinvolgendoti nelle discussioni e nelle riflessioni, puoi identificare schemi di pensiero, emozioni sottostanti e cause di comportamenti specifici. Ciò offre una visione più chiara di te stesso e apre la strada a un cambiamento positivo.

Costruzione di resilienza e autonomia: Partecipare attivamente alla terapia aiuta anche a costruire resilienza emotiva e autonomia. Applicando le strategie apprese e affrontando le sfide con determinazione, sviluppi abilità per gestire situazioni difficili in modo costruttivo. Ciò può tradursi in una maggiore fiducia nelle tue capacità di coping.

L'importanza del progresso graduale: È importante ricordare che il progresso nella terapia può essere graduale. La partecipazione attiva implica il proseguimento anche quando i risultati non sono immediatamente evidenti. Il terapeuta è lì per offrire supporto, guida ed incoraggiamento lungo il percorso.

In sintesi, la partecipazione attiva nella terapia è un elemento cruciale per il successo del trattamento. Impegnandoti, coinvolgendoti nelle sessioni, completando i compiti e mettendo in pratica le strategie apprese, crei una solida base per la crescita personale, il cambiamento positivo e lo sviluppo di abilità durature per affrontare le sfide della vita.

Fai domande e condividi dubbi

Porfare domande e condividere dubbi durante il processo terapeutico è una parte essenziale della costruzione di una relazione di fiducia con il tuo terapeuta e della tua crescita personale. L'importanza di fare domande e condividere dubbi nella terapia:

Promuovere la comprensione: Fare domande al tuo terapeuta è un modo per ottenere una comprensione più profonda dei concetti discussi durante le sedute. Se qualche concetto o strategia non è chiaro per te, fare domande può aiutare a chiarire le informazioni, assicurandoti che tu sia allineato con ciò che viene affrontato.

Sviluppare una relazione di fiducia: Condividere dubbi e preoccupazioni con il tuo terapeuta contribuisce a costruire una relazione di fiducia reciproca. Ciò mostra al terapeuta che sei impegnato nel processo e che apprezzi la sua prospettiva. Questa apertura consente anche al terapeuta di comprendere meglio le tue esigenze individuali.

Esplorare emozioni e schemi di pensiero: Condividendo dubbi e disagi, puoi esplorare emozioni e schemi di pensiero sottostanti. Ciò offre un'opportunità per il terapeuta di aiutare a identificare schemi che potrebbero contribuire alle tue sfide emotive e comportamentali, consentendo un'efficace gestione di essi.

Migliorare l'adattamento della terapia: La terapia è un processo collaborativo, e il tuo terapeuta è lì per aiutarti nel migliore dei modi. Condividere i tuoi dubbi aiuta il terapeuta a regolare l'approccio terapeutico in base alle tue esigenze individuali. Ciò può comportare spiegare i concetti in modo diverso o adattare le strategie per soddisfare meglio te.

Eliminare fraintendimenti: Durante le sedute terapeutiche possono sorgere fraintendimenti. Se qualcosa non sembra corretto o se hai interpretato qualcosa in modo diverso, fare domande e condividere dubbi può aiutare a chiarire qualsiasi confusione. Ciò evita che fraintendimenti irrisolti influenzino la tua esperienza terapeutica.

Rafforzare l'autonomia: Facendo domande e condividendo dubbi, stai rafforzando la tua autonomia nel processo terapeutico. Ciò dimostra che sei attivamente coinvolto nel tuo percorso di crescita e che sei disposto a esplorare e capire le informazioni presentate.

Sviluppare abilità di comunicazione: Condividere dubbi e fare domande è un'opportunità per sviluppare sane abilità di comunicazione. Ciò può riflettersi in altre aree della tua vita, migliorando la tua capacità di esprimere pensieri ed emozioni in modo efficace.

Non esitare a essere onesto: Ricorda che il terapeuta è lì per sostenerti, e non ci sono domande sbagliate o preoccupazioni insignificanti. La terapia è uno spazio sicuro per esplorare tutte le dimensioni del tuo essere, e il tuo coinvolgimento attivo in questo processo contribuisce in modo significativo al successo della terapia e al tuo benessere emotivo e mentale.

Applica ciò che impari

La terapia non si limita solo alle sedute che hai con il terapeuta. Affinché il processo terapeutico sia veramente efficace e porti a cambiamenti duraturi, è fondamentale applicare le strategie e le abilità apprese nella tua vita quotidiana. L'importanza di applicare ciò che impari nella terapia:

Trasformare la conoscenza in azione: Durante le sessioni terapeutiche, acquisisci intuizioni, strategie e strumenti per affrontare sfide emotive e comportamentali. Tuttavia, queste informazioni avranno un impatto reale solo se saranno applicate nella tua vita di tutti i giorni. Trasformare la conoscenza in azione è ciò che promuove davvero il cambiamento e la crescita.

Sviluppo di abitudini salutari: Applicando le strategie apprese, stai effettivamente sviluppando abitudini salutari che contribuiscono al tuo benessere emotivo e mentale. Praticando in modo coerente queste abitudini, stai modellando positivamente la tua mente e le tue emozioni, il che può portare a risultati positivi nel lungo termine.

Integrazione nella vita quotidiana: La terapia è più di un evento isolato. Si tratta di integrare le lezioni apprese e gli strumenti acquisiti nella tua routine quotidiana. Ciò può includere l'applicazione di tecniche di gestione dello stress, comunicazione più efficace, risoluzione dei conflitti o qualsiasi altra abilità rilevante per le tue sfide specifiche.

La costanza è la chiave: La costanza nell'applicazione delle strategie è fondamentale. I cambiamenti non avvengono da un giorno all'altro, ma richiedono sforzo continuo e pratica costante. Più pratichi le abilità apprese, più naturalmente diventeranno parte del tuo approccio generale alla gestione della vita.

Superare gli ostacoli: Applicare ciò che impari nella terapia comporta anche affrontare gli ostacoli che possono sorgere. A volte può essere difficile apportare cambiamenti nella tua vita, specialmente quando ti trovi di fronte a situazioni stressanti o a dinamiche vecchie. Il terapeuta può aiutare a sviluppare strategie per superare questi ostacoli e continuare a progredire.

Riflessione e apprendimento continuo: L'applicazione di ciò che impari comporta anche riflessione e apprendimento continuo. Man mano che sperimenti le strategie nella pratica, puoi capire meglio cosa funziona meglio per te e dove possono essere necessari adeguamenti. Questa riflessione e adattamento continuo sono essenziali per una crescita costante.

Segui il tuo ritmo: Ogni persona ha il proprio ritmo di progresso. Non confrontarti con gli altri o sentirti sotto pressione per apportare cambiamenti rapidi. L'importante è che tu stia facendo sforzi costanti per applicare ciò che hai imparato, anche se è un passo alla volta.

Celebra le conquiste: Applicando le strategie e vedendo risultati positivi nella tua vita, celebra queste conquiste, per quanto piccole possano essere. Ciò rafforza la tua motivazione a continuare ad applicare ciò che hai imparato e rafforza l'idea che stai facendo progressi verso il tuo benessere emotivo e mentale.

Sii paziente

Il percorso terapeutico è un sentiero di auto-scoperta, crescita e trasformazione. Come qualsiasi processo di cambiamento, richiede tempo, sforzo e pazienza. La pazienza durante il processo terapeutico:

Comprendere la natura del processo: La terapia non è una soluzione rapida, ma piuttosto un processo graduale e continuo. Spesso ci vuole del tempo per esplorare questioni profonde, svelare schemi di pensiero e comportamenti radicati ed attuare cambiamenti significativi. Comprendere che la crescita richiede tempo è essenziale per mantenere aspettative realistiche.

Rispettare il proprio ritmo: Ogni persona ha il suo ritmo di progresso. Alcune questioni possono essere risolte più rapidamente, mentre altre possono richiedere più tempo ed esplorazione. È fondamentale rispettare il proprio ritmo e non confrontarsi con gli altri. Ogni passo verso la crescita è valido, indipendentemente da quanto possa sembrare piccolo.

I cambiamenti graduale sono duraturi: A volte, i cambiamenti rapidi possono sembrare allettanti, ma i cambiamenti graduale tendono ad essere più duraturi e significativi. Lavorare costantemente nel tempo per comprendere ed affrontare sfide emotive e mentali crea basi solide per il benessere sostenibile. La pazienza consente di costruire una trasformazione autentica.

L'esplorazione profonda richiede tempo: Man mano che ti addentri nelle tue esperienze, credenze e modelli, puoi scoprire strati più profondi di te stesso. Questo processo di esplorazione richiede tempo per comprendere la complessità delle tue emozioni, pensieri e comportamenti. Essere pazienti con se stessi mentre navighi in questo percorso è cruciale.

Celebra piccole vittorie: Lungo il percorso terapeutico, ci saranno momenti di progresso e successi, per quanto piccoli possano sembrare. È importante celebrare queste piccole vittorie, poiché rappresentano progressi verso i tuoi obiettivi. Riconoscere e apprezzare ogni passo positivo aiuta a mantenere la motivazione e la fiducia.

Sviluppare tolleranza all'incertezza: La pazienza è anche legata alla capacità di tollerare l'incertezza emotiva che può emergere durante il processo terapeutico. A volte, affrontare certi aspetti di se stessi o situazioni del passato può essere difficile e doloroso. Essere pazienti con se stessi in questi momenti difficili è fondamentale per crescere e superare gli ostacoli.

Riconoscere il progresso: Anche se può essere difficile notare cambiamenti immediati, nel tempo è possibile vedere il progresso che hai fatto. Mantenere un diario o un registro delle tue riflessioni e apprendimenti durante le sedute terapeutiche può aiutare a monitorare la tua crescita nel tempo. Questo può essere una fonte di motivazione e ispirazione.

Cultivare la resilienza: La pazienza è legata alla resilienza, la capacità di persistere nonostante le sfide. Coltivare la pazienza nel processo terapeutico aiuta a sviluppare una resilienza emotiva e mentale che sarà preziosa in molti aspetti della vita.

Apprezza il viaggio: Ricordati di apprezzare il viaggio. Il processo terapeutico è un'opportunità di auto-esplorazione, crescita e auto-conoscenza. Abbracciando il viaggio con pazienza, stai investendo in te stesso e nel tuo benessere emotivo e mentale.

Monitora il tuo progresso

La terapia è un processo dinamico e continuo che implica auto-esplorazione, apprendimento e crescita personale. Monitorare il tuo progresso lungo questo percorso è essenziale per valutare l'impatto della terapia sulla tua vita e per apportare eventuali correzioni all'approccio. Ecco alcuni modi per monitorare e celebrare il tuo progresso nella terapia:

L'importanza del monitoraggio del progresso: Monitorare il progresso nella terapia aiuta a mantenere un chiaro resoconto dei cambiamenti che stai vivendo. Ciò non solo offre una visione obiettiva del tuo sviluppo, ma consente anche a te e al tuo terapeuta di valutare l'efficacia degli approcci terapeutici e apportare eventuali correzioni.

Stabilire traguardi e obiettivi: All'inizio della terapia, è utile stabilire traguardi e obiettivi chiari. Questi obiettivi possono essere importanti traguardi che desideri raggiungere o piccoli passi che contribuiscono alla tua crescita. Stabilire traguardi aiuta a guidare il trattamento e fornisce un senso di realizzazione man mano che li raggiungi.

Valutazioni regolari con il terapeuta: Programmare valutazioni regolari con il tuo terapeuta è un modo efficace per monitorare il tuo progresso. Durante queste valutazioni, tu e il tuo terapeuta potete discutere dei cambiamenti che hai notato, delle sfide che hai affrontato e di come le strategie discusse durante le sessioni vengono applicate nella vita quotidiana. Ciò consente di adeguare il tuo piano di trattamento se necessario.

Mantenere un diario di progresso: Mantenere un diario di progresso può essere uno strumento prezioso. Annota le tue riflessioni dopo ogni sessione terapeutica, i tuoi spunti, le strategie che hai sperimentato e i sentimenti che hai provato. Questo non solo aiuta a tenere traccia del tuo progresso, ma consente anche di osservare i modelli e i cambiamenti nel tempo.

Celebrazione di piccole vittorie: Celebrare le vittorie, anche le più piccole, è una parte cruciale del processo terapeutico. A volte, il progresso può sembrare sottile, ma ogni passo verso la crescita merita riconoscimento. La celebrazione delle vittorie aumenta la tua motivazione, migliora l'autostima e rafforza il valore del lavoro che stai svolgendo.

Regolare obiettivi e strategie: Monitorando il tuo progresso, potresti notare che alcuni obiettivi devono essere adeguati o che alcune strategie non funzionano come previsto. Questo è normale e fa parte del processo di apprendimento. Comunicare queste scoperte al tuo terapeuta vi consentirà di lavorare insieme per adattare il piano di trattamento.

Riconoscere il cambiamento interiore: Non tutto il progresso è visibile esternamente. Molte volte, i cambiamenti interni, come un cambiamento di prospettiva, una maggiore comprensione emotiva o una maggiore capacità di affrontare le sfide, sono altrettanto preziosi. Fai attenzione a questi sottili cambiamenti e riconosci l'effetto positivo che stanno avendo nella tua vita.

Apprendimento continuo: Il monitoraggio del progresso è un promemoria costante che il percorso terapeutico è un'opportunità di apprendimento continuo. Man mano che ti dedichi a capire te stesso e a sviluppare le competenze necessarie per affrontare le sfide, ogni nuova intuizione e scoperta contribuisce alla tua crescita personale.

Apprezza il viaggio della crescita: Ricordati di apprezzare ogni fase del viaggio della crescita. Monitorando il tuo progresso e celebrando le tue vittorie, stai investendo in te stesso e nel tuo sviluppo continuo.

Mantieni la coerenza

La coerenza svolge un ruolo fondamentale nell'efficacia della terapia. Mantenere un impegno regolare con le sessioni terapeutiche e seguire il piano di trattamento stabilito con il terapeuta sono elementi essenziali per ottenere risultati positivi e duraturi. L'importanza della coerenza nella terapia:

Stabilire una routine terapeutica: Impegnandosi in sessioni terapeutiche regolari, si crea una routine che promuove l'auto-cura e l'esplorazione emotiva. Avere un orario fisso per le sessioni aiuta a integrare la terapia nella vita quotidiana e assicura che tu dedichi del tempo al benessere mentale.

Approfondire l'auto-esplorazione: La coerenza consente di approfondire l'auto-esplorazione e di affrontare questioni più profonde nel tempo. Man mano che costruisci un rapporto di fiducia con il terapeuta e ti familiarizzi con il processo terapeutico, è più probabile che ti senta a tuo agio nel condividere pensieri e sentimenti più complessi.

Costruire una partnership terapeutica: La coerenza nella frequenza delle sessioni contribuisce a costruire una solida partnership tra te e il terapeuta. Questa partnership si basa sulla fiducia reciproca, la comunicazione aperta e la comprensione reciproca. Più ti impegni in modo coerente nella terapia, più efficace sarà il processo di lavoro verso la tua crescita personale.

Coerenza e consolidamento delle competenze: La terapia spesso implica l'apprendimento e la pratica di nuove competenze per affrontare sfide emotive e mentali. La coerenza nel seguire il piano di trattamento ti consente di esercitare queste competenze in modo sistematico e regolare. Nel tempo, queste competenze diventano più naturali e si integrano nella tua vita di tutti i giorni.

Prevenzione di regressi: Mantenere la coerenza nella terapia aiuta a prevenire regressi. Il lavoro terapeutico è un processo graduale, e interrompere o saltare le sessioni può ostacolare il progresso che hai già compiuto. La continuità nelle sessioni aiuta a mantenere il momentum e a costruire una crescita costante.

Impegno per l'auto-cura: Mantenendo la coerenza nella terapia, stai facendo un prezioso impegno per la tua auto-cura. Dare priorità alle tue sessioni terapeutiche dimostra l'importanza che attribuisci al tuo benessere mentale ed emotivo. Questo invia un potente messaggio che sei disposto a investire in te stesso.

Supporto continuo: La coerenza nella terapia offre un supporto continuo mentre affronti sfide e cerchi cambiamenti positivi. Man mano che condividi le tue esperienze e rifletti sui tuoi progressi, il terapeuta può fornire orientamento, intuizioni e strategie per aiutarti a navigare in situazioni difficili.

Coltivare la resilienza: La pratica coerente nell'affrontare sfide emotive durante le sessioni terapeutiche aiuta a coltivare la resilienza. La resilienza è la capacità di affrontare le avversità in modo sano e adattivo. Impegnandoti in modo coerente nella terapia, stai rafforzando la tua capacità di gestire gli alti e bassi della vita.

Investire nel proprio benessere: Ricorda che la coerenza nella terapia è un investimento prezioso nel proprio benessere. Creando una routine terapeutica, ti stai impegnando in un processo continuo e duraturo di crescita personale. Ogni sessione è un'opportunità per imparare, crescere e rafforzare la tua salute mentale.

Sii aperto ai cambiamenti

Il percorso terapeutico è un'opportunità di crescita e trasformazione personale. Lungo questo processo, è essenziale essere aperti ai cambiamenti e disposti ad adattare approcci terapeutici e obiettivi per meglio soddisfare le tue in continua evoluzione. L'importanza della flessibilità e dell'adattamento nella terapia:

Evoluzione personale e cambiamento: L'essere umano è un essere in costante evoluzione, con esperienze, pensieri ed emozioni che possono cambiare nel tempo. La terapia fornisce uno spazio per esplorare e comprendere questi cambiamenti personali. È normale che prospettive, priorità e sfide si trasformino con la crescita.

Raffinare gli approcci terapeutici: Man mano che acquisisci autoconsapevolezza e comprensione dei tuoi bisogni, potresti scoprire quali approcci terapeutici sono più efficaci per te e quali potrebbero aver bisogno di aggiustamenti. Il terapeuta è lì per collaborare con te nella continua valutazione di ciò che funziona meglio e apportare le modifiche necessarie.

Obiettivi in evoluzione: Gli obiettivi terapeutici possono evolversi man mano che fai progressi. Quello che potrebbe iniziare come un obiettivo iniziale potrebbe trasformarsi in qualcosa di più profondo e ampio mentre esplori a fondo le tue questioni. È importante comunicare al terapeuta come i tuoi obiettivi stanno evolvendo in modo che il trattamento rimanga allineato con le tue aspirazioni.

Flessibilità per i cambiamenti delle circostanze: Circostanze esterne, come eventi di vita, possono influenzare anche le tue esigenze terapeutiche. Ad esempio, un cambiamento significativo nella vita, come una transizione lavorativa o una relazione importante, può influenzare le aree che desideri esplorare in terapia. Essere flessibili ti consente di regolare il focus terapeutico in base a questi cambiamenti.

Adattamento alle scoperte interne: La terapia spesso porta alla scoperta di intuizioni e modelli interni che possono richiedere aggiustamenti al tuo piano terapeutico. Man mano che esplori più a fondo le tue emozioni, i tuoi pensieri e le tue relazioni, potrebbe essere necessario adattare le strategie per affrontare nuove sfide che emergono.

Crescita attraverso il cambiamento: Essere aperti ai cambiamenti nella terapia non solo riflette la tua crescita personale, ma promuove anche questa crescita. La volontà di abbracciare i cambiamenti terapeutici può aiutarti a sviluppare abilità di adattamento, resilienza e consapevolezza di sé, che sono preziose non solo nel contesto terapeutico, ma in tutti gli aspetti della vita.

Comunicazione aperta con il terapeuta: La flessibilità in terapia dipende da una comunicazione aperta con il terapeuta. Condividendo le tue riflessioni, esigenze e preoccupazioni, dai al terapeuta l'opportunità di adattare il trattamento alle tue evoluzioni. La comunicazione costante e onesta è essenziale per assicurarti di trarre il massimo beneficio dalla terapia.

Apprezzamento del processo di cambiamento: Rendi conto che il cambiamento è una parte naturale del processo terapeutico e della crescita personale. Invece di resistere al cambiamento, cerca di abbracciarlo come un'opportunità per imparare, crescere e trasformarti. Attraverso questo approccio, puoi sfruttare al massimo il tuo percorso terapeutico e raccogliere i benefici dell'adattamento alle tue in continua evoluzione.

Cercare aiuto professionale è un passo prezioso verso il miglioramento del benessere mentale ed emotivo. Ricorda che non sei da solo in questo percorso e che il supporto di un terapeuta qualificato può fornire intuizioni, strumenti e risorse per affrontare sfide, superare ostacoli e coltivare una vita più sana e appagante.

14

COSTRUIRE UN FUTURO LUMINOSO

*Ogni nuovo giorno è un'opportunità per ricominciare
e creare una vita piena di felicità.*

Il percorso di auto-cura e crescita personale è un viaggio ricco di sfide, scoperte e crescita. Mentre lavori per superare gli ostacoli e affrontare i tuoi limiti, è essenziale anche guardare al futuro. In questo capitolo, esploreremo come visualizzare un futuro positivo e condividere la tua storia con coloro che stanno affrontando sfide simili.

Visualizzare un futuro positivo: Stabilire obiettivi a lungo termine

Il percorso di auto-cura e crescita personale è un cammino continuo, pieno di opportunità per costruire un futuro positivo e significativo. Visualizzare questo futuro è un passo cruciale per indirizzare le tue energie e sforzi verso obiettivi a lungo termine che riflettano i tuoi valori e aspirazioni più profonde.

Nel pensare al futuro, è importante considerare i tuoi obiettivi in diverse aree della vita, come carriera, relazioni, salute e benessere emotivo. Stabilire obiettivi specifici e misurabili può fornire una struttura chiara per il tuo percorso. Questi obiettivi non solo ispirano le tue azioni nel presente, ma forniscono anche un senso di direzione e scopo.

Identificare i tuoi obiettivi a lungo termine

Stabilire obiettivi a lungo termine è una parte essenziale nella costruzione di un futuro positivo e significativo. Questi obiettivi forniscono una mappa per il tuo percorso e aiutano a indirizzare gli sforzi verso ciò che è più importante per te. Ecco come identificare e sviluppare i tuoi obiettivi a lungo termine:

Rifletti su diverse aree della vita: Inizia considerando tutte le aree importanti della tua vita, come carriera, relazioni, salute, sviluppo personale e spiritualità. Ciascuna di queste aree contribuisce alla tua felicità e al benessere generale. Riflettendo su ciascuna di esse, puoi identificare quali aspetti sono più significativi per te e meritano la tua attenzione.

Chiediti dove vuoi essere: Immagina te stesso tra cinque, dieci o vent'anni. Chiediti: Cosa desideri aver raggiunto entro quel momento? Come ti vedi vivere la tua vita? Considera tutti gli aspetti, dalle realizzazioni professionali alle relazioni sane, dalla buona salute al benessere emotivo.

Definisci obiettivi chiari e specifici: I tuoi obiettivi devono essere chiari, specifici e misurabili. Piuttosto che dire "voglio essere più felice", definisci qualcosa di più tangibile, come "voglio dedicare più tempo a attività che mi portano gioia, come la pittura e le passeggiate nella natura".

Priorizza i tuoi obiettivi: Non tutte le aree della vita avranno obiettivi di uguale importanza. Alcuni potrebbero essere più urgenti, mentre altri potrebbero essere aspirazioni a lungo termine. Classifica i tuoi obiettivi in base alla priorità in modo da poterti concentrare sulle aree più cruciali per prime.

Sii aperto alle revisioni: Man mano che cresci e ti sviluppi, i tuoi obiettivi possono evolversi. Sii aperto a modificare i tuoi obiettivi man mano che la tua vita cambia e nuove opportunità si presentano. Ciò non significa che ti stai arrendendo; stai solo adattando le modifiche della vita.

Sogna in grande, ma sii realista: Sognare in grande è incoraggiante, ma assicurati che i tuoi obiettivi siano realistici e raggiungibili. Se i tuoi obiettivi sono troppo ambiziosi, potrebbe essere difficile mantenere la motivazione quando il progresso è lento. Allo stesso tempo, non aver paura di sognare oltre ciò che credi sia possibile.

Valuta le Tue Motivazioni: Nel definire gli obiettivi, rifletti su perché questi obiettivi siano importanti per te. Assicurati che siano allineati con i tuoi valori e desideri genuini, invece di essere influenzati dalle aspettative degli altri.

Ricorda che i tuoi obiettivi a lungo termine sono personali e unici per te. Rappresentano ciò che apprezzi e desideri raggiungere nel tuo percorso di vita. Identificando questi obiettivi con cura, stai creando una mappa per il tuo futuro luminoso e ispiratore.

Rendere obiettivi tangibili e realistici

La trasformazione di obiettivi a lungo termine in risultati concreti e raggiungibili richiede una pianificazione attenta e un'approccio strategico. Rendendo i tuoi obiettivi tangibili e realistici, aumenti le tue possibilità di successo e eviti di sentirti sopraffatto. Ecco alcune linee guida per aiutarti in questo processo:

Dividi in Fasi più Piccole: Un obiettivo grande può sembrare spaventoso e difficile da raggiungere. Invece, suddividilo in fasi più piccole e gestibili. Ogni fase rappresenta un passo verso il raggiungimento dell'obiettivo finale. Questo rende il processo più accessibile e ti consente di monitorare il tuo progresso in modo più efficace.

Stabilisci Obiettivi Intermedi: Lungo il percorso per raggiungere il tuo obiettivo a lungo termine, imposta obiettivi intermedi. Questi obiettivi rappresentano punti di controllo che indicano il tuo progresso. Forniscono anche opportunità per celebrare successi parziali e mantenere la motivazione.

Dai Priorità alle Fasi Importanti: Non tutte le fasi hanno la stessa importanza. Identifica le fasi che hanno un impatto significativo sul progresso verso il tuo obiettivo. Concentrarti su fasi importanti aiuta a ottimizzare i tuoi sforzi e risorse.

Stabilisci Scadenze Realistiche: Assegna scadenze realistiche a ogni fase e obiettivo intermedio. Le scadenze ben definite incentivano l'azione e ti mantengono sulla strada giusta. Tuttavia, assicurati che le scadenze siano raggiungibili, considerando i tuoi impegni quotidiani e altre responsabilità.

Fai Adattamenti quando Necessario: Mentre lavori per raggiungere i tuoi obiettivi, potrebbe essere necessario apportare modifiche alle fasi, alle scadenze o persino all'obiettivo stesso. La flessibilità è importante, poiché ti consente di adattarti ai cambiamenti e alle sfide che possono emergere.

Sii Realistico riguardo al Tempo e alle Risorse: Considera quanto tempo e risorse hai a disposizione per dedicarti al raggiungimento dei tuoi obiettivi. Assicurati che i tuoi obiettivi si adattino alla tua attuale situazione, tenendo conto dei tuoi impegni personali e professionali.

Celebra i Piccoli Progressi: Man mano che raggiungi ogni fase o obiettivo intermedio, celebra i piccoli progressi. Questo non solo aumenta la tua motivazione, ma rafforza anche la tua convinzione di essere sulla giusta strada per raggiungere il tuo obiettivo a lungo termine.

Rendere i tuoi obiettivi tangibili e realistici è un approccio strategico che rende la ricerca del tuo futuro luminoso più raggiungibile e motivante. Suddividendo il tuo percorso in passi più piccoli e gestibili, stai costruendo una solida strada per il successo.

Creare un piano d'azione

Sviluppare un piano d'azione dettagliato è essenziale per trasformare i tuoi obiettivi a lungo termine in realtà. Un piano ben strutturato fornisce la struttura necessaria per indirizzare i tuoi sforzi in modo efficace e monitorare i tuoi progressi. Ecco i passi per creare un solido piano d'azione:

Definire il tuo obiettivo a lungo termine: Inizia identificando chiaramente l'obiettivo a lungo termine che desideri raggiungere. Assicurati che l'obiettivo sia specifico, misurabile, raggiungibile, rilevante e limitato nel tempo (obiettivo SMART).

Identificare le tappe necessarie: Suddividi il tuo obiettivo a lungo termine in tappe più piccole e gestibili. Ogni tappa rappresenta un passo concreto verso il raggiungimento dell'obiettivo finale.

Elenca le azioni specifiche: Per ogni tappa, elenca le azioni specifiche che devi intraprendere. Queste azioni dovrebbero essere concrete e realizzabili, avvicinandoti così al tuo obiettivo.

Stabilisci scadenze realistiche: Assegna scadenze a ciascuna tappa e azione. Assicurati che le scadenze siano realistiche e fattibili. Le scadenze ben definite incentivano l'azione e ti aiutano a mantenere la concentrazione.

Dai priorità alle tappe: Identifica quali tappe sono cruciali per il progresso verso il tuo obiettivo. Questo ti aiuterà a concentrare i tuoi sforzi sulle aree più influenti.

Monitora il tuo progresso: Crea un metodo per monitorare il progresso di ciascuna tappa e azione. Questo può essere fatto tramite un diario, un'app di organizzazione o un foglio di calcolo. Tenere traccia dei progressi aiuta a mantenere la motivazione.

Adatta e modifica quando necessario: Seguendo il tuo piano d'azione, potresti incontrare sfide inaspettate o opportunità per apportare modifiche. Sii disposto a adattare il piano secondo necessità per affrontare i cambiamenti delle circostanze.

Celebra i successi parziali: Man mano che completi tappe e azioni, festeggia i tuoi successi parziali. Riconosci le tue realizzazioni, anche se sono piccole, e usa questi momenti per mantenere alta la motivazione.

Mantieni la flessibilità: Anche se un piano d'azione fornisce una struttura, ricorda che la flessibilità è essenziale. A volte le cose non vanno come previsto, ed essere disposti a regolare e adattare il piano è una competenza preziosa.

Creando un piano d'azione chiaro e dettagliato, stai facendo passi concreti verso il raggiungimento dei tuoi obiettivi a lungo termine. Tieni presente che il processo di pianificazione è una parte importante del percorso di crescita personale e sviluppo individuale.

Visualizzazione creativa e affermazioni positive

La visualizzazione creativa e le affermazioni positive sono potenti pratiche in grado di spingere il tuo progresso verso gli obiettivi a lungo termine e rafforzare la tua mentalità positiva. Queste tecniche possono contribuire a plasmare la tua prospettiva e aumentare la fiducia nel raggiungimento degli obiettivi che hai fissato.

Visualizzazione creativa: La visualizzazione creativa comporta la creazione mentale vivida di immagini del tuo futuro di successo. Immaginando queste scene, stai attivando la tua mente per allinearsi con le tue aspirazioni, il che può avere un impatto positivo sulle tue azioni e decisioni quotidiane. Ecco i passaggi per praticare la visualizzazione creativa:

Trova un momento tranquillo: Trova un luogo silenzioso dove puoi concentrarti senza distrazioni.

Chiudi gli occhi: Chiudi gli occhi per indirizzare la tua attenzione verso la tua immaginazione interna.

Immagina dettagli vividi: Immagina di raggiungere i tuoi obiettivi a lungo termine. Visualizza le situazioni, le emozioni e i dettagli del successo con la massima chiarezza possibile.

Coinvolgi i tuoi sensi: Cerca di coinvolgere tutti i tuoi sensi nella visualizzazione. Come ti sentiresti, come suonerebbe, come odorerebbe e come sarebbe l'esperienza.

Pratica regolarmente: Dedica del tempo ogni giorno per praticare la visualizzazione creativa. Più pratichi, più efficace diventerà.

Affermazioni positive: Le affermazioni positive sono dichiarazioni che ripeti a te stesso per rafforzare la tua fiducia e la tua convinzione nelle tue capacità. Utilizzando affermazioni positive, stai plasmando la tua mentalità e sostituendo pensieri negativi con pensieri costruttivi. Ecco come creare e utilizzare affermazioni positive:

Sii specifico: Crea affermazioni che siano direttamente legate ai tuoi obiettivi e alle aree che desideri potenziare.

Sii nel presente e positivo: Formula le tue affermazioni al presente e in modo positivo. Ad esempio, anziché dire "Sarò di successo," di' "Sono di successo."

Usa affermazioni di auto-approvazione: Rinforza la tua fiducia in te stesso usando affermazioni che mettono in evidenza le tue qualità e le tue forze personali.

Ripeti regolarmente: Ripeti le tue affermazioni quotidianamente, preferibilmente più volte al giorno. Puoi dirle ad alta voce o mentalmente.

Credi nelle tue affermazioni: Mentre ripeti le affermazioni, credi sinceramente in ciò che stai dicendo. Questa convinzione aumenta l'efficacia delle affermazioni.

Personalizza le tue affermazioni: Adatta le tue affermazioni secondo necessità man mano che progredi e raggiungi nuovi obiettivi.

Sia la visualizzazione creativa che le affermazioni positive sono strumenti potenti per coltivare una mentalità positiva, rafforzare la fiducia in te stesso e mantenere la concentrazione sui tuoi obiettivi a lungo termine. Integrando queste pratiche nella tua routine, rafforzerai la tua determinazione e aumenterai le tue probabilità di successo.

I tuoi obiettivi non devono essere necessariamente grandiosi o ambiziosi per essere significativi. Piccoli passi costanti possono portare a risultati significativi nel tempo. Definendo obiettivi realistici e raggiungibili, stai coltivando un senso di scopo e direzione nella tua vita. Ricorda che ciò che conta è il progresso continuo, non la perfezione istantanea. Mantieni la tua visione di un futuro positivo e lavora diligentemente per raggiungerla, ricordando di celebrare ogni traguardo lungo il percorso.

Condividere la tua storia: Come il tuo percorso può ispirare e aiutare gli altri

L'esperienza dell'autocura e della crescita personale è un cammino che non devi percorrere da solo. Condividere la tua storia può essere un potente mezzo per ispirare e aiutare gli altri nei loro percorsi personali. Le tue esperienze, le sfide superate e le conquiste possono servire come fonte di guida ed incoraggiamento per coloro che affrontano sfide simili. Quando condividi la tua storia, considera i seguenti punti:

Sii autentico

Nel condividere il tuo percorso di autocura e crescita personale, l'autenticità è uno strumento potente che può creare legami profondi e significativi con gli altri. Essere autentici significa essere veri con se stessi e con gli altri, condividendo sia le parti impegnative che le realizzazioni del tuo viaggio. Ecco modi per coltivare l'autenticità nel condividere la tua storia:

Onora le tue esperienze: Riconosci e accetta le tue esperienze, che siano sfidanti o ispiratrici. Non temere di condividere i momenti in cui hai lottato, dubitato di te stesso o affrontato avversità. Facendo ciò, mostri di essere umano e che il percorso di crescita comprende alti e bassi.

Condividi le lotte e i trionfi: Sii onesto sulle sfide che hai affrontato nel tuo percorso. Ciò non solo mette in evidenza la tua autenticità, ma offre anche agli altri l'opportunità di relazionarsi alle proprie difficoltà. Condividendo le vittorie che hai ottenuto, ispiri gli altri a credere nel proprio potenziale di superare le sfide.

Costruisci ponti di empatia: L'autenticità crea un ponte di empatia tra te e coloro che ascoltano la tua storia. Condividendo le tue esperienze autentiche, permetti agli altri di identificarsi con i tuoi sentimenti e situazioni. Ciò crea un senso di connessione e appartenenza, dimostrando che nessuno è solo nelle proprie lotte.

Ispira vulnerabilità: Essendo autentico, incoraggi anche la vulnerabilità negli altri. Quando le persone vedono che sei disposto a condividere le tue sfide, possono sentirsi più a loro agio nell'aprirsi sulle proprie esperienze. Ciò crea un ambiente di supporto e comprensione reciproca.

Crea uno spazio di accettazione: La tua autenticità contribuisce a creare uno spazio di accettazione e non giudizio. Mostrando le tue imperfezioni e vulnerabilità, trasmetti il messaggio che tutti affrontano sfide e che queste esperienze non definiscono il valore di una persona.

Ricorda che essere autentici non significa necessariamente condividere ogni dettaglio intimo della tua vita. Hai il controllo su ciò che desideri condividere e fino a che punto. La chiave è rimanere fedeli a se stessi e agli altri, creando uno spazio di connessione e ispirazione che può fare una reale differenza nella vita di chi ascolta la tua storia.

Focalizzarsi sulla crescita

Quando condividi la tua esperienza di cura di sé e crescita personale, è essenziale enfatizzare i momenti di apprendimento e crescita che hai sperimentato lungo il percorso. Mettendo in evidenza come hai affrontato ostacoli e sfide, offri preziosi spunti su come trasformare le avversità in opportunità di sviluppo personale. Ecco modi per concentrarsi sulla crescita:

Condividi storie di superamento degli ostacoli: Raccontando le tue lotte e come le hai superate, dimostri che affrontare sfide fa parte della storia umana. Condividi storie specifiche in cui hai dovuto trovare soluzioni creative, perseverare di fronte all'avversità o uscire dalla zona di comfort per raggiungere i tuoi obiettivi.

Sottolinea la resilienza: Parla di come hai costruito la resilienza lungo il tuo percorso. Spiega come ogni sfida sia stata un'opportunità per imparare a gestire le difficoltà in modo più efficace e salutare. Mostrando come ti sei adattato e cresciuto di fronte alle avversità, ispiri gli altri a sviluppare la propria resilienza.

Rifletti sulle lezioni apprese: Condividi le preziose lezioni che hai imparato lungo il percorso. Queste lezioni possono includere intuizioni su te stesso, sul mondo che ti circonda e sull'importanza della cura di sé e della crescita personale. Trasmettendo queste lezioni, aiuti gli altri a riflettere sulle proprie esperienze e a trovare significato nei loro percorsi.

Ispira un cambiamento di prospettiva: Mettendo in evidenza la tua crescita personale, ispiri un cambiamento di prospettiva in chi ascolta la tua storia. Le persone possono iniziare a vedere le sfide come opportunità per evolversi ed espandere la loro visione del mondo. Condividendo come hai trasformato situazioni difficili in occasioni di apprendimento, motivi gli altri a fare lo stesso.

Mostra che il progresso è possibile: La tua focalizzazione sulla crescita dimostra che, anche di fronte a circostanze difficili, è possibile progredire ed evolversi. Ciò dona speranza a coloro che affrontano le proprie lotte, mostrando che, indipendentemente dalle circostanze attuali, lo sviluppo personale è raggiungibile.

La condivisione di storie di crescita personale non solo ispira, ma normalizza anche l'idea che tutti affrontiamo sfide e tutti abbiamo il potenziale per crescere grazie a esse. Concentrandoti sulla crescita, crei un quadro positivo e ispirante per il tuo percorso, incoraggiando gli altri a abbracciare le proprie opportunità di apprendimento ed evoluzione.

Celebra le vittorie

Condividere le tue conquiste, indipendentemente dalla loro dimensione, è una parte fondamentale nell'ambito della condivisione della tua esperienza di cura di sé e crescita personale. Celebrare le tue vittorie non solo riconosce il progresso che hai compiuto, ma trasmette anche un messaggio potente che è possibile superare gli ostacoli e raggiungere obiettivi significativi. Ecco modi per celebrare le tue vittorie e ispirare fiducia negli altri:

Riconosci il progresso: Nel condividere le tue vittorie, non sottovalutare l'importanza di ciò che hai ottenuto. Ogni passo verso il tuo obiettivo rappresenta un progresso prezioso. Sii chiaro sulle tappe che hai intrapreso per raggiungere questa conquista e su come hanno contribuito alla tua crescita personale.

Evidenzia le lezioni apprese: Quando condividi le tue vittorie, spiega le lezioni che hai imparato lungo il percorso. Ciò arricchisce la tua narrazione e fornisce preziose intuizioni per chi sta ascoltando. Le tue esperienze possono offrire orientamento e ispirazione a coloro che affrontano sfide simili.

Ispira fiducia in se stessi: Nel condividere le tue vittorie, incoraggi gli altri a credere nella propria capacità di superare le difficoltà e raggiungere i propri obiettivi. Le tue realizzazioni dimostrano che sforzo, dedizione e resilienza possono portare a risultati positivi. Questo può contribuire a costruire la fiducia in se stessi di coloro che stanno lottando.

Condividi le emozioni coinvolte: Nel condividere le tue conquiste, condividi anche le emozioni che hai sperimentato nel raggiungere questo traguardo. Ciò rende la tua storia più personale e coinvolgente, consentendo agli altri di connettersi più profondamente con le tue esperienze. L'espressione delle emozioni umanizza anche il tuo percorso, rendendolo più accessibile.

Normalizza il successo: Nel condividere le tue vittorie, normalizzi il successo come parte di un percorso di crescita. Ciò contrasta l'idea che il progresso personale sia lineare e privo di ostacoli. Mostrando che anche tu hai affrontato sfide, ispiri gli altri a perseguire le proprie vittorie con pazienza e determinazione.

Incoraggia la celebrazione delle piccole conquiste: Condividere le vittorie non deve essere legato solo a traguardi importanti. Incentiva anche la celebrazione delle piccole conquiste lungo il percorso. Ciò rafforza l'importanza del riconoscimento e della valorizzazione di ciascun passo nel processo di crescita personale.

Nel condividere le tue vittorie, celebri non solo il tuo progresso, ma rafforzi anche la comunità che ti circonda. Le tue vittorie ispirano ed emancipano gli altri a abbracciare le loro esperienze personali con speranza, determinazione e fiducia nel proprio potenziale.

Offri supporto

Nel condividere la tua esperienza di cura di sé e crescita personale, uno dei modi più impattanti per aiutare gli altri è offrire un supporto genuino e guidato dalle tue esperienze. Sii un ascoltatore attento ed empatico per le lotte e le sfide che gli altri possono affrontare. Ecco modi per offrire supporto in modo efficace:

Sii un ascoltatore empatico: Quando qualcuno condivide le proprie lotte e sfide ispirate dalla tua storia, pratica l'empatia. Ascolta attentamente, mostra comprensione e convalida le emozioni della persona. Ciò contribuisce a creare uno spazio sicuro in cui le persone si sentono a loro agio nel condividere.

Condividi consigli basati sull'esperienza: Offrire consigli pratici e illuminanti può essere un modo potente per aiutare gli altri. Usa le tue esperienze come base per fornire orientamento. Condividi come hai affrontato situazioni simili, le strategie che hanno funzionato per te e le risorse che sono state utili nel tuo percorso.

Dimostra pazienza e comprensione: Sii consapevole che ogni persona sta vivendo il proprio percorso unico. Mostra pazienza e comprensione mentre offri supporto. Evita giudizi e sii disposto a ascoltare le prospettive individuali di ciascuna persona.

Promuovi un approccio non direttivo: Quando offri supporto, evita di dare consigli eccessivamente diretti. Invece, incoraggia la riflessione e l'auto-scoperta facendo domande che consentano alle persone di esplorare le proprie soluzioni e prendere decisioni informate.

Condividi risorse utili: Parte del supporto comporta la fornitura di risorse preziose che possono aiutare gli altri nel loro percorso. Questo può includere libri, articoli, siti web, gruppi di supporto o professionisti che offrono assistenza specializzata.

Ricorda l'importanza dello spazio personale: Mentre offri supporto, rispetta lo spazio personale e i limiti della persona. Non tutti saranno pronti ad accettare consigli o orientamenti, ed è del tutto comprensibile. Sii disponibile per offrire supporto, ma permetti alle persone di decidere quando e come cercare aiuto.

Mostra il percorso in corso: Condividi come l'esperienza di cura di sé e crescita personale sia continua e piena di alti e bassi. Ciò aiuta a normalizzare le sfide che gli altri potrebbero affrontare e li incoraggia a perseverare nei propri sforzi.

Offrire supporto è un modo potente per creare connessioni significative e aiutare gli altri ad affrontare le proprie sfide. Condividendo consigli e prospettive basate sulla tua esperienza, puoi fare una differenza positiva nella vita di coloro che cercano orientamento e ispirazione.

Rispetta i tuoi limiti

Nel condividere la tua esperienza di auto-cura e crescita personale, è fondamentale ricordare che hai il pieno controllo su ciò che condividi e fino a che punto desideri aprirti. Rispettare i tuoi stessi limiti è cruciale per assicurarti di condividere in modo sano e consapevole. Ecco alcune linee guida su come rispettare i tuoi limiti nel condividere la tua storia:

Autoconsapevolezza e riflessione: Prima di condividere la tua storia, prenditi del tempo per conoscerti meglio e riflettere su ciò che ti senti a tuo agio nel condividere. Identifica quali parti del tuo percorso sei disposto a divulgare e quali argomenti potrebbero essere più delicati o personali.

Onora i tuoi sentimenti: Sii consapevole che i tuoi sentimenti ed emozioni sono validi. Se ti senti a disagio o ansioso nel condividere determinati dettagli, è importante onorare questi sentimenti. Non sentirti obbligato a condividere qualcosa che non sia in linea con il tuo benessere emotivo.

Definisci i tuoi limiti in anticipo: Prima di condividere la tua storia, definisci chiaramente quali sono i tuoi limiti. Decidi fino a che punto sei disposto a spingerti parlando di determinati eventi o esperienze. Questo ti aiuterà a comunicare i tuoi limiti in modo assertivo se dovessero sorgere domande o curiosità.

Sii selettivo con le tue parole: Nel condividere, scegli le tue parole con cura. Puoi optare per una maggiore generalità su alcuni aspetti della tua storia, mantenendo i dettagli più intimi per te stesso. Trovare un equilibrio tra autenticità e privacy è fondamentale.

Riconosci i tuoi obiettivi: Chiediti perché stai condividendo la tua storia. Potrebbe essere per ispirare gli altri, offrire supporto, aumentare la consapevolezza o per la tua stessa guarigione. Tieni presente i tuoi obiettivi quando decidi cosa condividere.

Sii pronto per domande e reazioni: Quando condividi la tua storia, sii pronto a domande, reazioni e commenti da parte degli altri. Alcune persone potrebbero fare domande curiose o mostrare interesse, mentre altre potrebbero reagire in modi inaspettati. Sii pronto a stabilire dei limiti se una domanda supera i tuoi limiti personali.

Ricorda il diritto di cambiare idea: Se inizi a condividere qualcosa e ti rendi conto che non ti senti a tuo agio, capisci di avere il diritto di cambiare idea in qualsiasi momento. È perfettamente accettabile decidere di non condividere ulteriori dettagli se non ti senti a tuo agio.

Condividere il tuo percorso è un modo per creare un impatto positivo nella vita degli altri, offrendo speranza, ispirazione e supporto. Condividendo le tue esperienze, contribuisci non solo al percorso degli altri, ma rafforzi anche la tua crescita personale e riconosci le trasformazioni che hai ottenuto.

Tieni presente che l'esperienza di auto-cura e crescita personale non ha un punto finale definitivo. È un percorso continuo di auto-esplorazione, auto-scoperta ed evoluzione. Ogni passo che fai verso un futuro luminoso è una testimonianza del potere trasformativo dentro di te. Continuare a prendersi cura di se stessi e cercare un futuro positivo è un atto di auto-amore che merita.

CONSIDERAZIONI FINALI

In "Combattere la Depressione" esploriamo il percorso di superazione e la ricerca della felicità interiore. Lungo i capitoli, ti sono state presentate una varietà di strategie, tecniche e approcci che possono aiutarti ad affrontare le sfide della depressione e intraprendere un cammimo verso la guarigione e il benessere emotivo.

Man mano che giungiamo alla fine di questo libro, desidero esprimere il mio profondo rispetto e ammirazione per te. Affrontare la depressione richiede coraggio, perseveranza e la costante ricerca di soluzioni per migliorare la qualità della tua vita. Sappi che non sei solo in questo percorso e che ci sono molte risorse, supporto e strategie a tua disposizione per aiutarti a trovare la strada verso la guarigione e il benessere emotivo.

Il cammino verso la felicità interiore è continuo e prezioso. Non è solo una destinazione, ma piuttosto un percorso di crescita, auto-scoperta e trasformazione. Continua a esplorare, imparare ed evolvere, poiché ogni passo che fai ti avvicina a una vita più significativa e appagante.

Ora, più che mai, è il momento di mettere in pratica ciò che hai imparato. Inizia lentamente, incorporando le tecniche e le strategie che risuonano con te nella tua routine quotidiana. Sii gentile con te stesso, poiché il percorso per superare la depressione non è lineare. Ci saranno alti e bassi, ma ogni passo che fai verso il miglioramento è una vittoria in sé.

Questo libro è solo l'inizio. Rimani aperto a nuove esperienze, apprendimenti e sfide. Sappi che hai dentro di te la capacità di superare gli ostacoli e creare un futuro luminoso. Ricorda sempre che sei resiliente e degno di amore, felicità e benessere.

Ti lascio con un sincero desiderio di pace, gioia e realizzazione nel tuo percorso. Che tu possa trovare la forza per affrontare le sfide, la saggezza per cercare aiuto quando necessario e il coraggio di abbracciare ogni nuovo inizio con ottimismo e speranza.

Con gratitudine,

Leonardo Tavares

CIRCA L'AUTORE

Leonardo Tavares porta con sé non solo il bagaglio della vita, ma anche la saggezza conquistata affrontando le tempeste che essa ha portato. Vedovo e padre devoto di una bellissima bambina, ha compreso che il viaggio dell'esistenza è pieno di alti e bassi, una sinfonia di momenti che plasmano la nostra essenza.

Con una vivacità che trascende la sua giovinezza, Leonardo ha affrontato terribili sfide, ha navigato attraverso fasi difficili e ha fronteggiato giorni bui. Anche se il dolore è stato un compagno nel suo cammino, ha trasformato queste esperienze in gradini che lo hanno spinto a raggiungere un livello di serenità e resilienza.

Autore di notevoli opere di auto-aiuto, come i libri "Ansia, Inc.", "Combattere la Depressione", "Di fronte al Fallimento", "Guarire la Dipendenza Emotiva", "Qual è il Mio Scopo?", "Sconfiggere il Burnout", "Sopravvivere al Lutto", "Superare la Rottura" e "Trovare l'Amore della Tua Vita", ha trovato nella scrittura il mezzo per condividere le sue lezioni di vita e trasmettere la forza che ha scoperto dentro di sé. Attraverso la sua scrittura chiara e precisa, Leonardo aiuta i suoi lettori a trovare forza, coraggio e speranza in momenti di profonda tristezza.

Aiuta gli altri condividendo le sue opere.

RIFERIMENTI

Abramson, L. Y., Metalsky, G. I., & Alloy, L. B. (1989). Hopelessness and depression: A cognitive model. Psychological Review, 96(2), 358-372.

American Psychiatric Association. (2022). Diagnostic and statistical manual of mental disorders (DSM-5-TR) (5th ed., rev.). Washington, DC: American Psychiatric Association.

Beck, A. T., Rush, A. J., Shaw, B. F., & Emery, G. (1979). Cognitive therapy of depression. New York, NY: Guilford Press.

Berman, M. E., & Brown, G. K. (2010). The neurocircuitry of major depressive disorder. Neuropsychopharmacology, 35(1), 169-192.

Brewin, C. R., Andrews, B., & Valentine, J. D. (2000). Meta-analysis of risk factors for posttraumatic stress disorder in adults. Journal of Consulting and Clinical Psychology, 68(5), 748-766.

Burcusa, S. J., & Hammen, C. L. (2004). The role of stress and interpersonal factors in the onset and course of depression. Annual Review of Clinical Psychology, 1(1), 243-268.

Carney, R. M., Freedland, K. E., Rich, M. W., & Jaffe, A. S. (2004). Depression as a risk factor for coronary heart disease: A meta-analysis of prospective observational studies. Journal of the American Medical Association, 291(21), 2372-2379.

Cuijpers, P., van Straten, A., Andersson, G., & van Oppen, P. (2008). Psychological treatment of adult depression: A meta-analysis of comparative outcome studies. Journal of Consulting and Clinical Psychology, 76(6), 909-922.

Derubeis, R. J., Gelfand, L. A., Tang, T. Z., & Simons, A. D. (2008). Cognitive therapy versus medication for depression: Treatment outcomes and neural mechanisms. Annual Review of Clinical Psychology, 4(1), 431-459.

Fava, M. (2003). Major depression. New England Journal of Medicine, 349(10), 946-956.

Garber, J., & Hollon, S. D. (2010). The role of stress in the etiology and maintenance of depression. Annual Review of Clinical Psychology, 6(1), 289-312.

Gotlib, I. H., & Hammen, C. L. (2009). Depression in women: A cognitive perspective. Annual Review of Clinical Psychology, 5(1), 137-169.

Hammen, C. L., & Rudolph, K. D. (2006). Risk factors for depression in children and adolescents: A developmental psychopathology perspective. In D. Cicchetti & D. J. Cohen (Eds.), Developmental psychopathology: Vol. 2. Risk, disorder, and adaptation (2nd ed., pp. 549-593). Hoboken, NJ: Wiley.

Kessler, R. C., Berglund, P., Demler, O., Jin, R., Merikangas, K. R., & Walters, E. E. (2005). Lifetime prevalence and age-of-onset distributions of DSM-IV disorders in the National Comorbidity Survey Replication (NCS-R). Archives of General Psychiatry, 62(6), 593-602.

National Institute of Mental Health. (2022). Depression. Bethesda, MD: National Institutes of Health.

World Health Organization. (2021). Depression. Geneva, Switzerland: World Health Organization.

LEONARDO TAVARES

Combattere
la depressione

www.ingramcontent.com/pod-product-compliance
Lightning Source LLC
LaVergne TN
LVHW091709070526
838199LV00050B/2320